"永远的飞虎"丛书

ESCAPE FROM HELL
An AVG Flying Tiger's Journey

地狱逃亡

——飞虎中队长和他的援华记忆

〔美〕路易斯·毕晓普　希拉·毕晓普　著
Lewis Bishop　Shiela Bishop

赵庆庆　译

天津出版传媒集团
天津人民出版社

图书在版编目（CIP）数据

地狱逃亡：飞虎中队长和他的援华记忆／（美）路
易斯·毕晓普，（美）希拉·毕晓普著；赵庆庆译. --
天津：天津人民出版社,2017.10
（永远的飞虎）
ISBN 978－7－201－12202－1

Ⅰ.①地… Ⅱ.①路…②希…③赵… Ⅲ.①抗日战
争－中美关系－国际关系史－史料 Ⅳ.①DK265.06
②829.712

中国版本图书馆 CIP 数据核字（2017）第 185726 号

Escape from Hell
Published in the United States
© Copyright 2004 , Shiela Bishop Irwin
Chinese translation rights © 2017 by Tianjin People's Publishing House

天津市版权局著作权合同登记：图字 02－2017－146

地狱逃亡——飞虎中队长和他的援华记忆
DIYU TAOWANG

出　　版	天津人民出版社
出 版 人	黄　沛
地　　址	天津市和平区西康路 35 号康岳大厦
邮政编码	300051
邮购电话	（022）23332469
网　　址	http://www.tjrmcbs.com
电子信箱	tjrmcbs@126.com

策划编辑	郑　玥　韩贵骐
责任编辑	郑　玥
装帧设计	汤　磊

印　　刷	高教社（天津）印务有限公司
经　　销	新华书店
开　　本	787×1092 毫米　1/16
印　　张	18.5
插　　页	4
字　　数	250 千字
版次印次	2017 年 10 月第 1 版　2017 年 10 月第 1 次印刷
定　　价	49.80 元

美国援华志愿队第三中队副中队长路易斯·毕晓普在东南亚（1941—1942 年）

该照片为飞行员罗·特·史密斯（路易斯·毕晓普的战友，著有回忆录《飞虎的传说》）所拍摄，由其子布莱德·史密斯提供。

路易斯·毕晓普的身份证（由希拉·毕晓普提供）

毕晓普生前将这些珍贵的证件随身携带。妻子去世后，它们被夹在旧物中出售。收藏者因母亲生病需钱，通过飞虎协会，联系到毕晓普的女儿希拉。她花了5000美元高价买回了父亲的证件。

左上：飞行学生证　　　　　　　右上：飞虎队身份证，上有陈纳德的签名

左下：在"西弗吉尼亚号"服役的表彰证　右下：海军退役证

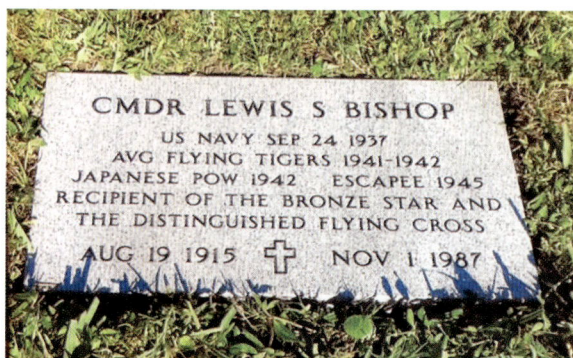

路易斯·毕晓普安息在绿草丛中

路易斯·毕晓普（1915年8月19日—1987年11月1日）

1937年9月24日加入美国海军

1941—1942年效力美国援华志愿飞虎队

1942年被日本人俘虏，1945年逃离

曾获铜星勋章和杰出飞行勋章

路易斯·毕晓普在中国抗日时驾驶的 P−40 战斗机（编号 69）

　　1942 年 3 月，毕晓普从开罗把新型的 P−40E 战斗机开到中国。期间，69 号战机由威廉·麦克加里驾驶，但不幸在泰国被击落。该照片由美国援华志愿队飞行员罗·特·史密斯（毕晓普的战友）所拍摄，由其子布莱德·史密斯提供。

路易斯·毕晓普女儿希拉·毕晓普和"飞虎队"指挥官陈纳德的遗孀陈香梅女士（2006 年，华盛顿阿灵顿国家公墓，由希拉·毕晓普提供）

希拉·毕晓普在其父路易斯·毕晓普 75 年前参加空战的所在地怒江河谷发表演讲 (2015 年 9 月 7 日)

云南惠通桥—滇缅公路二战纪念典礼(2015 年 9 月 7 日)

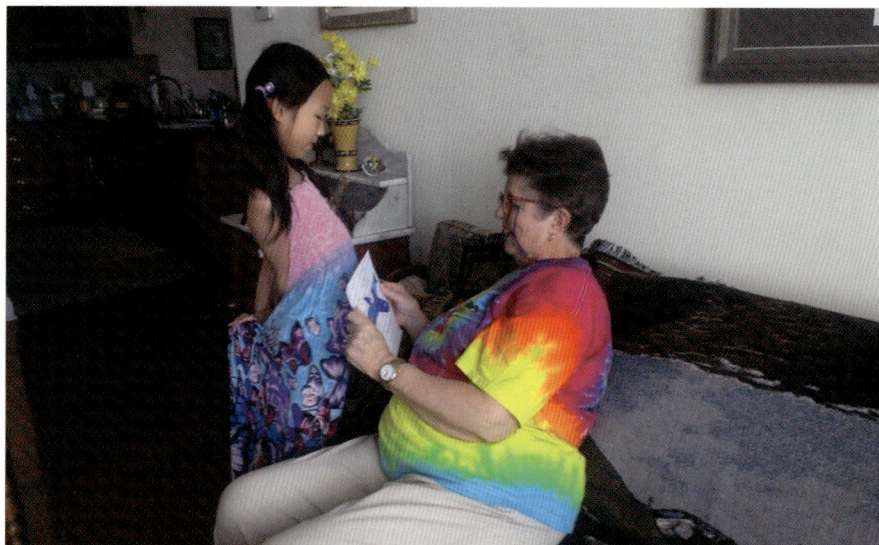

中国小读者向希拉·毕晓普展示其画作,画中的 P−40 战机(编号 69)为希拉·毕晓普的父亲在华抗日时驾驶。

中国小读者手绘 P−40 战机(编号 69)

中国小读者手绘"飞虎队"标志

为自己的自由而奋斗，理所应当；

为别人的自由而奋斗，风节高亮。

——〔美〕马克·吐温

序　一

　　赵庆庆教授翻译了我父亲路易斯·毕晓普的故事,把它介绍给中国人民,对此,我深感荣幸,又觉得受之有愧。许多人知道美国志愿航空队(American Volunteer Group,简称AVG)大显神威的故事,他们由陈纳德上校统帅,在1941—1942年间来华抗日,因其骁勇善战而被中国人民称为"飞虎队"。

　　2002年,我以父亲多年前给我的简短回忆录为基础,着手研究,撰写父亲生平。1987年,父亲辞世。2004年,我出版了 *Escape From Hell* 这本书,希望他那些健在的战友们能读到他的故事。传统的出版渠道进展缓慢,而我知道对于飞虎老兵来说,余年已经不多了。父亲在中国逃出日本人的战俘火车后,回到美国,在20世纪40年代末写下了他的经历,我差不多在60年后才完成这个故事,把它推送到美国读者面前。初印的1000本通过私人销售一卖而空,过了不到十年,经联系我在亚马逊的Kindle系统上出版了该书的电子版。这样,人们得以继续读到父亲的故事。

　　书中对飞虎将军陈纳德的尊敬和钦佩,感人至深。爸爸写道:"他是我听命过的最优秀、最能干和最果断的指挥官。"陈纳德对飞虎队员也十分关爱,称呼他们为"男孩们"。爸爸被俘后,他为爸爸准备了一万印度支那银圆的赎金。但是日本人拒收,他们更愿意把这只"飞虎"当成战利品囚禁着。

　　爸爸的故事混合着甜美和苦涩。他在一次大无畏的空战后,获得晋升,但不久即遭俘虏。他勇敢地忍受了各种极其可怕的折磨,最后成功逃跑。

1

战争的摧残让爸爸的余生充满痛苦，万幸的是，他从未粗暴地对待家人。在书中，我谈到了"创伤后紧张紊乱症"，这在作战军人中相当普遍。我无比欣慰地发现，在狱友们的心目中，父亲仍是一位英雄。

2015 年 9 月，我和先生乔治，与美国援华志愿队的其他家人，以及一个特别的老兵代表团，飞往北京参加纪念二战胜利的 70 周年庆典。我还很荣幸地受邀在云南的怒江河谷演讲，在那里，爸爸、他的飞虎伙伴，曾经和中国人民一起英勇作战。我还欣闻，习近平主席给我的朋友——陈纳德的遗孀陈香梅女士——颁发了"中国人民抗日战争胜利 70 周年纪念章"。

更令我鼓舞的是，今年 92 岁高龄的陈香梅女士，让女儿陈美丽教授转达了对我的美好祝福。她祝贺我和翻译家能将拙书圆满翻译成中文，取得最大的成功！

美国航空志愿队的飞虎故事，可谓是中美合作的范例，值得再次引起中国读者的关注。我深深感激赵庆庆教授努力不懈，把飞虎英雄路易斯·毕晓普和女儿希拉（也就是我）合写的书翻译成中文。十多年前，这本书有效地提醒了美国读者不忘前事，在 2017 年和以后的岁月里，希望它也能在中国读者的心中荡起涟漪。

我第一次见到赵庆庆教授，是在 2014 年德克萨斯州达拉斯市举行的飞虎团聚盛典上。我们分享了路易斯·毕晓普的故事，很快成了朋友。次年，她和女儿 Cindy 来我家做客了一个多星期，我们一起工作，敲定书中一些英语表达的确切意思。我深知，她十分勤奋地完成了全书的翻译。尽管我不能阅读中文，但我坚信，以她对中英双语的精通，完全可以做到信实达旨。在此，我把父亲的故事推荐给大家，相信这会有助于促进我们中美两国之间的友谊。

Shiela Bishop Urwin

希拉·毕晓普·欧文

2017 年 4 月 29 日

　　我为母亲骄傲,她出版了外公的故事。母亲的书包含了外公的自传原稿,这份原稿曾在我们家里的书架上"静坐"了很多年,等着被她重新发现。在我的想象中,外公写下那些文字,不仅是为了记录下他的经历,一吐胸中块垒,也是另一种形式的"逃亡"。母亲在写书的过程中,对外公有了新的认识,并在书中和我们作了分享。

　　我记忆中的外公,那时他已经退役了。我对他的斑驳记忆包括:到他居住的阳光灿烂的佛罗里达州度假,在他的花园里爬树,在他到我们弗吉尼亚州家中时和他的狗狗玩耍。通过母亲的执着和她的感慨之作,我们三个外孙看到了不一样的外公:勇敢、年轻、壮志凌云。我们也多少了解了他在中国当"飞虎"时,功勋卓著;他在恐怖痛苦的战俘岁月里内力坚定,九死一生,令人难以置信;他在美国回归平民生活后,在种种奋斗和挣扎中度过了余生。

　　这本书现在中国翻译出版,犹如在漫漫旅途中又向前迈进了一步,令人激动不已,也形成了另一种神奇的时空链接。

布鲁斯·欧文(路易斯·毕晓普的长孙、希拉·毕晓普的长子)
2017 年 7 月于英国伦敦

　　小时候,我对外公的最早记忆,部分来自华盛顿的航空航天博物馆。在那里的"飞虎队"展区,我通过照片看到了他和其他飞行员的英姿。这是一次非常特别的经历,让我感到外公原来超级不凡。可是,我们不经常看到他,对他的了解也是令人惋惜的肤浅。他住在佛罗里达州,我们住在数千千米外的弗吉尼亚州。外公饱经沧桑,对许多人的生活产生过积极的影响,他承受的那些考验和磨难,放在今天,恐怕很难理解。

　　我盼望听到他的故事,听我妈妈道来是十分精彩的,她曾经踏上这一自

我之旅、发现之旅，在过去的约十二年里，与外公的战友袍泽见面，走进了外公记忆的深处。有意思的是，生活仿佛棒球比赛中变幻莫测的曲线球，有那么多的善缘隐藏在日后的旅途中。外公的回忆屡屡激励我前行，我面临的一切和他所忍耐的相比，根本无足道哉，他在大难中歌唱，在苦熬中保持优雅，再次体现了人类精神的奇迹和伟大力量。我希望，这本书能在中美两国文化之间搭起一座永恒的坚固桥梁，并为未来世界勾勒出一幅美好的愿景。

基思·欧文（路易斯·毕晓普的外孙、希拉·毕晓普的次子）

2017 年 7 月于美国西雅图市

　　我和两个哥哥怀有对外公类似的记忆，特别记得到国家航空航天博物馆，在飞虎队展区看到外公的照片。感谢外公将自己的经历付诸文字，传给母亲。感谢母亲整理、研究、扩写，并自费出版了那些故事，既令人心碎，又洋溢着凯旋的喜悦。所有这些都饱含着感激，深深感谢救助外公逃亡的中国人民。我们也为母亲，为协助母亲研究的父亲，无比骄傲。最后，我们为外公的故事将有中国新听众这一难以置信的机缘，而万分激动。谢谢你，庆庆。

斯科特·欧文（路易斯·毕晓普的外孙、希拉·毕晓普的幼子）

2017 年 7 月于美国纽约

序 二

　　值此《地狱逃亡——飞虎中队长和援华记忆》（以下简称《地狱逃亡》）一书在中国出版之际，我和本书作者希拉·毕晓普女士、译者庆庆教授一样，心情颇不平静……

　　记忆使我追溯到三年前的2014年，我们应邀赴美国德克萨斯州达拉斯，参加第73届飞虎老兵聚会的那些日日夜夜。

　　宽敞的迎宾大厅内人头攒动。作为随团翻译的庆庆不时穿行于人群中间，她娴熟的翻译技巧和亲和力，使我们这一行很快就走进了这些飞虎老兵中间。无论是在参观卡瓦诺航空博物馆，还是在飞虎英雄们的空中表演现场等，都能看到她行色匆匆的身影……她每次访谈前认真的功课，使她在与每一位访谈者见面时，总有一种他乡遇故知的熟稔和亲切。

　　年届94岁的飞虎机工长弗兰克·洛桑斯基走进了我们的视线：他，一副军人的身板，最吸引人的是他两道剑眉下冷峻的目光。他不苟言笑，凌厉的眼神令人感到深不可测。在停放着的Ｐ－40战斗机模型前，他端坐着等待我们的采访。当我们问到他对中国什么印象最深时，他郑重其事地说了三次"中国女孩"，这句话经庆庆几乎同步的翻译后，引起了满堂欢笑……我不由联想起自己为收集飞虎纪录片素材时，在云南滇缅抗战博物馆看到的一幅织绣品，那是当年腾冲女学生待嫁飞虎队工兵时所做：黄色绸底上绣的鹰代表美国，龙代表中国，中间是一支象征爱情的丘比特神箭，它也寓意着搏

击长空的飞虎之鹰……此时，脑海里涌现出的这幅画面，使我不禁对洛桑斯基的情怀找到了生动的具象，觉得眼前这位耄耋之年、严肃有加的老兵更为可亲可爱了。

庆庆与《地狱逃亡》的作者、有着温婉亲切笑容的希拉·毕晓普结识，也是始于这次聚会。

希拉的父亲路易斯·毕晓普是飞虎队第三中队（即"地狱天使"中队）的战斗机飞行员，在仰光、雷允、罗列姆等多次空战中，屡创佳绩。1942 年 5 月17 日，他在印度支那执行轰炸日军设施的任务时，因飞机中弹起火，跳伞后不幸落入敌手，先后被羁押于河内、西贡、广州、上海的日本宪兵队监狱。在一千多个地狱般的囹圄里，饱尝包括险遭斩首等毒刑摧残，所幸最后从日军运送战俘的火车上，和战友们一起冒险脱逃。在中国军民的合力救助下，经过五十余天颠沛流离，终于回到了美国家园。可是等待他的，却是爱妻的离婚协议，从未谋面、靠他抚养的三岁小女，以及经济的窘迫和战后的梦魇……记得在云南腾冲的战争遗址，我曾久久注视过那尊美国士兵用弹壳做成的和平鸽与十字架。我想，它也倾诉着千万个毕晓普们和人类正义一族呼唤和平的共同祈愿！

在结束达拉斯聚会和在美采访返回中国的飞机上，我和庆庆比邻而坐。入夜，乘客们都沉沉睡去了，庆庆也关照我早点休息，可她还就着机舱头顶的那一缕灯光，悉心整理着此行的资料。此行老兵聚会前后，在美国从东向西各地辗转，庆庆总是席不暇暖地劳顿受累。尤其难忘在纽约采访迪克、海曼、尤金等飞虎老兵后代，餐桌上，庆庆忙于为各位翻译，本来饭量就小的她，更吃不上几口饭，每每见状，令我心疼不已……望着她娇小纤瘦的身子，我不由戏谑地说道，"你这么勤奋，也无法给你发工资啊？"她抬头望着我，莞尔一笑道："大家不都一样吗？"

是啊，我想，我们这些志愿者，无论从策划、编导、摄像、剪辑、制片，包括律师等，大家无一例外，全都自费无偿地做着个人所能的一切，无怨无悔，为了记住那些在中国抗战中殒命的英勇飞虎队员，也为了在这些年事已高、日渐凋零的老兵中抢救史料……这或许就是一种使命，一种担当吧。

从美利坚回国数月后,庆庆作为访问学者,去往加拿大。次年母亲节,我欣喜地收到了她的诗文祝福,并告知她和女儿、飞虎小粉丝飞飞,将去希拉位于美国特拉华州米德尔小镇的家,一起商谈《地狱逃亡》一书的翻译事宜,并将共同前往华盛顿的阿灵顿国家公墓,拜谒那里唯一有中文镌刻的陈纳德将军之墓……将军生前体恤自己的爱将,在路易斯·毕晓普被俘后,想尽办法为他筹资上万元做赎金。世界反法西斯战争胜利六十周年时,希拉曾在这里和陈纳德的遗孀陈香梅女士一起参加庆祝活动……

随同文照一起寄来的,还有庆庆精心策划的一套飞虎丛书的预案。计划共八本,其中包括一本总纲性的纪实报告文学,以及七本美国经典飞虎回忆录和传记的中文译本。它们分别从美国出版的若干同类书籍中精选出来,很有代表性、典型性,其作者部分为我们见过的来华抗战、战功显赫的飞虎将士,也有当年随飞虎队员来华的家人,或为父辈立传的飞虎后代。

庆庆谈到,美国大约从 1943 年开始出版图文并茂的飞虎回忆录和传记,迄今逾千,目前仍在出版。有些经典之作,多次重印再版,有的还被拍成电影,获得了积极的读者反馈和市场效应。这就像一座桥梁,连接起了西方读者,了解飞虎本人和家庭、飞虎历史、中美关系、世界格局和中美人民之间朴素真挚的情感。有鉴于此,选择经典的英文飞虎回忆录和传记,邀请优秀的译者和专家翻译,以丛书的方式出版,将具有多方面的价值。我非常认同她的想法,并感到从某些方面而言,也是填补了一项空白,颇具创新意义。

2015 年,正值美国休斯敦举行海外华人庆祝抗战胜利七十周年活动,从加拿大访学回国不久的庆庆,再度赴美参会。结束休斯敦的活动后,又专程到希拉在纽约的儿子家,进行采访和拍摄。这是一次比较独特的访谈。我们近年接触的飞虎老兵,大多讲述的是如何与敌激战、血洒长空,或是跳伞脱险、被中国军民救助的故事。而希拉娓娓的叙述,把我们带进了另一种被俘的飞虎队员的人生:他们同样九死一生,而家庭破裂、战争后遗症等问题的困扰,在某种程度上,令他们经受的磨难更为惨痛而绵长。这就是他们为另一个民族的自由解放所做出的牺牲……难能可贵的是,他们战胜了这一切,作为飞虎的英魂在中美两国人民交往史上获得了永生,其后代今天还在

为两国人民的友好事业殚精竭虑。我们在回望二战和中国人民抗战胜利的历史风云时，不能忽略这一群体所承受的重负及其奉献的代价。

在从美国返回中国的十几个小时的飞机上，我得以有暇静静品读庆庆夙兴夜寐、翻译完成并打印规整的《地狱逃亡》中译本。这本书的英文版，最早由路易斯·毕晓普在 20 世纪 40 年代末写就，留给爱女希拉，时近六十年后，希拉通过四处走访，八方友人帮助，查找文献，又充实完善了此书，于 2004 年在美国出版，并引起了广泛关注。如今，在历经十三度春秋后，经庆庆翻译，又即将呈现在中国读者面前。我读着那一页页厚重的文字，能感受到著译者滚烫的跳动心。中译本遣词造句之严谨，行文之流畅，也使做了大半辈子文字工作的我，很难挑出瑕疵⋯⋯

对事业追求不懈的庆庆，在致力传承抗战历史时，承担了翻译以外的大量工作。她主动请缨，和我一起承担起了编剧之职。我欣然地表示欢迎，并笃信她的加盟定能为拍摄中的飞虎纪录片增色添彩。我也相信，以她勇往直前的执着，一定会很快通过自己的钻研和努力，在这个领域取得成就，一如她能在短短三年时间里，采访多名飞虎队员及其亲属，撰写发表多篇访谈传记，创作的配乐朗诵诗《感恩节怀念莫尼中尉》为美国大使馆所收藏，同时策划出颇具规模的飞虎丛书，被已有 80 年历史的美国飞虎协会吸收为会员一样⋯⋯

我还应真诚感谢天津人民出版社能在第一时间看好这本书及其著译者，并给予无私的支持襄助。作为一名在中国青年出版社履职几十年，深知今天纸质书籍出版不易的老编辑，我在与该社那几位风华正茂的年轻编辑的交谈中，感受到了他们的睿智、敬业和对中美两国这段历史的尊重。正因此，他们才能在如此短的时间内，不计利钝，一心推出这部译著，并调动一切力量，全方位地去步步跟进。衷心预祝本书取得良好的社会和经济效益！

今年 9 月，美国飞虎协会将举行第 76 届团聚大会。我已获悉，在此次飞虎老兵聚会上，将举行《地狱逃亡》英、中版本的宣传展示。我想，这对于用心血写成此书的毕晓普父女和不问晨昏完成此书翻译的译者而言，无疑是值得欣慰的事情。此刻，我的耳畔似乎又回响起在中国庆祝抗战胜利七十

周年时，希拉·毕晓普在中国西南边疆，站立在当年父亲和飞虎战友以及中国人民一起浴血鏖战的怒江河谷的深情演讲，它将会和岁月共存，余音回响……七十多年前的战争硝烟虽已散去，但中美两国的英雄用鲜血和生命浇灌的民族之魂、正义之志必将与天地同在！

衷心祝福希拉！祝福庆庆！也谨以此告慰路易斯·毕晓普和两千多名飞虎英灵，告慰年过九旬的飞虎将军陈纳德的遗孀陈香梅女士，她是那样热切地期待此书能译成中文，取得圆满成功！还记得在抗战胜利七十周年之际，曾和陈香梅女士、飞虎老兵同机前往湖南芷江参观日军受降处，当她得知飞虎纪录片在拍时，慈祥的目光里，满溢着殷殷厚望……是的，老一辈飞虎队员，新一代飞虎传人，其精神将永远激励着每一个时代人们的光荣、勇气和梦想……

感谢作者希拉女士、感谢庆庆教授对我的信任，给予我的这份荣幸！

相信这部凝聚着传主本人和爱女历经半个多世纪风云的厚重的书，也是中美两国人民在二战时期缔结的令人感泣的友谊的书，定能走进千万中国读者的视野，以昭示后人：永志不忘那段凝聚着血与火的历史，永志不忘中美两国人民来之不易的岁月真情，维护人类正义，珍惜世界和平……

是为序。

庄志霞

2017 年 6 月

（庄志霞，中国青年出版社编审，中国作家协会会员，中国传记文学学会理事。）

目 录
Contents

前言 / 1

致谢 / 3

第一部分　执行任务变成了一场恶梦

第一章　跳伞、被俘、囚禁在法属印度支那 / 3

第二章　政治犯，战俘，被囚中国 / 24

第三章　逃跑，返回美国 / 50

第二部分　回首梦的开始

第一章　纽约州的德卡尔村，缅甸同谷 / 83

第二章　中国的飞虎领袖、中国战火和"飞虎队"的组建 / 104

第三章　飞虎骁将——路易斯·毕晓普 / 117

第三部分　梦想再现又消失

第一章　团聚、分别和中国航空公司 / 151

第二章　效力海军，残疾退役 / 160

第三章　囚禁后遗症 / 173

第四章　寻找父亲——我的发现之旅 / 180

后记 / 202

译者的话 / 207

参考书目 / 216

附录和证据 / 223

A.飞虎队员和中央飞机制造公司的合同 / 224

B.剪报 / 227

C.路易斯·毕晓普的空战报告 / 252

D.二战亚洲和飞虎队的历史背景 / 258

前　言

美国援华志愿队有四名飞行员被日本人俘虏,他们显然都是被地面炮火击中的。每个人后来的遭遇都不一样。

1942年1月,我在驾机扫射一个装备先进的日军机场时被击中,在泰国境内的美索特被俘。尽管负了重伤①,我还是活了下来。在医院康复后,就被关进了各种各样的集中营,一直到二战结束。这些集中营分布在臭名昭著的通过桂河大桥的缅甸—暹罗铁路沿线。二战后,我被遣返回国,重新编入海军服役。

1942年3月,威廉·麦克加里(外号"黑麦克")在执行空袭机场任务时,座机被击中,他在泰国北部跳伞,被泰国人抓获,交给日军审问。他没有成为日本人的战俘,但日本人对他被关在曼谷的情况了若指掌。后来,泰国对美国宣战,但泰国驻华盛顿的大使认为这个决定不明智,就未向美国递交宣战书,美国也就从未回应泰国,对其宣战。过了好长一段时间,美国战略情报局(美国中央情报局的前身——译注)渗透进泰国,麦克加里被偷偷带出,乘水上飞机到了盟军那里。我们的好朋友——泰国皇家空军的堂·威尔慕斯中校,把他飞机的残骸拖出了泰国的丛林,放在泰国北部的清迈机场展出。这架飞机标号为69,此前,"飞虎队"第三中队的路易斯·毕晓普——

---

① 1942年1月跳伞时,"我被打中了,骨盆、手臂、脚和其他数处骨折。"莫特在2001年对希拉·毕晓普和她的丈夫乔治·欧文这样讲。

本书主人公——曾经驾驶过它。

1942 年 7 月 10 日，阿诺德·谢姆布林（外号"红色"）在中国执行空对地任务时被击落。关于他的下落众说纷纭：有人说他当场因伤重而牺牲，有人说他被日本人就地处决，还有人说他在战俘营里死亡。尽管陈纳德不遗余力地打听，但真相还是无从知晓。我被遣返回国后，陈纳德问我有没有谢姆布林的消息，我说没有。（准确地说，是不知道他有没有做了战俘。我们只是知道他在执行任务时失踪。）①

这本书讲的是路易斯·毕晓普的故事。在 1942 年 5 月 17 日，他被击落，是第四个被俘的"飞虎队"飞行员。他遭到了日本人囚禁，直到 1945 年逃出。被击落那天，他正带领着"飞虎队"第二中队——即"熊猫中队"——执行任务。② 我最后一次见到路易，大概是在 1948 年，我在罗德岛新港市的海军战争学院的总线学校学习，他在罗德岛昆锡点的海军航空站，指挥海军的一支格鲁曼熊猫舰载战斗机中队，我则要在那里完成规定的每月飞行时间。他先前的遭遇好像影响了他，因为他后来"交还军服"退役了。

从此，我失去了和路易斯的联系，一直到 2001 年 6 月 30 日，他的女儿希拉·毕晓普·欧文和女婿见到我。1945 年，他回到美国后第一次看到这个女儿，在回忆录中也说到她。她整理了路易的故事，请我评价她的回忆录并撰写前言。我认为，她写了一个诚实坦率的故事。

查尔斯·迪·莫特上尉

（飞虎队第二中队飞行员，曾任美国海军飞行队长和调度军官）

写于弗吉尼亚州维也那

---

① 约瑟夫·小阿尔索普，第一夫人爱丽诺·罗斯福的远房表亲，是陈纳德身边负责通信的副官，也曾被日本人俘房。1941 年圣诞节香港沦陷时，他正在香港寻找 P-40 战斗机的配件。不过，他说服日本人相信他是一名记者，于是被遣返美国。阿尔索普后来供职于《纽约先驱论坛报》，成了一名杰出的记者。

② 毕晓普被分配在"飞虎队"第三中队，即"地狱天使"中队，但由于"飞虎队"人少飞机少，他和其他飞行员有时主动请缨，或者被分配执行其他中队的任务。

致　谢

很多人帮助我讲述了父亲的故事。若非得力于他们的慷慨和洞见,特别是如下人士的帮助,本书是不可能完成的。

首先,我要感谢父亲写出了手稿,并在 1971 年把它作为礼物交给了我。父亲的原稿仅仅描述了他执行最后一次飞虎任务、被维希法国军队和日军俘虏、逃跑和返回美国,时间跨度是从 1942 年 5 月到 1945 年 7 月。他在 1945—1946 年间完成写作,并把它打印了出来。我只是把他写的内容分成三章,加上小标题,便于读者弄清相关的时间和地点。其他七个章节是我写的,从父亲回到美国后写到他去世,后记则是我和父亲合写的。

其次,我要特别感谢丈夫乔治,他是我的主要研究搭档、编辑助理和旅行经纪人。他也相信出版我父亲故事的价值,兴致勃勃地和我同行了无数小时。他坚定执着,对此我深怀感激。

再次,我要感谢表兄弟克林特·迪杰特和他的妻子维妮娜,对他们的大力支持在第十章有详述。他是我爸爸的狂热粉丝,分享了多年搜集的“飞虎队”剪报和其他资料,他的妻子则帮忙绘制了数张图表。

还有,要是没有迪克·罗西担任会长的飞虎协会帮忙,爸爸的故事也不可能完成。2001 年 1 月,我第一次给迪克和他的妻子兼同事莉迪亚发去电邮。从此,我就渐渐了解了无比精彩的飞虎历史,了解了各种信息和爸爸的许多故事,也和其他飞虎家庭结成了朋友。2001 年 5 月阵亡将士纪念日(每

年 5 月最后一个星期一——译注）前的那个周末，我们参加了在西雅图举行的飞虎六十周年团聚盛会，这是我第一次见到爸爸的飞虎伙伴。后来，我们又参加了飞虎们 2002 年在圣安东尼奥的团聚、2003 年在圣地亚哥的团聚和 2004 年在奥兰多的团聚，更增长了见识。我感谢爸爸的朋友和飞虎战友的慷慨相助，特别感谢他们提供了"飞虎队"的许多照片。

其中的一名飞虎——查利·莫特，犹如一盏帮我照亮飞虎历史的明灯。他为本书撰写了前言，他本人也曾蹲过日本人的监狱。他的支持和知识非常宝贵，我感激并珍视他对本书部分内容的反馈。莫特在 2004 年 7 月 29 日逝世，令我们悲伤不已。

我也珍惜和爸爸其他朋友交谈、听他们娓娓道来的时光，他们是彼得·怀特（爸爸最后一次执行任务时的僚机飞行员）、迪克·罗西、德克斯·希尔、查尔斯·邦德、鲍勃·莱尔、P·J·格林、绰号叫"鲶鱼"的雷恩、肯·吉恩斯代特、埃里克·西林、乔·罗斯伯特、列奥·希拉姆、乔治·贝利、乔·波谢夫科、查克·贝斯登、弗兰克·洛桑斯基，以及其他许多人——包括飞虎们的配偶和孩子。

飞虎队员和其他人在他们写的许多书中，都提到了路易斯·毕晓普，这对完成该书也颇具价值。飞虎协会的历史学家和网页大师马克·波肯，提供了他过去数年从多个渠道收集的飞虎照片和文献。

我还要特别感谢以下数位人士的卓越贡献。"飞虎队"第三中队飞行员罗·特·史密斯的儿子布莱德·史密斯是其中一位，他爸爸参加了我爸爸被俘前的最后一次飞行，他提供了他爸爸在 1942 年为我爸爸和其他飞虎队员拍的大量照片。布莱德阅读了本书的多份草稿，提出了不少中肯的建议。他让我关注杰拉德·杰里·怀特的著作《伟大的一团糟舰队》，这本书讲了C-47 运输机飞行员的故事，他们在中缅印战场支持美国情报局的工作。通过杰里·怀特，我和乔治见到了退役的美国空军中校提摩西·约翰逊及其夫人。约翰逊中校是 C-47 运输机飞行员，就是他驾机把我爸爸和四个海军陆战队的逃跑同伴，从华中东部敌后的美国情报局飞机场，送回到了昆明。

"飞虎队"和中缅印战区的历史学家鲍勃·安德拉德给予了专业支持，还让我联系上了两位重要人物——和我爸爸一起当战俘的朋友。一位是美国海军陆战队准将约翰·金尼（在威克岛被俘的飞行员，和路易斯·毕晓普一起从日军运战俘的火车上逃跑），还有一位是比尔·泰勒（和金尼同在威克岛被俘的民用工程师，他同样进过江湾战俘营，后来在夜里也从战俘火车上逃跑）。金尼叙述逃跑的书，加上泰勒的评论，以及他绘制的战俘营和战俘火车，都让我眼界大开，他们的个人反馈对我的理解至关重要。

另外，我还对马丁·密凯尔森博士深怀感激，他长于对 20 世纪法属印度支那的研究，他关于被押在那里的美国飞行员的著作，对我来说，不啻是一座金矿。马丁挖掘到了我爸爸在法属印度支那被囚禁的诸多情况，大度地把他的研究资料复印给我，我也将我的所知所得分享给他。我们互通了海量电子邮件，并在 2002 年 6 月见了面。密凯尔森博士的透彻研究是我的无价之宝，他的慷慨也令我感动。

通过马丁·密凯尔森，我得以联系上海军陆战队的退役准将詹姆斯·麦克布莱叶，他曾和我爸爸同被关在上海附近的江湾战俘营，是从战俘火车上逃脱的五人之一。他关于逃跑的书佐证了爸爸的故事，增添了其他任何地方都找不到的生动的个性化细节。我和丈夫乔治在 2002 年 6 月和麦克布莱叶夫妇相会。后来，他在给我的信中谈到父亲："他幽默风趣，即使在健康很差时。我们都很喜欢他，爱听他摆龙门阵。"我爸爸对他们也抱有同感。

为了完成路易·毕晓普的故事，我们夫妇俩旅行去查找文献档案，去过佛罗里达州潘沙可拉市的国家海军航空博物馆、纽约市海德公园的罗斯福总统图书馆，以及马里兰州大学公园城的国家档案馆。潘沙可拉市的历史学家 M·希尔·古德斯皮德、海德公园的档案学家鲍伯·克拉克、国家档案馆的专家约翰·泰勒、米尔顿·古斯塔夫森和他们的同事都花费了大量时间，给我提供了很多专业帮助。对此，我一并致谢。

我感谢阅读过我手稿的所有人和他们提供的视角。他们是：我的长子布鲁斯，邻居休·海宁，我的写作评论组成员、爸爸中学好友鲍勃·维瑟阿普的女儿安·加吉和亲戚南希·克尼普斯坦。我写作评论组中的司各提·

科恩目光敏锐，为手稿编辑立下大功。印刷本书的图书大师公司人员和我合作愉快，尤其是编辑莎拉·威尔士－麦克格拉斯、图案设计师莱恩·费塞尔和项目主任克里斯汀·巴特勒。

现在，我仍是万分惊讶，这么多年后，我能联系上爸爸的这么多朋友和飞虎战友。他们张开臂膀欢迎我，让我见证了他们的美好人格。他们自己的故事也足以引人注目，令人鼓舞，他们分享的种种回忆让我为做毕晓普的女儿而自豪。

Shiela Bishop Urwin

希拉·毕晓普

伊利诺伊州伯明顿

2004 年 8 月

执行任务变成了一场恶梦

A FATEFUL MISSION
BECOMES A NIGHTMARE

1942 年 5 月 17 日,星期日,对于二十五岁的路易斯·毕晓普来说,是一个决定未来的日子。他是卡莱尔·陈纳德上校率领的美国志愿援华航空队(即"飞虎队")的副中队长。"飞虎队"隶属于中国空军,来华帮助遏制日军的侵略行动。在威名远扬的"飞虎队"里,毕晓普是一员有五个月作战经验的老兵了。那天,他负责带领飞虎战机轰炸日军在法属印度支那的铁路。

　　在本书第一部分,毕晓普描述了那天和以后 3 年刻骨铭心的经历,这原本是他回到美国后在 1945 年到 1946 年初写的未出版手稿。作为他的女儿和手稿保存者,我在他的叙述上补充了来自其他渠道的信息——有些还是他自己从不知道的,这样他的故事就有了一个较为开阔的视角。我添加的信息为方框中的内容、标题、脚注和尾注,以有别于我父亲的文字。

第一章

跳伞、被俘、囚禁在法属印度支那

1942年5月17日，一个美丽的早晨，湛蓝的天空上，飘着像海浪一样的层积云。我们的首要任务是向南飞行约50英里，到法国控制的印度支那境内，摧毁一列停靠在小站的火车。第二个目标是飞到中国和法属印度支那边境上的老街，对那里的铁路设施进行轰炸，并用机枪扫射。我们共有九架飞机执行这次任务，一色的P-40战斗机。那天早晨，由我领飞。

一切都已在基地准备就绪——装弹手保证机枪满膛，炮弹挂架，它们和发射按钮相连的电线检查完好。起飞前大概十五分钟，罗伯特·李·司各特（《上帝是我的副驾驶》一书的作者）朝我走来，问他能不能同去。我说，要是找得到空飞机，"我觉得OK"。他查了一下调度，给他派了一架。由于没有任务的飞机也都全天候待发，罗伯特一分钟也没耽搁就起飞了。

每架P-40E战斗机装有六挺0.50口径的机关枪，两边机翼各三挺，还携有六枚杀伤弹，每枚30磅，这种炸弹也叫碎裂弹。装六枚30磅杀伤弹的地方，也可以携带一枚1000磅的中舱悬挂炸弹。

我带领五架飞机，罗·特·史密斯带领四架僚机，其中，两架飞在我带领的飞机两侧后上方，两架飞在正后方。

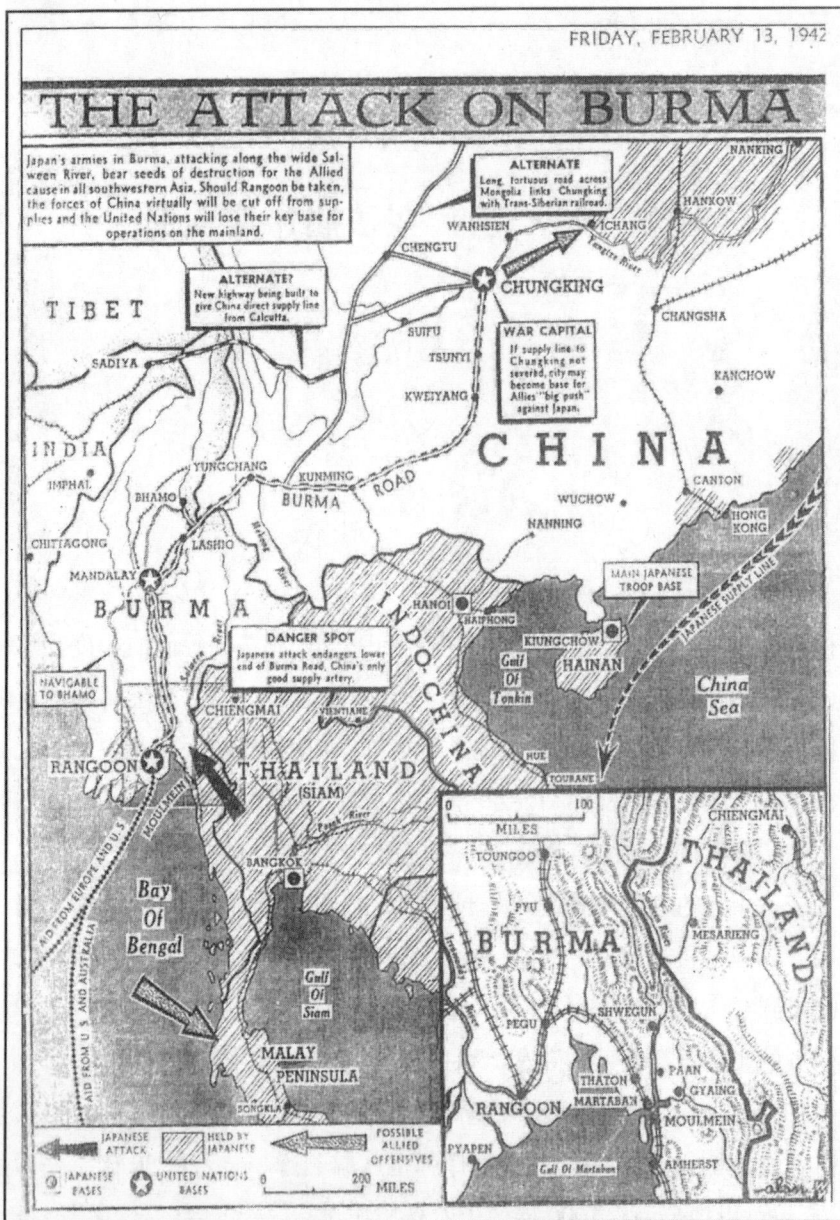

1942 年 2 月日军进攻缅甸形势图

任务开始

我们起飞后,升高到 12000—14000 英尺,向东南方向飞行,越过中国和法属印度支那的边界,然后下行到敌占区的一个山谷,飞了约五十英里。目的是查看昨天四个飞虎战友轰炸的那列火车,他们不确定是否命中火车,也不清楚火车受损到什么程度。我们这次的任务就是炸毁那列火车,我们并不知道火车上有什么。日本佬①控制法属印度支那后,用火车运送军队和补给,我们要炸的这列火车运的也许是军队,也许是补给,也许两样都有。我四下没看到火车,就飞离该区,去轰炸第二个目标——铁路设施。沿途没碰到敌机,它们都在南边的河内。

我们往回飞,慢慢降低高度。我准备好投弹和机枪,沿着山谷向盟区方向飞行。敌占区铺设铁轨的地方约两英里长,我让飞机组成蛇形编队,下降到约 400 英尺的高度。我一边平飞,一边投弹,一次一枚。

任务结束,返航

就在我第二次按下切换键时,我感到了可怕的爆炸,飞机猛烈摇晃,我几乎把我整个向后掀过去。我几乎控制不了飞机,副翼掉了,左机翼布满洞眼,就像筛子似的,翼舱熊熊燃烧。爆炸时,我以为是被地对空炮弹打的,可是看不到一台炮。我想是我自己机下的炸弹爆炸了,因为爆炸几乎就在投放炸弹的同时发生,一切发生得如此突然,我压根不明白究竟怎么回事。

这当儿,引擎也失灵了,无疑是给炸弹碎片撞的。山谷非常狭窄,我们在谷间,离两边的山顶都有一大截距离,我尽力操纵飞机直飞。我发现飞机总是左偏,怎么用劲让它斜飞,或者让它右滑,返回正道,以便飞离敌区,都无济于事。飞机要熄火了,不可能逃出飞机了。

① "日本佬"一词为路易斯·毕晓普原话,此文系他在逃出战俘火车回到美国后所写,该词为当时所用,并非刻意冒犯。50 年后,我在撰写本书第四章到第十章时,用"日本人"一词。

地对空炮火，还是炸弹提前爆炸？

像路易斯·毕晓普一样，我们也永远无法明白到底是怎么回事。他的战斗机是被地对空炮火命中，还是被他自己飞机携带的炸弹炸坏，这两种说法都有佐证。两名"飞虎队"的地勤人员曾经写过炸弹提前爆炸，炸毁过携弹飞机的事。但是和毕晓普一起执行轰炸任务的另外两名飞行员，则提到过该地区的地对空炮火。（罗·特·史密斯，第 314 页；罗伯特·司各特，第 142 页。）然而紧跟毕晓普后面飞行的彼得·怀特，在他的"飞虎队"战斗任务报告中，却没有提到地对空炮火。司各特的推理是，毕晓普无意给了敌人什么信号，招来了对自己的地对空袭击，但是马丁·密凯尔森怀疑司各特的结论。

如果真的有地对空炮火，那么是法军发的，还是日军发的，仍然悬而未决。司各特在其书中第 142 页写道，毕晓普对他的无线电讲："让我们往老街的铁路货场扔炸裂弹。"司各特相信，这句话让日本人得到了警报，导致了他们采取行动来防范飞机空袭。可是，密凯尔森则发现了法国方面的报告，说是一个法军分队因为击落毕晓普的飞机而得到奖赏。

密凯尔森还相信，法军和日军都没有发射地对空炮火。他说，根据他的研究，法军当时还未安装空袭警报系统，其无线电设备也很简陋。假若真的像司各特所言，法军监听到毕晓普的无线电通话，把听到的消息传给了日军，那首先得先传到法军在河内的"城堡"情报总局，再通过法军联络官，传给日军指挥部，接着再传给驻扎在老街的日本军队——那将是一个很慢的过程。因此，司各特声称的敌人预先得到警报，是不可能的。（马丁·密凯尔森是研究 20 世纪法属印度支那的历史学家，在佐治亚大学工作。上述内容源自其未出版的作品《越南前身：二战期间的法属印度支那》的私人复印件。）

2001 年 5 月 31 日"飞虎队"六十周年团聚时，第三中队装弹手约瑟

夫·波谢夫科对我说,他一直想弄清楚,毕晓普扔炸弹时,炸弹可能就在他的座机下爆炸了。

大家相信,鲍勃·里特也可能遭遇过同样的事:其座机机翼掉落后,他无法从飞机中脱身。大家知道,"飞虎队"的炸弹有的是俄罗斯和中国制造的,并非为 P-40 战斗机专门设计。飞虎队第三中队机工长弗兰克·洛桑斯基在他 1996 年出版的书中也有同样结论:"飞行员里特在执行轰炸任务时牺牲,原因好像是炸弹在未投出飞机前提前爆炸。"(洛桑斯基,第 94 页。)我爸爸自己说,他永远不知道到底是什么原因摧毁了他的飞机,是他投的炸弹提前爆炸,还是地对空炮火。但是他在回家后,曾对一家报纸记者说:"飞机因炸弹爆炸而起火被毁,他不得不在敌占区上空约六百英尺的高度跳伞。"该报道登在 1945 年 9 月 7 日的报纸上,复印件见附录 B。

飞机离山越来越近,别无他法,只有跳伞了。[①] 我还能控制飞机,拉升到约 650 英尺高。我推开舱盖,推到半道却被卡住了。我尽量地往外爬,然后双手紧抓挡风玻璃,往后用力蹬舱盖,从舱盖边缘拽出了没有打开的降落伞。伞开了,只记得自己飞快地往后翻了一个筋斗,螺旋桨疾驰而过,离我仅仅约一英尺。

往下跳,不费什么力气。大概因为飞机时速在 160 和 170 英里之间,我就要被从飞机上吹落了。当时,我站在驾驶座上往后推舱盖,我脚刚一离座位,便感觉有人站在飞机甲板上,往下抓住我肩膀,把我给猛拉了出去。飞机略微倾斜,记得我是头朝下,脚朝上,从螺旋桨边飞驰而过。一切瞬间发生,根本没有时间察看周边情况。我忙不迭地要逃出飞机。

---

① 2001 年 5 月 31 日,在"飞虎队"60 周年团聚会上,我见到了爸爸这次飞行中的僚机飞行员彼得·怀特。他说他总是后悔自己在看到毕晓普飞机着火时,用无线电告诉他跳伞,要不跳伞,毕晓普可能就不会被俘了。但是根据爸爸的讲述,他没有听到怀特的话。当时,他正忙着应急逃生。

等了一秒钟，让机尾飞过，我拉了拉伞绳，就感到有东西用力拽着肩膀和腿，往上一看，降落伞张开了。这是我生平第一次跳伞。虽然军校没有强制我们进行跳伞实习，但我们都学过正确跳伞的基本方法，所以我跳伞还算顺当。

跳伞的地方，正好在河的上空。如果是南风，我就可以落在盟区，安全返回基地。可是刮的是北风，把我往敌占区吹，敌占区在我跳伞处南边约一英里。我在空中飘了3分钟。近地时，我解开了降落伞带，这样，降落伞被树挂住时就可以轻松卸下伞具。我立刻寻找小径，好沿路返回河边。

我落地的地方，灌木杂草丛生。不过，在离我落地约75码处，我看到了一条小径。植被密集，我花了20分钟才走了75码。这时，大概是上午11点，丛林里十分酷热，没有一丝风。我在藤蔓、杂树和野草间艰难地行进，好不容易走到了那条小径，我已经是汗流浃背，筋疲力竭了。我歇了五六分钟。不一会儿，有两个安南（越南东部地区的旧称——译注）妇女经过。我用还记得的中学时学过的法语，向她们讨要烧开过的水喝。（在东方国家，一定要喝烧开过的水，最好还是趁热喝。）

其中一个妇女离开，沿着小径往回走，过了十来分钟回来，从她附近的小屋里拿来了一壶热水。然后来了一个安南男子。我跟他讲法语，请他告诉我到河边怎么走。他点点头表示明白，答应指给我道路。他让我脱掉飞行头盔，递给我他的遮阳帽，我接过戴上了。

被维希法国军队俘获

我们朝着河流方向，沿着密林里的小径走了约半英里，爬上了一个土墩。这时，迎面走来两名法国军官、四个法国士兵和八九个当地士兵。一名军官叫莱蒙·苏克莱①，另一名我不知道姓名。

---

① 马丁·密凯尔森说明了莱蒙·苏克莱上尉是老街的情报军官，后来成为法军地下抵抗组织的领导。

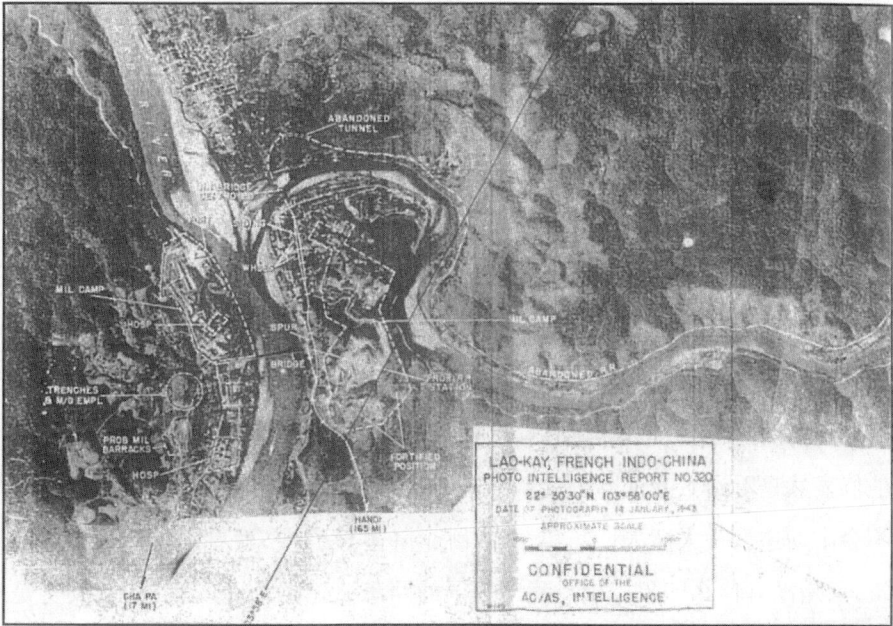

法属印度支那(今越南)境内老街的航拍情报照片

在老街上空,毕晓普从失事的战机中跳伞。如果落在界河的中国那边,他将安全无虞,但他落在了界河的法属印度支那那边,结果落入了日本人之手。该照片由马丁·密克尔森提供。

我们能看到彼此时，差不多相距10英尺。因为密林幽暗，几乎不可能看得再远了。

他们立刻命令我停下，我就停下，他们的步枪和手枪全都对着我，绝对插翅难逃。其中一位军官会点英语，命令我举起双手，我照办了。法国中尉一声令下，一个法国士兵过来搜身，拿走了我的0.32口径自动手枪、身份证和钱包。我们问我姓名，还有为什么轰炸他们的领地。我的回答和我其他时候的作答一模一样，就是：我不过是在执行上司的命令。

然后我们所有人沿着官兵来的那条小径，原路返回。我一直不知道，自己被俘时，给我带路的那个安南人后来怎样了。

走了五到十分钟，我们到达了他们坐落在河岸上的总部。估计有一个营，驻扎在像要塞一样的构造内，四周有高墙，围着一座不太大的军事建筑。他们显然是看到了我的降落伞飘下来，于是出来寻找，因为我相信常规巡逻不会出动这么一大队人。其实，我在跳伞降落过程中，就看到过这一小群建筑，只是没有什么印象。指点我回中国的路怎么走的那个安南男子，其实是知道这个军营的，也尽力带我绕行了。到了军营，我被带进总部，他们让我躺在地板的担架上，脱下我衬衫。医生进来，在我手臂上打了一针，说是预防疟疾的。

大约十分钟后，两名日本军官从他们的总部过来带我走。法国人不愿把我交给他们。[①] 在日本人到来之前，俘获我的那位法国中尉让我佯装负伤，我照做了。日本人和法国军官交谈时，我就闭眼躺在担架上。日本人待了十分钟左右就走了。

法国人把我抬出了总部房子——我还躺在担架上，穿过院子，进了一个营房，上了二楼。然后把我放在一个房间，里面有一个士兵，门外还有一个，另一个站在我们上来的楼梯下口。

---

① 1945年8月，毕晓普在返回华盛顿时接受访谈，访谈者提交了《毕晓普的逃跑、躲藏和获救报告》。报告说："他被法国人带到附近哨所，接受了体检，并被注射防疟疾针。到达老街的法军司令部后，附近日本哨所的两名日本军官前来索要毕晓普，遭到法国人拒绝。法国人说这是他们俘获的，当天和当夜都把他拘留在法国哨所。"

在我被法国人抓住的小径上，他们告诉我，不会把我交给日本人。他们同意日本人出于军事原因审问我，但我肯定是他们的俘虏，不是日本鬼子的。

当天晚上，我待在法国人的这个前哨基地。晚餐有米饭、炒鸡蛋、蔬菜、茶和馒头。晚餐后，基地的法国指挥官，是一名少将，走进我的房间，带着上尉和翻译，审问我约一个半小时。他们问的和"飞虎队"的军事行动，没有多大关系，倒是似乎更想知道我对戴高乐军队的行动和意图了解多少。我此时已猜定，他们属于法国维希政府的军队，而维希政府是纳粹德国占领下的法国傀儡政府。但我的了解仅限于我从报纸上读到的东西，能告诉他们的微乎其微，我也尽力回避回答他们的问题。

他们离开后，我就打算睡觉了，睡前，看守的士兵把我的双脚铐在担架床上。我累得很快就入睡了，睡得很香。第二天早上，在我吃过有米饭、鸡蛋、茶和面包的早饭后，他们带我下楼到了总部，见了两名日本中尉。

这两人是不是军官，我不知道。日军有一种制度：参加常规军队的人，到服役期满，高级军官就会调往军中的警察署。我们美国没有类似机构，但德国盖世太保就属于这种性质。日本的盖世太保或军中警察署，叫宪兵队。他们负责管理监狱，不是军队辖下的战俘营，而是关押政治犯的监狱。我后来就被关在那里。

总部有一个日本翻译，是个很讨厌的家伙。他一脸鄙夷，身高大概四英尺六英寸，坐在椅子上，双脚离地板还有6英寸。他坐着，晃着脚。我觉得他像一个侏儒。

两名日本军官喜不自胜，自始至终微笑着——这下可有犯人任他们随意摆布了。但他们问我的唯一问题，却是我怎么看待大日本皇军。我回答说，日军获胜不过是因为兵力强大，外加攻击民用基地。然后他们对我讲他们将怎样彻底控制东方，暗示日本和轴心国同盟正在策划统治全世界。

被押往河内，接受日军更多的审讯

十来分钟后，俘获我的法国中尉给我戴上手铐，让我上了有五个士兵的汽车，开往火车站。大概八点半，我上了火车，坐了一整天，抵达河内。没有日本士兵跟着，我仍然是维希法国军队看管的犯人。[①]

我被俘时，穿着卡其布衬衫、卡其布长裤和在开罗买的马海毛短上衣。从被俘到 1943 年 3 月转到战俘营，这是我唯一的行头。

去河内途中，法国中尉给我买了午饭，待我很好，在我的请求下，甚至允许我写一封短信给陈纳德将军。我写道，自己在法国人手里，被当作犯人，跳伞时没有受伤，此时身体状况良好。我也请求将军告知我妻子我一切都好，免得她担心。我请他转告她，我会时时想念她，希望战争结束后早日团聚。（后来我发现，短信写后的一个月，陈纳德将军收到了。）中尉还告诉我，中国人一看到我跳伞，就有 40 个人游过河。如果我的降落伞被风吹向他们那一边，朝北边吹，我本可以轻而易举地避开敌军。

当晚约八点半，抵达河内。我被带往市内的法军总部，法国和日本军官联合审讯了一个半钟头。（我被送进过各种各样的监狱和牢房，每进一处，身份证和私人物品就全被没收，转狱时再还给我。）日本人想弄清我到底是谁，不可避免地问我为什么轰炸法属印度支那。对此，我也不可避免地回答："我仅仅是在执行上司的命令。"

---

① 苏克莱寻找毕晓普时，一支日本搜索小分队从老街出发，也在寻找毕晓普，因为一个当地人把飞行员被击落的消息既告知了法军守备队，也通知了老街的日军。法国人先找到了毕晓普。倘若日本人不知道这起坠机，法国人或许就能帮助毕晓普逃回中国了。他们无意将他交给日本人。法国的查尔斯·勒考少校派兵看护，以防日本人将他带走，也拒绝他们的转交要求，不同意让他们审讯毕晓普。（马丁·密凯尔森）

维希法国政府和日本人的关系

二战初期,法国人向纳粹德国投降后,纳粹德国就在法国扶植了维希法国政府。马丁·密凯尔森如是解释了他们与日本人的关系:"维希法国在印度支那的殖民势力,心甘情愿地为日军提供军事和经济援助,使得那里的战事更加危险和悲惨。菲利普·贝当元帅领导的维希法国政府有意奉行和轴心国合作的政策,同意日本人于1940年9月在印度支那北部,即北部湾地区,建立军事基地,以便袭击中国国民党的军队。一年后,1941年7月,日本人移师到印度支那南部时,维希政府才退居一旁。"

"尽管毕晓普不知道,但老街的索克莱和其他一些人却是自由法国的支持者,是对抗德国侵略者的地下组织,他们迫切需要有关戴高乐和自由法国的消息。由德国侵略者指派的法国维希政府代表——德古海军司令,曾经下令法属印度支那军队停止对其殖民区内的日本人实行情报监控。但莫邦中校手下的一些军官拒不执行,反而创立了一个秘密地下组织,接受军事统计局的统一指挥,收集日本人、泰国人和中国人的情报。法属印度支那军队的最高首领和部下甚至都不知道这个组织的存在。索克莱就是驻扎在老街的军事统计局军官,负责为汉口的中国人提供情报。"

"就是通过这条渠道,陈纳德收到了毕晓普被俘的消息。德古海军司令最终风闻了莫邦中校的所作所为,就将他撤了职。差不多与此同时,日本人逮捕了索克莱的中方联系人,结果终止了地下组织搭救毕晓普的第一次努力。"

(来源:马丁·密凯尔森的未发表作品《越南的前身:二战期间的法属印度支那》)

如何应付审讯

爸爸向听取汇报的军官提交了一份报告——《1945 年 8 月的逃跑、躲藏和获救》。他说，在"飞虎队"期间，没有人给他简述如何保全生命或者应付敌人审讯。他听过的唯一一次介绍，是陈纳德将军教导飞虎队员，如果被日本人抓住，切勿泄露飞虎队人员的数目和姓名。爸爸相信，将军也告诉过他，日本人会残酷对待被俘的飞行员，但不会杀死他们。

爸爸还说，他告知了法国人自己过去的一些经历。因为他挂着身份牌，法国人轻易就弄明了他的身份。他告诉法国人，中美军队合作顺利，但往低描述了美方的实力。他不知道法国人会不会把这些信息传给日本人。因此，他应对法国人的方法和他后来应对日本人的如出一辙，即说他自己是专业人员，对专业领域以外知之甚少。他对一切都往低处说，只有死伤人数是往高报的。法国人对爸爸还算客气。

马丁·密凯尔森总结道，爸爸被关进牢房时，"作为飞虎队员的毕晓普，处境危险，但他有希望生还。法国人既然有他的记录，他就会被当作战俘对待。从技术上讲，他是一个不受战争规则约束的雇佣兵，参与了危害法国和印度支那的财物和人员的战事。另一方面，他先落到了法国人手里，维希法国政府卑躬屈膝，想对美国人和日本人两面讨好。法国人知道了毕晓普的身份，将会和日本的盟友德国人一样，对他严肃处理。日本人知道了法国人的态度，反而会给毕晓普带来某种保护。再说，他是日本人用以制造舆论宣传的战利品。虽然看似匪夷所思，但日本人大概还对他抱有敬意……日本人知道'飞虎队'在做什么，而毕晓普在二战早期日军气数最旺的时候被击落，对他被俘后的命运大抵是有好处的"。

根据任务报告军官 1945 年的报告，爸爸还提供了更多的细节："日本空军中校再次拿出昆明机场的航拍照片，再三讯问。为了摆脱困境，毕晓普指着照片上的一个地方，告诉日本人那儿有美国人的修理点和宿

> 舍。实际上,那里不过是一片稻田,通向它的一条小道在照片上看,像是一条公路。日本人相信了毕晓普的假答案。照片是从约三万英尺的高空拍摄的,不是非常清楚。"

法国中尉告诉我,日本鬼子要带我到他们的机场继续盘问,让我别担心,再次确定地说我是法国人的囚犯,他们不会把我交给日本人。

当晚十一点左右,我被带往日军中校的总部,讯问我的有中校、执行官、少校、上尉和在河内就参与讯问的中尉,还有无时不在的翻译。可巧的是,这位翻译会讲法语、英语、中文、德语、西班牙语和他的母语日语,在宾夕法尼亚大学拿的硕士学位。他聪颖过人、彬彬有礼,对美国的了解非常广泛,让我如沐春风。我借口特别累,听不懂,拖延不回答。他们就放了我一马,把我带到了行政楼。五天前,我曾和四个飞虎战友轰炸过该楼,①摧毁了十五架飞机,还炸坏了几架。不过,我对日本人可没提这茬儿,当时哪里晓得,六天后我会身陷在被炸过的同一座楼里!

他们把我关进了一个房间,房间里有一张支着蚊帐的小床、一桌、一椅,角落里有一个便桶。门外有士兵把守。第一个来看守的日本兵,比上了刺刀的步枪还矮三英寸,这是我看过的最滑稽的场面之一。

坐了一整天火车,熬过让人神经紧绷的审讯,我疲倦至极,很快入睡了。次日早晨约七点,送早饭的传令兵叫醒了我。他先端来一盆水,我洗了脸。早饭有汤、蔬菜、馒头和茶,还有米饭。由于受了太多折腾,我胃口还是大不如平时。

早饭后,昨夜的五人审讯团又来了。翻译事先警告过我,任何日本人进我房间,我都必须鞠躬致敬,否则就会挨罚。这次,日本人进来时,我便立正,微微点了点头。中校咕噜一声表示认可,也略微点点头。他们坐了下

---

① 1942 年 5 月 12 日,毕晓普和"飞虎队"战友偷袭、重创了河内附近的嘉林机场。蒋介石极为高兴,下令将他从飞行领队立即晋升为副中队长。

来，翻译说我也可以坐下。于是，我坐了下来。

中校说我不是战俘，而是罪犯、违法者、游击队员。如果我不服从日本人，不老老实实地迅速回答提问，日军就不能保证我的生命安全。换句话说，士兵想对我做什么，想要我做什么，全由他们说了算。中校一早打开天窗说亮话，却让我一下子仿佛掉进了黑洞。

接着就是冗长的折磨人的审讯，我希望永远不要再经历。[①] 他们什么都问——政治、经济、社会，甚至性生活，但他们没打我。此时，我实际上是在日军手上，情况不像后来落入宪兵队手里那么惨。这里的头儿负责河内的日本空军，对我的审讯，差不多从早到晚连审了四天。

他们问我战争的原因，问我对罗斯福、希特勒、斯大林和东条英机的看法，问我私人生活大大小小的方方面面。

一天接一天，都是同样的审讯者。相同的问题用不同的措辞来问，企图让我迷惑。他们把什么都记了下来。我回答的原则是：我完全搞专业，是一个飞行员，对于所有的政治问题，我都告诉他们，在军队服务时，军官的职责就是执行上司命令，不需要有个人或政治想法。[②]

关于经济问题，他们想了解美国的战时生产。我说，我绝对坚信，我的国家能为本国和盟国生产必要的物质资料，把这场战争打到底。他们好像满意我的回答，四天后就不再讯问了。这期间，我吃得不错，尽管不习惯他们的食物，也只得给什么吃什么。

我觉得，日军战败的原因之一，是处处自大自负。他们的主要目的就在于显示自己优越，羞辱我，或羞辱他们的所有敌人。日本人觉得，他们在精神和身体上都高人一等。他们问我怎么评价日本的工厂和陆海空三军。我

---

① 毕晓普的《逃跑、躲藏和获救报告》说："次日清晨，日本人给他准备了不错的早餐。上午约九点钟，中校、参谋长和翻译等走进他的房间，对他再次审问。中校通过翻译下令，若他不给出恰当的答复，他将无法保证他的生命安全……日本人手里的毕晓普卷宗，记录着对他的审问和他的回答，到哪里都跟着他。同样的问题反复提问，也会添点新内容再问。毕晓普记住了这些审问，通常知道下一个问题是什么。"

② 毕晓普故意低报己方实力。日本人知道了对方弱点，或许就会主动来战，而这正是美国人所希望的。（参见毕晓普的《逃跑、躲藏和获救报告》。）

告诉他们,我所知道的,都是我从报纸上读来的。他们只字不提珍珠港。

第四天中午刚过,一个法国军官来到机场将我带走。我们坐进汽车,后排有两个士兵,前面是司机,他们把我带回法军总部,就是我刚到河内时被带进的那栋建筑。在那里,法国人反复提问我,日本人想知道多少,他们也想知道多少。这次讯问,没有日本人在场。法国人热衷打探戴高乐的一切,尤其是他的军事和政治活动。我对此除了一般的公众谈资外,就一无所知了。他们还询问了 P-40 战斗机和在美国制造的情况,接着问了我自被俘以来就一直回答的相同问题。这次讯问持续了两个钟头。

日军宣传媒体对 1941 年 12 月 20 日空袭昆明大肆吹嘘,向法国人描述了他们如何打下美国飞机,击毙飞行员。事实真相却是:我们拦截了日军的轰炸机,确认击落了六架,另有两架十有八九也被命中,(过后我得知)只有一架日机返回了基地。我后来还见到了这架日机的飞行员。然而对于我和法国人都知道的 12 月 20 日的空袭,法国人却让我对日本人守口如瓶,因为他们非常担心,怕日本人发现自己的宣传对法国人不起效果。

法国人让我冲澡、刮胡子,这是我六天来第一次洗澡。接着美餐一顿:开胃菜、土豆炸小牛排、法式面包、啤酒、咖啡和我想要的所有香烟。这天过得舒服、愉快。当时我还蒙在鼓里,但法国人知道,他们第二天就要把我交给日本人,所以尽量在此前为我把一切安排得好些。

法国人的背叛

晚饭后,他们让我准备好,随他们返回机场。我问他们为什么不留下我,他们说日本人想进一步审我。我提醒他们,说他们承诺过不把我交给日本人的。他们没有正面回答,只说这得由他们的司令官决定。我觉得不对劲,自己被出卖了。

回到机场,日本鬼子把我从那里带走,带我到城里的宪兵队总部严加看守,我们的情报部门称之为"城堡"。那是 5 月 22 日,"好戏"就从这儿开场了。

我的物品，除衬衫和长裤外，通常会被全部收走，甚至皮带也会被收走。登记后，他们让我摁上右手拇指印。接着，我被带往牢房，牢房约十英尺见方，四壁空空，木板做的，天花板上的小灯一直亮着。牢房没有窗户，也没有自然光能从走廊尽头的窗户透进来。所有牢房的门，都朝走廊开着。

残酷的日式审讯

在牢房里，日本人禁止我抽烟、读书、写字、讲话和唱歌。我必须数个小时盘腿坐在地板上，稍微变换一下姿势就遭毒打。他们命令我站起，走动。如果不照做，拿棒子的看守又会给我一顿好打。没听到命令就站起来，也打。

看守打人的棒子是用竹子做的，直径大约一英寸半，长四英尺。中间劈开，两端用胶带捆紧。这么一来，打一下就相当于打两下那么疼。竹棒打在皮肉上，竹条自动裂开。每打下去，就起来一道血淋淋的伤痕。你可以想象，伤痕上再遭棒打真是剧痛难当。看守把你打到他们心满意足为止，根本不管你的死活。

我被关的当天，离我不远的牢房里，关着两个安南囚犯。他们的双手被绑在身后，惨遭军士毒打。后来我在受审时看到他们，脸被打得血肉模糊，变形得连眼睛都看不见了。日本看守用一根长扫帚柄施虐，他们惨叫连连，看守不仅无动于衷，反倒可能被刺激得更加兽性大发。他打了他们整整一个钟头。

我在"城堡"受押九天，接受日本警察的审讯。[①] 我本以为在机场经历的四天审讯已够让人心力交瘁了，但和这里的相比，简直是小巫见大巫。宪兵队盯上了我，对在机场问过的事情左一遍右一遍地提问，变着说法想把我搞糊涂。

我一拖延或答得不如他们意，就挨打，不是挨棒子打，而是被日本兵打

耳光,用拳头打,或扯着我头发拖行。每天都要受审,有时从早审到晚。食物就是一杯米饭,有时带点蔬菜,偶尔有茶。通常都是同样的人审讯我,但有一天来了十五个人,每人问我不同的问题。翻译人员的英语,说和理解都不太灵光,常会把我的回答翻译错。结果,一旦日本鬼子这次听到的和上次的大相径庭,我就会挨更多的打。

在宪兵队的第二天到最后一天,他们问了法国人已经问过我的问题,还提到了对昆明的轰炸。我说自己对此一无所知,他们不停地说我撒谎。我告诉他们,我和法国人唯一讨论的是 P - 40 战斗机的优点。(我先前就发现自己跳伞后,我的座机爆炸了,只剩下几片让敌人看不出什么名堂的残骸。)

险遭斩首

在被带离"城堡"的前一天,日本人更加凶相毕露了。他们一进我的牢房,我就感到气氛不对。中士对着看守厉声下命令,他们抓着我的双手,把我拽上楼梯,进了另外一个房间。里面有九个日本鬼子,包括那个讨厌的"矮冬瓜"翻译,没有军官。我们重新过了一遍法国人和我关于昆明空袭的谈话。我试图拖延回答,而他们讯问的速度却越来越快。

大约过了一个小时,他们火气大发,非常暴躁。军士长,约莫五英尺九英寸高,魁梧雄壮,咆哮着一声令下,五个士兵便扑上来抓住我,把我强行摁倒在沙发上,一人抓左臂,一人按右臂,一人压住双腿,一人拉我头发,还有一人坐在我腹部上。军士长抽出剑,咄咄逼人地站在我面前,举剑要砍我的头。直到今天,我都不知道他们最后为什么没杀我。①

不用说,我惊呆了,有生以来第一次吓得魂飞魄散。我丝毫不能动弹,不能挣扎着脱身,冷汗直冒。我只是不住地希望,要砍要剁来得麻利点。我

---

① 法国有关毕晓普被斩首的报道可见 1944 年 3 月的《军事历史回顾》第 194 期第 83 页,大致可翻译为:"'飞虎队'的美国飞行员在中国边境被法国军队 AA 哨所的机关枪击中,法军救下了飞行员,但把他交给了日本人,日本人将其斩首。因为这一出色的行动,AA 哨所受到嘉奖,荣获战争十字勋章。"(马丁·密凯尔森)

想，我在当时那么几秒钟拼命祈祷，想着家人，希望他们永远不知道这一切，希望日后报道我是战死沙场，但怎么死的，将不会有一个人知道。

我闭着眼睛。他们把我在那个姿势上固定了几分钟，利剑却迟迟不砍下来。然后，我所知道的就是，抓我头发的士兵把我拽着站了起来。我被押到楼下，推进牢房，他们中午什么也不给我吃，就这么被关了一整天。

腹泻，生病，向看守乞求上厕所，但看守不让。结果第二天早晨，我不得不洗干净衣裤。后来几天，军士长（就是几乎砍掉我脑袋的那个）提我到办公室，态度好得又有点过分。他把我的物品统统还我。翻译说，我要作为军士长的客人，前往西贡。在去西贡的火车上，军士长请我吃饭，还额外买了水果，给烟让我抽。晚上，我睡在车厢的地板上，整趟旅程没有受到虐待。

美国国务院没有全力投入

1942 年 5 月 28 日，路易斯·毕晓普被俘两周后，美国国务院收到了印度支那法国总督让·德古副元帅的电报。电报告知：一个美国飞行员在印度支那强行着陆，被法国政府收押，健康状况良好。美国国务院在 6 月 6 日电报回复，感谢法国方面提供了毕晓普的信息并求询："飞行员被收押的地点和具体情况，瑞士政府的代表能否得到准许去探视。另外，飞机的状况如何，如何被处置。美国政府无疑设想，法国方面已采取预防措施以免飞行员和飞机落入对美有敌意者的手上。"

美国国务院内部备忘录总结道："……据信，政府将尽一切可能以确保法国政府保留对飞行员和飞机的司法权，并按照国际法予以对待，这也是符合政府利益的。另外，已经注意到，相关电报没有就飞机状况和处理结果提供信息。"

后来，美国没有采取更多的直接行动。1942 年 6 月 12 日，美国国务院远东事务部作出如下总结："建议：如果 EU 和 SD 同意，现在将不对该

报告作出任何处理。政府对这一事件的主要观点将包含在国务院作出的相关指令里。此时促使法国政府对该报告予以注意,也不太可能对飞行员的处境作出任何改善。然而在收到法国方面对政府这一举措的回复后,该报告对政府采取下一步行动将有参考价值。"

(来源:美国国家档案馆里的国务院文件)

飞虎队试图解救毕晓普

美国国务院向法国进行了相对中立的咨询,相比之下,"飞虎队"首领陈纳德则为争取毕晓普获释采取了积极的行动。罗·默·史密斯在其回忆录中写道:"有传言说,蒋介石委员长为解救毕晓普拿出了一大笔赎金。"

德克萨斯州圣安东尼奥市的飞虎历史学家马克·波肯,保存有"飞虎队"档案,内有陈纳德和蒋介石往来通信的复印件,确认是正式拨出了一万印度支那银圆的解救赎金,然而该款从未动用过。(下图为两份复印件,一份是陈纳德上校的求救信,另一份是宋子文同意提供赎金的批复,上附陈纳德后来手写的赎金未用说明。)

HEADQUARTERS, CHINA AIR TASK FORCE
Office of the Commanding General

Kunming, China,
December 8, 1942.

His Excellency Dr. T. V. Soong,
CHUNGKING.

Your Excellency,

On May 17th, 1942 Vice Squadron Leader Lewis S. Bishop
was shot down and taken prisoner by French troops at Laokay, Indo China.

A Chinese Intelligence Officer reports that Vice Squadron
Leader Bishop is in good health and is being held prisoner by the French
near Hanoi. He further states that in his opinion he could obtain
the release of Bishop for the sum of approximately I.C.$10,000.00.
His plan is to have Bishop delivered to the Chinese Authorities in
Yunnan before paying over any of the money.

Under the plan approved by Your Excellency in cases of
this sort, former A.V.G. members known to be prisoners of war are allotted
the equivalent grades in the U.S. Air Force and their salaries paid to their
dependents for the duration of the war. In the case of Vice Squadron
Leader Bishop, his equivalent grade is that of Major. If his release
could be obtained it would relieve the Chinese Government from paying
his salary for the remainder of the war. A secondary consideration is
that he could again devote his service to the war effort.

In view of the above facts, information is requested
as to whether the undersigned may guarantee payment of not more than
Indo China Dollars Ten Thousand (IC$10,000.00) upon the safe delivery
of Vice Squadron Leader Bishop to Chinese Officers in Yunnan Province.

Thanking you for your consideration in this matter,

I am,

Most sincerely yours,

C. L. CHENNAULT
Brig. General, A.U.S.
Commanding.

陈纳德为解救被俘的路易斯·毕晓普而写给宋子文的赎金请求函

　　1942 年 12 月 6 日,陈纳德为解救被俘的部将——援华志愿队飞行员、第三中队副队长路易斯·毕晓普,曾向国民政府财政部部长宋子文请求一笔赎金。毕晓普于 1942年 5 月 17 日在法属印度支那跳伞后被俘,1942 年 7 月被转至上海臭名昭著的提篮桥监狱关押。

Bank of China

Chairman's Office

Chungking, Jan. 21, 1943

The Manager
Bank of China
Kunming

Sir:

On demand please pay to General Claire L.
Chennault the sum of Ten Thousand Piastres (Indo-China
currency) against his receipt. In case we have no
Indo-China currency, you should try to get it from the
market or perhaps the Kunming-Indo-China Railway people
could furnish you banknotes for this amount.

Yours faithfully,

[signature]

Debiting National Government account B/-

*This authorized payment of reward of I C $ 10.000.00
for the rescue of Vice Squadron Leader Louis Bishop.
Rescue was never effected and Bishop finally
escaped from Japs, unaided, on 10 May, 1945.*

[signature]

宋子文的赎金批准函

陈纳德请求国民政府财政部部长宋子文拨出一笔赎金,用于解救在印度支那被俘的援华志愿队飞行员路易斯·毕晓普。宋子文在 1943 年 1 月 21 日于重庆签署赎金批准函,赎金金额为一万印度支那贸易银圆。

该赎金批准函的下方是陈纳德的手迹,说明该赎金未能派上用场,因为毕晓普在 1945 年 5 月 10 日逃出了日军魔掌。

第二章

政治犯，战俘，被囚中国

1942 年 6 月 2 日，抵达西贡。[1] 我被押往日本宪兵队总部，过程照旧，接受新一拨人的审问。然后，被押出来，投进牢房。这间牢房比先前关我的要脏，石头砌的，有一个窗户，一扇供出入的小门。墙角有个便桶。牢房里，已经关了三个中国和安南的苦力。

这里的看守，个个卑鄙透顶，随便找个小借口，就进来用竹棒打人。我挨了好几次打，其中一次，是因为看守恼怒我坐的姿势不符合要求。我们必须盘腿坐，像过去一样，离墙八到十英寸。谁胆敢放松靠在墙上，就要遭打。这样一坐，就得连续坐上几个小时。

邂逅了拉尔夫·弗拉里克上尉的部下

我抵达西贡时，隔壁的牢房里已关了五个美国战俘，他们原先在巴丹岛和科雷希多岛之间运送补给。一天，他们的四十英尺海船马达出了故障，修理不好，在印度支那海域飘了大约一个星期，被暴风雨刮到了西贡海岸附

---

① 1942 年 6 月 2 日《日本时报》上载有对爸爸的"采访"。在采访结尾，爸爸提及他六岁的女儿，然而他心里十分清楚我那时只有六个月。日本报纸看来不会把英语的年月搞混，看来爸爸是在对外界暗示，他在所谓的采访（即审讯）中并没有说实话。（来自马丁·密凯尔森的私人通信）

近。他们想去中国,途中被法国军队截获,转交给了日军。他们被俘差不多一个月了。

一天,看守犯了个错误,让我们同时放风。我们一起到外面的水龙头那里洗漱,我趁机打听了他们的不少情况。我现在记不起来上尉的名字了,[①]但还记得哈维特中尉、希尔德中士、斯托德和怀特。他们给我讲了菲律宾投降前的情形,我则告诉他们,马尼拉湾入口处的战略要塞科雷希多岛已经被日军攻占了,但他们对此还一无所知。(1942 年 5 月 6 日,该岛上菲律宾和美国的守军,在日军的狂轰滥炸下被迫投降。美军被迫撤出菲律宾,麦克阿瑟将军发誓:"我还要回去!"1945 年初,美军反攻,麦克阿瑟将军于 3 月 2 日胜利返回该岛。今天,科雷希多岛已成为旅游景点,建有纪念馆、纪念碑和公墓。——译注)

西贡传言毕晓普被砍头

毕晓普被囚的附近还有五名美国人,他们都被关在日本宪兵队监狱的竹笼里,这个监狱原本是西贡法国商会的所在地。一天,看守放囚犯们出来,在监狱院子里两人一组打棒球。毕晓普和查理·希尔德一组,毕晓普讲了自己襁褓中的女儿希拉,还悄悄给希尔德看了一张希拉的照片。

毕晓普被带出西贡监狱,先被押回河内,接着被押到海防,而监狱的日本兵却告诉希尔德毕晓普被砍头了。(有趣的是,先前在河内,日本宪兵队也威胁毕晓普,要砍他的头。显然,这是日本人的一贯伎俩。)查理在二战后一获得自由,便向有关权威机构汇报了毕晓普的情况(或者是他认为的发生在毕晓普身上的情况)。多年以后,他才发现毕晓普没死。

---

① 1945 年 8 月毕晓普回到美国后有一份《逃跑、躲藏和获救报告》,说明该人是弗拉里克上尉。马丁·密凯尔森和查尔斯·莫特都确认他为拉尔夫·弗拉里克。

[来源：以上内容为希尔德对研究者马丁·密凯尔森所述，后者转告了我(即本书作者)。]

在这座监狱里，我被关了二十天，允许一天两次到院子里见见阳光，趁这当儿，我甚至对被囚的其他美国战俘有了更多了解。他们吃到现在的唯一食物就是一天三顿米饭，有时有清汤，汤里偶尔加个鱼头，就算无比美味了，其他吃的几乎没有。来此一个多月后，他们形销骨立，面色苍白，因为看守很少允许他们出牢房放风。他们浑身脏兮兮的，没法洗澡，爬满了虱子。但他们的精神状态十分好，身体也不错，比我日后几个月的身体要强多了。

这期间，我说服了日本鬼子给我理了一次发。但不管我再三哀求，他们始终不肯给我看腹泻，肚子越拉越厉害。最后，一个会讲一点英语的中国犯人帮了我，让我只吃米饭和喝茶，不要吃鱼或喝汤，症状有所好转。

返回河内

6月20日，我身体稍微恢复了一点。两个持枪的下士押送我坐火车回河内，途中待遇不错。我能在我们乘坐的车厢内自由走动，还能到车厢顶头的卫生间方便。看守我的士兵从餐车给我买来了两顿西餐，相当可口。车厢里的座位到了晚上可以变成床，我睡得很好。旅程中，我常常请求看守给我买更多的食物，也"游说"成功了，所以差不多是一路吃到河内。

6月23日晚，抵达河内。我再次被关在"城堡"里过夜，情况和以前一样。次日早晨，我被押解出来，坐上了汽车(跟着两名看守，还有两个士兵和一个司机)，从河内前往海防，两地相距约六十英里。

河内——广州——上海

到了河内，我上了一艘沿岸装载军队的货船。天气炎热，我整天被迫待

在骄阳下。两腿从膝盖到脚踝的部位,都晒出了水泡。6 月 29 日到达广州时,两只脚肿得特别厉害。晚上,我被押下去,睡在船舱板上,夹在两个日本兵中间。

毕晓普鼓舞狱友

路易斯·毕晓普曾给狱友们带来莫大的鼓舞,这比他本人所言要多得多。赛伊默·路易斯医生就举过一个妙趣横生的例子,登在《警报》杂志 1986 年第 6—7 月期上,该杂志是美军第 14 航空队协会飞虎们的正式出版物。

路易斯医生是匹兹堡老兵医院精神科的主任。他的病人中有一些是巴丹-科雷希多死亡行军的幸存者,1941—1945 年间当过战俘,受过精神创伤,即使到了 20 世纪 80 年代仍需要持久的精神治疗。

路易斯医生说,他的病人们谈起当战俘的日子,不时会提到毕晓普的名字,念叨当时发生了什么事,毕晓普做了什么惊人之举……

一个病人告诉路易斯医生,“我们都很尊敬毕晓普。我们九个或十个人被关在一个笼子里,包括毕晓普。说我们被虐待,那真是太轻描淡写了。一天,瑞典视察团(国际红十字会)来视察战俘营,日本人想向他们显示战俘享受到了多么好的待遇。当他们走近我们的牢笼时,日本人只让毕晓普一个人被看见。他们告诉瑞典代表,关于监狱人满为患的说法纯属子虚乌有,‘看,只有一个人在笼子里。’我们其他人都缩在后面,光线很暗,瑞士代表看不到。”

“毕晓普设法引起了一位瑞典代表的注意,他双臂交叉抱在胸前,悄悄用手指在手臂上敲出莫尔斯电码,暗示代表们笼子里除了他还关着其他人。幸运的是,瑞典人懂莫尔斯电码。他没有透露是毕晓普所为,坚持要进笼子看一看,这就看到了我们其他所有人。瑞典代表告诉日本

人，他们将告知其政府战俘的待遇比动物的还糟糕。结果，我们被释放出了笼子。路易斯医生说，"这不过是毕晓普的一个故事。我敢打赌，关于他我们能写出一本书"。

我和路易斯医生电话交谈时，他告诉我，他办公室墙上挂着"飞虎队"指挥官卡莱尔·陈纳德的肖像，勾起老兵病人讲出了关于爸爸的许多故事。

看守把我连同五十个左右的政治犯，一起押往广州的日本宪兵队总部。我们被带到那里的二楼，二楼是监狱，关满了中国的政治犯。我们被关进的牢房有两个八英寸见方的窗户，可以通风采光。但这间牢房甚至比西贡的还要糟糕，光秃秃的，估计十五英尺见方，盖满地板的排泄物从没被打扫过，发出阵阵恶臭。牢房关的都是中国人，我是唯一的老外。

进了这间牢房约半个钟头，宪兵队的日本上尉带着翻译来到牢门前，问我的身份。我到宪兵队时，他们就收走了我的证件，做了登记。我告诉他自己是谁，请求转离这间牢房，最好能转到战俘营。

得到的唯一答复是，我将被押往东京。① 上尉命令士兵打开门锁，把我带到监狱的另一角，又把我单独关进一个小铁笼。我熬了一夜，睡觉是在关着两个日本政治犯的隔壁牢房。食物通常是米饭，那天晚上还给了一种什么绿色蔬菜，特别像青草。

第二天早晨，我被带到楼下，进了另一栋建筑内没有铁栏窗的房间。逃跑是不可能的，因为窗户全都朝向重兵把守的大院。房间里有一张支着蚊帐的小床，一桌，一椅，甚至有书读。有日本舆论宣传书籍，希特勒的《我的奋斗》，还有英语感伤小说。他们还送来了一份《香港论坛报》，是他们的英语日报。

---

① 差不多同时，杜立特轰炸东京中队的八名被俘机组人员，从上海被押往东京受审。日本人制定了特别法律审判他们。日本司令部很可能也将毕晓普列入了东京受审名单。

在这里,我享受了坐牢期间的最好待遇。每天早上,我可以从牢房出去活动活动。事实上,我可以随意在牢房内外走动。看守很有礼貌,上岗、下岗都向我敬礼。审讯则没完没了,和以前的完全一样,好在没有任何形式的虐待了。每次审讯结束,他们还给我啤酒和西式食品。这期间最让我开怀的是,得到了一听鹰牌甜炼乳,我拿它涂三明治。7月2日我最后一次受审结束后,日军少校递给我一瓶贴着约翰尼·沃克红标签的苏格兰威士忌,让我不要打开。我一直带到战俘营都没舍得打开,结果在那儿给没收了。

次日早晨,我被带出,由军士长押送机场,称完体重后,上了一架由轰炸机改装的运输机。我座位旁的舷窗在起飞时有些阴影,飞机升空五分钟后,阴影渐渐消失。我们那天早上是九点起飞,沿着海岸线从广州直飞上海。

臭名昭著的上海提篮桥监狱

下午两点三十分,飞机降落在上海东北郊的军用机场。我被押上小汽车,开往市内日军宪兵队总部的提篮桥监狱。一通常规的训导后,我被带到楼下,关进一个约十英尺见方的单人牢房,在那里被单独囚禁了整整七十天。我刚到提篮桥时,监狱头头告知我不会受到虐待,而且可以吃到西式食物。

和空袭日本的杜立特队员联系上了

进了提篮桥监狱的头十天,提审、拍照,再被关进单人牢房。入狱大约两周后的一个早上,看守让我出去,到外面过道的水龙头那里洗手洗脸。他放松了警惕,想都没想地就放出了五个美国战俘,他们和我同时来到同一个水龙头处。他们看到我这么一个穿着卡其布军服的美国人,惊讶万分,我也一样。匆匆交谈了约三分钟,他们知道了我是谁;我也明白了,他们原来是杜立特中队执行轰炸日本任务的飞行员,轰炸完后,有两架 B-25 轰炸机在上海以南的中国海岸失踪,机上有八个人幸存,其中五个人就是他们!

恐怖的日本宪兵队监狱

通过对战俘的广泛采访，记者和作家加文·道斯得出结论，日本宪兵队所到之处很快会变成黑洞。（路易斯·毕晓普被关过四个地方的宪兵队监狱：河内、西贡、广州和上海。）道斯写道："被日本人抓住，任意扣上什么罪名，落入宪兵队之手……这是三重灾难。日本人在'共荣圈'（日本对日占区的称呼）遍设宪兵队，训练折磨囚犯的士兵，高峰时多达数万人。"

设在德克萨斯州阿灵顿的美国前战俘国家总部，有一份关于宪兵队监狱的报告，描述提篮桥监狱的状况尤其恐怖。该报告写于1945年7月31日。牢房里人满为患，到处是害虫，卫生条件极差。日本人从未做点什么来改善状况。这是一座臭名远扬的监狱，上海则是宪兵队特高课的总部所在地。提篮桥监狱既关押战俘，也关押平民，主要对之进行审讯和拷打。约有580个军事犯和政治犯，包括妇女和孩子，曾被囚禁在此。"美国人一次囚禁的人数不超过25人。"

哈尔马克中尉对我讲了事情经过，告诉我他们被关了多久。从他们的状况，看得出日本人可没给他们好日子过。大概两个月下来，他们一个个脏邋邋的，胡子拉碴，虱子满身，由于吃得很差，人都很消瘦。日本看守意识到了自己的失误，赶快分开我们，把我关进我的单间。那五个美国同胞就关在我后面的囚室，和我隔着一堵墙。① 日本佬先前说给我西式食物，其实并未给，给我吃的和给其他犯人的一样，一天三次一小碗米饭，有时加一条烤小鱼或几个鱼头，有时只有鱼汤浇在米饭上，偶尔会有一点点像青草似的绿色蔬菜。一连两百七十天，我的全部食谱就是这样。入狱时，我体重170磅，

---

① 外婆回忆说，爸爸曾经告诉她，犯人通过敲击墙壁交流；一旦被发现，至少要挨一顿毒打。

九个月后,我只剩下110磅,连路都走不动了。

落在这个地方,和我以前被关在宪兵队其他总部一样,遭遇都非常惨。禁止看书、抽烟、讲话,禁止做任何事。他们视我为特别犯人,白天强迫我盘腿坐或跪坐在牢房地面上,一连几个小时,不允许变换姿势。

渴的时候也不给水,或者茶。特别是茶,本来是每顿饭后都有的,可是很多次根本没有。三个星期过去了,一个月过去了,他们从不准许我洗手洗脸。稍有一点违规,看守就用开裂的竹棒打我,和以前打我的竹棒差不离。比如,趁看守不留神时,我不经过他同意,就从坐的姿势站起来,到牢房一角的便桶那儿方便。若被他发现,就会招来一顿狠打。

杜立特轰炸东京

日本人偷袭珍珠港后,为了雪耻,美国的一个早期行动就是出其不意地在1942年4月18日对东京实施大轰炸。十六架双引擎B-25轰炸机在吉米·杜立特中校的率领下,从"大黄蜂号"航母上起飞,经阿拉斯加西部,直扑日本。这些轰炸机在完成空袭后,将继续西飞,降落在中国东部的基地,加入到陈纳德将军领导的美国空军大队。陈纳德到那时会被调回美国军队。

但是由于燃油不够,没有一架轰炸机抵达预定基地。因为担心行动被察觉,他们从"大黄蜂号"上起飞时,离东京的距离不得不比计划的要远。幸运的是,中国人救助了十三个到达大陆的机组。可是,有三个机组运气不太好。一个机组偏离航线降落在苏联基地,尽管苏联是美国的盟友,五名机组成员还是沦为了苏联人的阶下囚。另外两个机组在中国海岸附近弃机逃生,三人在摔机着陆时牺牲,另外八人被关进了日本人在中国的监狱。

这八个人先于毕晓普约一个月被囚禁在提篮桥监狱。他们在上海

接受审讯，接着被押往东京宪兵队总部接受进一步审讯和折磨。"坦白"过后，日本人还立出法规迫害他们。杜立特东京大轰炸影响巨大，因为日本上层曾经告诉日本人民祖国牢不可破，这下他们颜面扫地了。

这八名机组成员后来又被押回上海提篮桥监狱。毕晓普说，大概在1942年7月中旬，他在那里遇到了其中五个人。他只提了狄恩·哈尔马克中尉的名字，约一个月后，哈尔马克和同伴被转往上海的另一座监狱，接受日本新订法律下军事法庭的审讯，在1942年8月28日被判处死刑，后减刑为单独囚禁。（其中一人因疾病和营养不良死于南京监狱，另外四人在二战快结束时获释。）狄恩·哈尔马克和另外二人在1942年10月14日被日本人处死。卡罗尔·格里纳斯的书《四人回家了》详细描述了他们的经历。

毕晓普临时受押在广州宪兵队监狱时，曾被告知要把他押往东京，大概是和杜立特空袭官兵一道。当时，空袭人员的命运已经定下来了，所以毕晓普和他们一同被关在上海提篮桥监狱。对毕晓普审讯后，日本人显然没有获得让他们依法给他定罪的证据，而这些法规却是可以给杜立特空袭人员定罪的。还有一种可能是，毕晓普在东南亚参与的军事行动，在日本人眼里，不像杜立特轰炸东京那么罪大恶极。况且，日本人不知道，毕晓普在被俘前参加过"飞虎队"对河内军用机场的袭击。

杜立特空袭在计划时，美国军方没有告知陈纳德。后来，他觉得，他可以在中国东部的机场中选一个设置归航信标，为杜立特空袭大队导航，这样多数轰炸机就可以安全着落。杜立特后来表示，美军领导人之所以没有告知陈纳德，是因为担心过多的人知道该计划，将增加被日本人知道的风险。"飞虎队"通讯专家罗·默·史密斯（见其书128—129页。）从杜立特那得知，杜立特空袭计划中包括善后任务，即一架C-47飞机装上归航信标，引领B-25轰炸机降落到中国机场。由于C-47途中失踪，其引航任务也随之落空。

陈纳德（见其书第169页）写道，中国人也为杜立特空袭付出了沉痛

的代价:"在华东中心两百英里的地带,日本人连续三个月血腥报复,摧毁了两万平方英里的土地,破坏飞机场,屠杀任何一个疑似救助杜立特队员的人……但中国人从不抱怨,也从未吝啬过对美国飞行员的救助……今天健在的几百名美国飞行员和机组成员,他们的生命是帮助他们的中国人给的……中国人带领他们到达安全地带,同时百分之百清楚一旦被发觉,他们自己、家人和全村将面临死亡。"

单独囚禁的头七十天最难忍受,必须习惯完全的孤独和寂静。我一天天地枯坐着,思念我从未见面的小女儿,想她和妻子在家里怎么样,有没有收到或打听到我的音信。① 精神上的折磨最难熬,我宁可被结结实实地打上整整一个月,关进战俘营,也不愿受这样九个月的煎熬。

在提篮桥监狱里,我洗过两次澡,中间估计相隔一个星期,是在 1943 年 3 月。剪过一次头发,刮过两次胡子。1943 年 1 月底剪头发时,头发已经垂到肩膀,长满了虱子,爆炸式地支楞着,搞得我像个斐济岛上的土著人。我害了几种病:脚气病、糙皮症、痢疾和腹泻。

七十天过后,我有了第一个狱友,是一个中国姑娘,因为她丈夫和游击队有联系,日本人捉不到她丈夫,就把她给抓进来了。她待在牢房一角,我在另外一角。

一周或者十天左右吧,一个叫陈先生的中国人也给关了进来,11 月在牢里度过了他的四十一岁生日。他的太太被关在前面的监牢里。他懂一点英语,通过他我了解了那个中国姑娘的一些情况。他和我同住了三个月,彼此照应着,尽量让日子好打发点。中国姑娘来后二十天或二十五天吧,就被转走了。

---

① 1942 年 5 月 17 日过后不久,陈纳德便告知路易·毕晓普的妻子玛丽·毕晓普,他的丈夫显然落入了敌手。但是 1943 年 5 月 19 日,国防部才送她正式通知。1943 年 12 月她收到丈夫的第一封信,是写于十一个月之前的 1942 年 11 月 5 日。她把该信转寄了他的父母,并刊载在纽约州沃特教的报纸上。信的内容见附录 C。

有几次，陈先生和我想方设法说了说话，看守几次闯入，用竹棒痛打我们两个，没头没脸浑身上下地打，反抗只会激怒他打得更凶、更多。陈先生的妻兄做生意，必须在中国未被日本人占领的地区和沦陷区多次往返，有一次因为去得太久了，日本人就借口他是敌人的间谍，逮捕了陈先生和陈太太。

饥饿引发的疾病

1942 年 10 月，我染上了脚气病，接下来三个月，身体肿胀到原来的两倍大。由于病得太重了，一天晚上，我不得不苦苦哀求看守给我点药。第二天早晨，一个像是日本医生的人走进我的牢房，检查我身体。病到这个地步，我发现连正常呼吸都困难了。医生草草检查后，便派传令兵回去。传令兵带了一名护士回来，给我肌肉注射了一针新陈代谢液和维生素 B1。总共给我打了六针，止住了脚气病。到了 1943 年 1 月中旬，我原本浮肿的身体逐渐恢复了正常。

在患脚气病期间，我非常虚弱。看守却下命令，强迫我运动，要我在牢房里不停地走。我在十英尺见方的牢房走上五圈就累得要命，可是得走到让看守满意为止。这阵子，我除了米和鱼头，其他什么都吃不到，身体状况越来越糟糕。

1942 年深秋，几个外国人被关进了我的单人牢房，都是因受政治指控而被捕的平民。他们可以收到家里或朋友每月寄来的包裹，日本人不准他们把收到的食物分给其他囚犯。只有背地里极少的几次，我拿到了他们给的一丁点接济。吃饭时，看守警惕性总是很高，他们想私下传什么东西给我，都难上加难。有几次，坐在我两边的狱友把包裹里的食物塞给我，被看守抓住了，食物全被没收，毁掉，就好像你够着的东西，突然又从你手上抢去。接着，就是挨看守打。

夏天那几个月，热得无法忍受，我也得穿着同一套卡其布衬衫和长裤。牢房里不通风，热得我汗水直流。蚊子和跳蚤老是咬我，我忍不住，又抓又

挠,身上布满了伤痕。那个夏天,一整个月,我都没办法洗澡或清洗伤口。

到了深秋,又有外国人被关了进来。有个苏格兰人囚禁在我隔壁的牢房,趁看守临时不在,我和他说上了话。就是他告诉我,反日事件爆发后不久,约翰·比·鲍威尔①和其他几个美国人,以及外国的民族主义者,就被关在这座提篮桥监狱。另外,我也了解到,尽管是在寒冷的冬天,鲍威尔先生的双腿由于感染,还是被截肢了。在我入狱前不久,他被带走,乘坐"格里普斯尔摩号",被遣返回了美国。

1942年9月,通过监狱里的小道消息,我知道空袭日本的杜立特中队飞行员,除哈尔马克中尉外,都转走了,相信是转到了位于吴淞的战俘营。一个月后,即10月20日,哈尔马克中尉也转到那里,听说又和他的朋友被关在了一起。后来证明这个消息有误,哈尔马克和两个战友其实被处决了,其余人被带到南京关押了起来。

给家乡潘沙可拉的消息

鉴于我长时间都吃得那样差,身体每况愈下。1943年1月,我被调到了院子对过儿的牢房,差不多的囚室,里面关着十九个政治犯。

其中一个英国政治犯,艾·维·特·狄恩先生,是英国巴特菲尔德和苏威尔汽船公司的高级主管。我们在这间牢房共处了一天半,我把自己的整个故事向狄恩先生和盘托出,询问如果他释放,有没有可能想个法子递话给哪个被遣返回国的人,告诉我妻子我还活着,我一切都好。

我当时也不知道这样是否行得通。后来我回到家,发现佛罗里达州荷马萨沙镇一个叫杰·斯·拉夫的人曾经给我妻子去过信,信中提到狄恩先生曾经见过我,请他在到达美国后和她联系。1944年4月4日,他从佛罗里

---

① 鲍威尔是《中国每周评论》的编辑和出版人,反对日本,支持中国人民。他一周接一周地登出他根据亲眼所见而写的报道,披露日本人在中国的暴行和对蒋介石士兵的大批屠杀。后来,日本人为报宿仇十分残忍地虐待他。详见约翰·比·鲍威尔的《我在中国的二十五年》(纽约麦克米伦公司出版。)

达家中寄出了这样的信：

亲爱的毕晓普夫人：

　　谢谢您的来信！我这几天一直想给您写信，因为我猜想，肯定发生了什么，才使您没法成行，南下到这儿来。除非您碰巧顺道，否则真不必专程来看我。当然，我完全理解您急切的心情，想知道有关您丈夫的任何消息。可惜我没有亲自见过他，也没有更多的信息给您。不过，我会把我知道的一点情况统统告诉您。

　　1942 年 11 月 5 日早晨，日军宪兵队逮捕了一些男人，从事各种职业的都有。据我回忆，总数大概是 370 人，大多数是英国人和美国人。上海还有其他的拘留所。过一段时间，小拘留所的犯人就会转移到我被关押的地方。从那些小拘留所转来的人中有一个英国人，认识您丈夫，还和他住过同一个囚室。您丈夫问，如果有美国人在任何时候被遣送回国，能不能设法请他们捎话给您。这个英国人告诉我的故事是这样的：

　　您丈夫在印度支那边境附近执行任务时，飞机尾部被击落，但他安全落地。几天后被法国巡逻队带走，交给了日本人。他在印度支那被关了一些时候，然后转到上海。这个小拘留所卫生等状况非常糟糕。因此，一有机会，我们就向红十字会和瑞士有关部门报告，恳请他们尽其所能将您丈夫转到上海吴淞的战俘营。所有在威克岛被俘的人都在这个战俘营，驻扎在该岛的美国医生在该岛沦陷时当然也一同被俘。考虑到打仗，加上我听说的其他地方战俘营的情况，我认为上海的战俘营大概是情况最好的了。我确实知道，您丈夫所在战俘营的指挥官对待战俘理智而有人性，他也是我所在战俘营的指挥官。我的很多朋友还在战俘营里，我有理由确定我能再见到他们。我希望您对您丈夫也抱着同样的期待。这个英国人说，他从未见过比您丈夫更勇敢的人了，对他怀有最高的敬意。

当然，我也意识到我给您的信息不是很多，但是我可否提个建议？就是对此守密，对外只字不提，以免引来记者报道。我们都还有很多朋友仍然被关在战俘营里，我听说过一些有幸先回到美国的人，因为他们言谈不慎的报告返回到日本当局，给留在那里的战俘带来了很大的麻烦。

我若有机会到潘沙可拉市或附近地区，肯定会拜访您。您若光临我住的这一地区，我们也会非常高兴地邀请您来我家做客。

致以最好的祝愿和最亲切的问候！

您真诚的

杰·斯·拉夫

我和狄恩先生攀谈时，体重估计为125磅。由于长期忍饥受饿，人很是虚弱。尤其雪上加霜的是，上海的冬天特别寒冷潮湿，我根本没有保暖的衣物，只得了三条不足以御寒的很薄很薄的毯子。很多夜晚，我就裹着薄毯，在牢房里走来走去，走累到冻着也能睡着的程度，我再睡。牢房里什么供暖的东西都没有。要是我能吃饱，哪怕饱一次，这种刺骨的严寒恐怕就好熬些了。

支撑我必须活下去的——让我忍耐严寒、饥饿、疾病、精神和肉体折磨、可怕的孤独——一个信念，就是我妻子和我从未见过面的女儿希拉。她们是激励我的动力，就算在这样极端的环境中，我不愿也不能放弃。我祈祷着，希望有朝一日，我的祈祷和希望能够变为现实。

从提篮桥的政治犯变成江湾的战俘

1943年3月中旬，情况糟透了。过去两周，我除了每天一碗米饭，什么吃的都没有。虚弱无力，病得厉害，就连走到牢房墙角去方便，都会让我累晕过去。一天，我被带出牢房，去主楼的办公室。尽管我虚弱极了，他们还

作者希拉和母亲玛丽·毕晓普（1942 年，摄于美国
佛罗里达州沃灵顿的家中）

是强迫我写下我对监狱的印象。这是九个月以来的第一线希望：可能要把我转到好一点的地方了，哪怕仅仅是转个地方了。我没有说实话，而是违心地写道我没有受虐待，但如果能多得到一点食物吃，会过得更加愉快。其他评价，也是同样的写法。

我表示，士兵对待我，在任何方面，都不能视作不人道。写完后，我去卫生间，这是我到监狱九个月后第一次去卫生间。我身体太虚弱了，去卫生间时竟然瘫倒昏了过去。他们扶起我，我除了记得被架到椅子上，什么都不记得了。等到我稍稍恢复知觉，翻译让我签字，取回他们放在一个小袋里的我的物品。我甚至都没清点，就在他们指的地方草草签上了名字。直到我进了战俘营查看时，才发现我的结婚戒指不见了。

欢迎来到江湾战俘营

由一名日本准尉和一名兼翻译、司机的军士长押送，我被转到了位于上海北边的江湾战俘营。我受到警告，不准对这个战俘营的任何犯人，谈及我先前和日本人在一起的经历，违则严惩不贷。我想知道，我已经饱受毒打、威胁、饥饿，不出几个小时就能一命呜呼，他们还能再怎么惩罚我？

1943 年 3 月 27 日，对于战俘来说是一个阴冷的雨天，在我却是一个阳光明媚的日子。我知道，我即将置身在同胞中间，万事都会得到他们尽可能的帮助。江湾战俘营就像我在地球上的天堂——总算告别了提篮桥牢窟的可怕孤独。

我被带到一个大办公室，交给了战俘营指挥官上杉上尉和一个外号叫"东方野兽"的首席翻译石原。石原在战争爆发前曾在火奴鲁鲁工作，开卡车和出租车。他是我见过的最恨美国人的日本人，打起犯人来丧心病狂，毫不留情，完全没有理智。他通常用随身携带的马鞭抽打犯人。

好了，我现在不过是一个新来的战俘，也要受同样的管制。我想知道，这里的日本人会怎样对待我。会把我当作军官，给我相应待遇吗？还是别的什么？他们知道，我是海军后备役少尉，在其名单上我被列为美军二等中

尉。到这个时候，我其实并不在乎他们把我归到哪一类，只要让我留在战俘营就谢天谢地了。

我在大办公室接受审问，学习战俘营的行为规则。他们让我给妻子写张卡片寄回家，我便写了。这是自近一年前被俘后，我第一次得到允许写信。我匆匆写好了卡片，但愿能寄到妻子手上。从办公室，我被带到一个当诊所的房子，交给美国海军医生体检。

美国海军医生！我太高兴了，太激动了，简直不能自已！这是我有生以来，唯一一次失去自制，开心地哭起来。也许，上帝真的应允了我的祈祷和期盼，在长达九个月的囚禁和饥馑中，我一直祈盼能被转到战俘营！两年半后，当我得知年迈的母亲奄奄一息时，恰恰正是我转到战俘营的时候。

我的兄弟姐妹告诉我，当时，他们全都回家了。久病的母亲情况危急，最后，差不多一整天完全没有知觉。所有希望都放弃了。仅仅几个小时，或许几分钟后，她就会走。接着，难以置信的事发生了！母亲开始呼吸了，越来越顺畅，而且慢慢恢复了知觉。她说的头几句话就是："我见到路易斯，和他讲话了。他和一些日本军官在一起。他告诉我他必须走了，但一切都好，让我不要担心，他会来看我的。"也许，母亲和我互相都不知道对方生病是最好的。母亲逐渐痊愈，我也慢慢恢复了正常的人形。我们离世的时辰，还没有到呢！

东方野兽石原

"战俘营里真正厉害的不是那里的指挥官，而是翻译官石原勇……他憎恨美国和美国人……石原是平民，不是士兵，但他痴迷于当军官的荣耀。据说在他当翻译时，军方曾答应过给他军官头衔，他不同寻常的聪明能干，也配当军官。可是，他到了吴淞战俘营后，军官们让他给士兵敬礼，监管犯人。他对此一直耿耿于怀。"

　　"他像军官一样佩枪,佩刀。他用刀暴打战俘中的军官,打到他们口吐白沫,还说当了战俘就该自尽,并把刀递给他们让他们自己了断。没人管他……白人战俘个个都会遭他的惩罚。他太坏了,日本人自己没收了他的刀。然后,他弄到了一根硬头皮马鞭。除了不能砍战俘的头外,他差不多是无恶不作,无法无天。他还相信用水折磨战俘,就能让他们说实话。"

　　(来源:加文·道斯:《日本人的阶下囚:太平洋地区的二战战俘》,威廉·莫尔出版社,1994 年,第149—150 页。此书基于对战俘幸存者的多次采访。麦克布莱叶在书中第119 页画了石原的画,更多地描述了他对战俘的野蛮行径。)

战俘接受康复医疗

　　美国海军的泰森长官是战俘营的资深军医。他有三名得力的助手:医疗队的福莱和考恩中尉,以及牙科的波拉德。他们用了美国红十字会在1942 年秋冬季运抵战俘营的医药,给我实施了必要的治疗,让我身体恢复了气力。我入战俘营时,体重只有110 磅,双手可以围住自己的腰,一只手可以围住大腿,皮肤下的每根骨头都历历可见。红血球只有80 万,而正常值是450 万。

江湾监狱的来往信件

　　毕晓普曾经对采访人讲述了江湾监狱的通信制度,由后者记录在他1945 年8 月的报告中,该报告为《逃跑、躲藏和获救》。

"……邮寄来的信件得经过战俘营翻译的审查。有时,信上某些地方就被涂黑剪掉了,战俘们就试图恢复被涂黑地方的原来字母,因为涂黑的一般都是军衔和姓名,所以他们根据被涂部分的尺寸大小,有时就能猜出被涂抹掉的内容。毕晓普的信件,没有一封被涂黑或删减过。"

"毕晓普不知道寄出的信件是否也受到审查,但能肯定的是,他们的大量信件没有从战俘营寄出去。他总共往家里写了十五份信和明信片,但据他从妻子那里了解,她只收到了五份。毕晓普不知道信件抵达美国收信人处需要多长时间。每封信,每张明信片上,最多不能写超过二十五个单词,有空白处也不准多写。偶尔,战俘得到允许可以写满明信片,写一行空一行,可以写超过一百个单词,但这种情况极少,一年只有三四次。"

"信纸要交给战俘营房的助理,每个营房都有一个助理为整个营房领取信纸,分发给战俘。信纸写好后返回给营房助理,由他在助理会议上交给日本人。如果有战俘不想用信纸,就必须交还,在日本人允许后,供其他战俘使用。毕晓普陈述道,1945 年上半年,通过营房助理和日本人沟通,获准多写点信,还是比较容易的,但是他不知道这些多写的信是否寄了出去。毕晓普说,战俘营房的日本军官控制邮件往来,每个军官对派发信纸的任何机会都不放过。"

他们检查了我的血型,给我输了 4 次 500 毫升的血,是战俘营里四位海军军官分别捐献的。头两次血输进时,感觉像热火滚过全身,嘴巴周围第一次出现了血色。第三次输血时,我脸上和头部糙硬的皮肤已经明显变软。每次输血时,还输葡萄糖液,共 4 次,每次 500 毫升。我服用了大量的维生素片,注射了肝脏提炼素和维生素。这样的治疗持续了大约十天,维生素服用和注射持续了数月。到战俘营后的第一个月,我每两小时进食一次,每次一点点,这些食物,来自红十字会运来的第一批食物包裹,是医院厨房为我特别配置的。

毕晓普被关在政治犯牢房十个月,身体糟透了

海军陆战队的约翰·金尼中尉描述了毕晓普刚来江湾监狱的情况。尽管他描述毕晓普的被囚经历在某些细节上不够准确,但对他身体状况的描述却是第一手的。

"海军少尉路易斯·毕晓普是 1943 年被关进江湾监狱的又一个美国飞行员。他高我一届,在潘沙可拉完成了飞行训练。后来,他离开海军,加入了美国援华志愿航空队,成为了克莱尔·陈纳德飞虎队的一员。1942 年 5 月,日本人在河内打下了他的战斗机,把他关在河内,然后又押来和我们关在了一起。他身体糟透了,有脚气病,体重掉到大概只有八十磅,就像行走的骷髅一样。战俘营的美国医生立刻把他收容进医务室,来挽救他的性命。"

"对毕晓普生命威胁最大的是饥饿。医生要是能让他骨头上多长点肉,他很可能就康复了。毕晓普病得不成人形,他看到有人把一桶米饭从厨房拎到医务室,眼睛都快从脸上瞪了出来。在过去几个月,他看到的米饭,最多就是一茶杯的量……"

"三个月后,毕晓普恢复到正常人的状态,或者说,恢复到我们在战俘营里能有的那个样。他给我们完整地讲述了'飞虎队'的情况。"

一同被关的战俘比尔·泰勒后来告诉我,他特地去了一趟东京,找到了近藤医生,感谢他给江湾战俘以人道的待遇。

(来源:金尼,《和比尔·泰勒的访谈》,2003 年 6 月 6 日,第 132—133 页。)

生命多么美好的感觉,开始再一次流淌在我的血管里。八个月后,我体重增加了约四十磅。开头,我连走路都很困难,几乎无法平衡自己,双腿也

不听使唤。有两个月，我睡在半充气的旧轮胎上，好缓解浑身的疼痛。我开始试着阅读，可没读什么就疲倦了。

四月底的那几天，天气晴朗暖和，我可以一连几个钟头坐在阳光下。到了五月半，我能拄着拐杖在战俘营里走走了。我强迫自己每天尽可能多走路，以便恢复双腿和身体的力气。七月底，我能在战俘营的菜园里干点不费力的活儿。每天在太阳下的工作，越来越有助于我康复。到了八月，我扔掉了拐杖，走得更远了，也更轻松了。我试着跑一跑，第一次试跑就彻底失败，重重地摔了个大跟头。大约到十月过半的时候，我跑得好多了。

战俘营里关着威克岛战役的幸存者、军事和防御部门人员、华北海军部的士兵、从香港来的英国士兵、英美商船上的海事官员和水手，以及参加威克岛战役的中国人和关岛人。1944 年 9 月，支持意大利巴多格利奥元帅对德宣战的意大利人，也被关了进来。这儿是一个国际大家庭。战俘营四周是很高的砖头围墙，墙头密布着电网。墙内还有一道通电的篱笆，绕着七个长长的木头营房围了一圈。

战俘们被迫干活，完成一个叫作"富士山"的工程，其实就是给日本人修建一个打靶场。每天，战俘们都在"东方野兽"石原的监管下长时间劳作，不符合他要求的，他就狠命地毒打，许多人都被打得失去了知觉。军官们则被迫到菜园当义工。战俘们自然个个牢骚满腹，但在这个鬼地方，能干活忙碌，打发时间，就相当不错了。

江湾战俘营的医疗设施

"医务室最早设在营房的一头，有几个小房间，没有什么特别配备，也没有床。睡觉的地方就用几张上下铺床隔开。后来，有了七十张床，放在营房比较暖和的南边。没有人工取暖设备。营房里有医务室、手术室、实验室和牙科室。日本人提供的医疗补给，再加上国际红十字会捐

献的物品,多数时候能够满足需要。X 光设备和其他实验室器材是由美国海军的勒·斯·泰森上尉(后来成了中校)从吴淞战俘营带过来的,他是这儿的资深医生。"

"战俘总体健康状况良好。从 1942 年 12 月 6 日到 1945 年 5 月,共有二十二起自然死亡。营养不良是造成大部分疾病的潜在原因。日本政府提供疫苗,要求经常给战俘接种,以防他们感染霍乱、痢疾、伤寒和天花。"

"日本医生近藤上尉(后来成了中尉)和一些助理被派到战俘营。在他的监管下,泰森上尉手下有四名医务官……两名海军医生,一名皇家军医,一名意大利海军军医;另外还有一名牙医和三名军队男护士。这些人员和日本医生的关系是合作的:只要有医疗补给,近藤上尉就保证弄到,而且让泰森上尉和其助手自由照顾他们的病人。"

(来源:美国前战俘对战俘营的描述,藏于德克萨斯州阿灵顿国家总部。)

赖以生存的红十字会食物

尽管是日复一日的单调苦役,但还是远远强过单独囚禁。日本人给我吃米、盐和蔬菜,有时有少量的肉。要不是日本人最终允许国际红十字会的食品、医药和衣物运进来,我们的战俘营三年后可能会小很多,会死掉很多人。

上海的国际红十字会每两个月向战俘营运进食物,正是这些食物让我们活了下来,苦苦挣扎等候。日本人只准放进国际红十字会一定数量的食物,却要供给 1500 人吃,因此我们总感到饥肠辘辘。

江湾战俘营的位置和"富士山"

"江湾是一片平地，战俘受令要建起一个土丘，长600英尺，宽200英尺，高45英尺。据说是日后给上海儿童当游乐场用，还有一说是为战死的日本人建纪念碑……战俘们不得不一切从头做起，徒手劳动，或用亚洲式的工具砸开岩石，把碎石拉到山坡上。日本人让他们在偷袭珍珠港的周年纪念日开始这项工程，战俘们给它起名'富士山'。"（道斯，第146页。）

"……日本人命令多数被招募来的人干活，建造一个娱乐场，日本人这么称呼吧，干了约一年。我们叫它'富士山'。不论天气如何，战俘们都得干活，挖土，用竹筐运土，把很重的有轨车推到越来越高的斜坡上。这对战俘，尤其是生病的人，绝对是严峻的考验。干这项活有个临时的好处，就是有机会和被雇来干同样活的中国人交换点东西。幸运的话，偶尔还能从老百姓那儿得到一个鸡蛋。"（金尼，第131页。）

"许多被招来的战俘和平民要建造一个叫'富士山'的工程，离战俘营不太远。实际上，他们堆建的土丘是打靶场宽阔的那一头……《日内瓦公约》严禁这样的工程和日本人的其他许多工程，诸如给炮弹壳抛光、制造日军军车之类。"（麦克布莱叶，第153页。）

多亏美国红十字会的不懈努力和慷慨，送进来的食物增加了，每个战俘能分得一个食品包裹。这些食品包裹给他们带来多少梦想和快乐啊！可是，日本人不仅延迟发放，导致食品变质，还公然拆开食品包裹，任意打劫。他们挑剩下的，才给我们。

有两批食物运进了我在的战俘营，还有一批运到了吴淞的旧战俘营。三年内，我总共分到了九个装有食品的盒子，真让人高兴。有几个战俘营什么救济都没收到。

战俘营也有娱乐场地，垒球、篮球、足球、乒乓球，能开运动会，还有一个很好的图书馆。多亏了国际和美国红十字会的不懈努力。据报道，这儿要比日本、菲律宾战俘营好过多了。

我们干活、阅读、玩乐、争吵、辩论，就像所有大兵一样，没有一刻乏味。甚至连日本人对我态度也好了些。我在战俘营的最后六个月，成了营中小卖部的事务长。卖的东西价格昂贵，战俘被指派干活，可报酬几乎没有。要想买半磅花生黄油，得攒六个月以上的工钱。折算成法币，一磅花生黄油要卖 500 元。日本人对美国红十字会送来的食品，也是雁过拔毛，把食品价格抬高到市价以上，然后把挑剩下的卖给战俘。

毕晓普：江湾战俘营小卖部的事务长

毕晓普"从 1944 年 7 月 1 日到 1945 年 1 月 1 日，是江湾战俘营小卖部的事务长，价格好时，小卖部东西琳琅满目，果酱、花生黄油、香烟、糖果、香料、盐、胡椒、薄荷、肉桂，他来之前，还卖过白糖。一磅花生黄油的价格是 500 元法币，十二盎司果酱约 235 元，一公斤盐 142 元，香料在 85 元左右到 90 元之间。一小瓶肉桂约 48 到 50 元，番茄酱约 135 到 140 元，一盒十支装的香烟（日本人搞来的中国牌子烟）约 60 元。因为商品价格高，小卖部后来办不下去了。"

"小卖部开门时，战俘们每晚来此消磨四十五分钟左右。星期日下午，从两点十分到四点半。小卖部的商品由事务长配给。毕晓普接任后，因为东西价格高得买不起，他不得不把商品分摊开来，均分给军官营房和五个非军官营房。他记录每个营房的人数，按照人头均分货物，然后找到各个营房的助理，告诉他们还剩下多少。根据想要某种商品的人数，这剩下来的商品再均分给每个营房。"

"每个人都有均等的机会买东西，对于想买又没钱的人，毕晓普会把

他们想要的物品留到发报酬的那天。这些分配好的商品就留在小卖部，可以无限期向毕晓普订购，每个发薪日后的两天，毕晓普就到每个营房的助理那里查看，是不是每个人都取走了他想要的东西。如果有剩下的，还可以分配给想要的人。"

（来源：毕晓普 1945 年 8 月 10 日的《逃跑、躲藏和获救报告》）

战俘的工资

"军官的工资和日军同级别军官的一样。日本人扣除 60 日元生活费，其余用中国储备银行发行的法币支付。二等中尉 70.83 日元，一等中尉 85 日元，上尉 122.50 日元，上校 170.00 日元，尉校 230 日元，中校 312.50 日元。扣除食物 42 日元，衣服 15 日元，家具和电费 3 日元，共扣 60 日元。"招募来战俘营工作的人分成两类：专业人士一个月 27 元法币或约 5 日元，普通劳工一个月 15 到 20 元法币。"

（来源：美国前战俘对战俘营的描述，藏于德克萨斯州阿灵顿国家总部。）

"我们有三种方法把美元换成在沦陷区使用的法币或日元，这是战俘营小卖部唯一认可的货币。"（日元来自中国日占区，法币是中国国民党政府发行的。）

（来源：麦克布莱叶，第 153 页。）

美国轰炸机的凯歌

最喜庆的日子大概是 1944 年 11 月 11 日。天空清澈美丽,能见度极佳。我们听到飞机的声音,以为是日本轰炸机。

不,不是,那些发动机的声音太大了,除非日本人用了我们以前飞行时没见过的新型发动机。作为飞行员,识别美国发动机,对我来说并不难。飞机声音越来越大了。

然后,我们看到它们了。三架飞机,起初排成长列编队,在约二千五百英尺的高空飞行,映着雪白的高空层积云,美丽极了。它们是四引擎大型轰炸机,我以前从没看过,或者听说过。我们私下议论过空袭日本的超堡轰炸机 B - 29。这三架,准是那些神奇的战机了。

景象难以形容:日本战斗机未做任何拦截,高射炮也打不到它们。它们继续平静地飞行,在几英里外的码头区投下炸弹,然后向西飞去。

精彩在继续:总共约十五架飞机飞过去了。日本人沮丧混乱起来,日本兵歇斯底里,无法控制自己的情绪。这一幕让战俘营士气高涨,释放的日子看得见了。战俘们议论纷纷,期望值攀升。我们有足够的话题,津津乐道了好久。

第三章

逃跑，返回美国

1945 年初，美国占领日本冲绳后，日本人露出忧心忡忡的迹象了。[①] 大约四月底，他们告诉我们，要做好搬迁战俘营的准备，但什么时候搬，搬到哪里，怎样搬，却一丁点儿没有透露。

江湾战俘乘火车转往北方

5 月 5 日，战俘中先挑出的 101 个人，乘火车前往华北去建新营地。四天后，剩下的战俘，除了 26 个有精神问题的、伤病员和老人，作完必要准备都要开拔到江湾火车站。听说是坐火车而不是乘船转移，我们都松了口气。他们或许要把我们转到朝鲜，再渡海到日本，大家七嘴八舌，众说纷纭。

运送我们的车厢原来是用来运牛马的，我们必须先清理掉两英尺厚的

① 其他美国人也从中观察到了战争要结束的迹象。1945 年 4 月 30 日，我的一个表亲从太平洋岛屿写信给我外婆："我想你正在追随着我们在远方的进展，已经看到我们在冲绳岛登陆后，离上海仅有约三百英里了……实际上，日本的空军和海军都已日薄西山，甚至台湾的日军也不能阻挡我们登陆中国海岸，或者进入日本本土——只要我们占据冲绳。因此，我仍然认为路易斯·毕晓普今年就会回家了。我运气好的话，会回家过感恩节，毫不惊讶，到时我们可以一起去打猎、钓鱼了。"（约翰·维·比·科尔从帕拉岛 Y2C 写给佛罗里达州潘沙可拉，我外婆德拉·皮尔斯的信。）

牲畜粪便,人才能坐进去。车队约有三十一节车厢,每节车厢装 50 个人。①
我坐的车上有 31 名军官,我这边 16 个,另一边 15 个。每节车厢四周铁网纵
横交错,三个日本士兵坐在车厢中间。

毕晓普作逃跑努力

直到此时,我都没计划过逃跑,尤其是从战俘营逃跑,几乎不可能。战
俘营围着两道电网,而且坐落在日军聚集地的中间地带。但我脑子里存着
逃跑之念,只要一有机会,就会付诸实施。

到了 5 月的一个早晨,大好的机会冲我招手了。所有车厢中,只有我们
车厢靠两端的两个小窗没有装铁栏杆。小窗大概三英尺高,一英尺半宽。
尽管日本人强迫我们给小窗户交叉装上带倒钩的铁丝,我把我们这节车厢
窗户上的特意装得松一些。我觉得就要自由了——至少可以逃离日本人一
会儿。

我们终于全上了火车,所有战俘都被铁丝网结实地围住了——至少表
面上如此。最后一批美国红十字会的食品盒也分发了,这将是旅途的全部
口粮。我们怀疑,到战争结束前这将是我们得到的最后一个食品盒,但这显
然是杯水车薪。

早上九点半,我们最终出发了,没有意外发生,顺顺当当地开了一天一
夜,次日快到中午时到达南京。我们从火车上下来,步行到城里火车站附近
的一块空地吃中饭,是放了两天的豆子、面包和红十字会食品盒里的一点
东西。

午饭间歇时,火车车厢被装上渡轮,渡过扬子江到浦口。我们从南京城
里行进到码头,登上另一艘渡轮过江。五点半,我们登上火车向北行驶。

---

① 在威克岛被俘的平民工程师比尔·泰勒,与毕晓普一起被关在江湾战俘营。他画出了战俘
营、运战俘的火车,以及日本人运送战俘的货车车厢。

上海江湾战俘营的手绘图

　　该图为比尔·泰勒所绘。他是美军的土木工程师，1941 年 12 月在日军攻打威克岛时被俘，后被关进江湾战俘营。援华志愿队飞行员路易斯·毕晓普也曾被关在江湾战俘营，他画的战俘营详图，见书第 204 页。

1945 年 5 月 10 日,日军押送上海江湾战俘营的战俘火车

战俘火车的每节车厢长约 32 英尺(合约 10 米),宽约 8 英尺(合约 2.5 米)。该图作者为曾被关押在江湾战俘营的美军土木工程师比尔·泰勒。

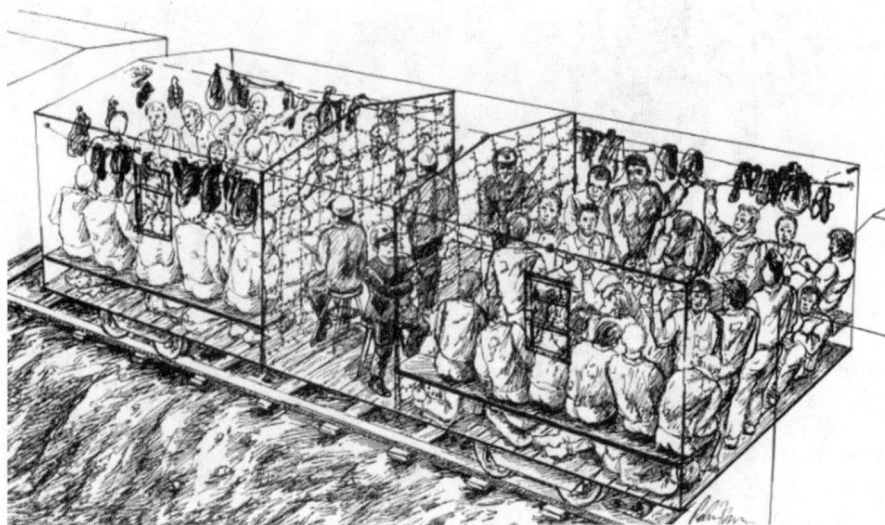

日军押送战俘的火车内部

车厢装有带倒钩的铁丝网。每节车厢挤着 50 名战俘，分坐在两边的小折叠凳上。车厢地板只够三个人躺下睡，四个车窗都装着带倒钩的铁丝网，日军看守坐在车厢的铁丝网外。该图作者为曾被关押在江湾战俘营的美军土木工程师比尔·泰勒。

海军陆战队军官也计划逃跑，但给毕晓普泼冷水

我听说四名海军陆战队军官也一直计划逃跑，这四名军官，两名在威克岛被俘，另两名在华北被俘。夜间行车时，日本士兵在车厢两头各挂一盏点亮的灯笼，密切看守囚犯。他们也用手电筒。最后三节车厢装有一百五十名日本兵和三条警犬，是看守我们，还是保护我们，我就不知道了。我一门心思想着逃跑。

我和这四名海军陆战队军官交谈过，告诉了他们我的计划。① 他们竭力劝阻，说是我身上有伤，还拉了两天痢疾。我也明白，逃跑不成只会招致严罚，风险确实很大。②

逃跑的风险

金尼和麦克布莱叶都写书谈到了他们的逃跑经历。两人都写道，其他战俘一听说有人提议逃跑，都忧心忡忡，但又十分关注。他们觉得逃跑不成功，不但会给逃跑未遂者带来死亡，还会给留下来的战俘引来报复性的毒打。

"似乎是有些奇怪，我在海军陆战队受训多年，那期间我就回想不起，现在也还回想不起，部队在二战爆发前是否下达过一旦被俘便要竭力逃跑的指令。然而我们海军陆战队员相信，不给俘获者提供支助是我们每个海军陆战队员的责任。我们相信，最佳做法就是在不威胁自己性

---

① 海军陆战队的詹姆斯·麦克布莱叶和理查德·魏真加供职于华北的美国驻华大使馆，1941年12月8日在那里被俘。海军陆战队的约翰·金尼和约翰·麦克阿里斯特1941年12月23日在威克岛被俘。

② "我们劝阻毕晓普不要跟我们一起逃走，因为计划已经事先定好了。我们相信，添上第五个成员加大我们逃跑的难度和危险。再说，毕晓普没带中文会话图片指南或任何逃跑装备，又不会讲中文。我们解释给他时，他说他也考虑过了，说希望早点知道我们计划逃跑就好了。"（麦克布莱叶，第13页。）

命的前提下给他们制造尽可能多的麻烦,同时作好逃跑的一切准备。我的榜样是戴高乐将军,一战时他从德国人那里逃跑了好几次。"（麦克布莱叶,第13—14页。）

　　麦克布莱叶退役时是海军陆战队准将,后来在大学教授国际关系。

　　我假装同意,听从了他们的计划,让他们先逃。夜晚,火车从南京向北行驶,①我们被迫用毯子遮住车窗,好让火车在夜色中看不见。在我们这节车厢尾部的角落,有一个临时厕所,厕所的门下端离车厢边缘有两英尺,门的上端靠在车厢边上,用木板钉牢。

　　把毯子蒙在卫生间前面的车窗上时,我们把毯子挂牢在车窗前沿和卫生间门上。这样,毯子和车窗之间就有一小块活动空间。看守的日本兵一点都没留意。魏真加中尉私带了一把老虎钳,用它夹断了窗上的铁丝网。一切都为逃跑,安排得完美极了,四个横档的梯子就挂在车窗外面。每个逃跑者在离开火车前,都用自己的红十字大衣和毯子,做了一个替身假人。5月10日夜里十点半,逃跑大戏上演了!

　　金尼和麦克布莱叶睡在我右边,魏真加和麦克阿里斯特睡在我左边。剪断铁丝网后,魏真加第一个逃出去。他在两节车厢间的梯子上等着。他刚走,士兵就晃动着手电点人头。我们以为就要暴露了,岂料他是个笨伯,数了十六人,十五个犯人和一个假人。麦克阿里斯特第二个走。一分钟前他还在,一分钟后就不见了。要是其他人有所察觉,也装着没看见。

　　我在车厢的位置,能清清楚楚地看见日本看守。车厢西边的门紧关着,另一边的门半开着。两个日本兵在休息,第三个值班,坐在半开门附近的凳子上,向车外看,偶尔左右巡望一下。上了子弹的步枪挂在胳膊上,后背和

---

　　① "魏真加和麦克布莱叶以前走过这条路线。他们记得,我们等到了离上海西北几百英里的南京时,就会经过一个山丘起伏的地带,拉我们的火车的小火车头动力不足,经常会减速行驶。这是我们跳火车的最佳机会,还没有摔断骨头的风险。我们算出,火车在第一天的夜里,可能就会到这个地区。"（金尼,第140页。）

身体右侧对着我们,他只有把头转过来才能清楚地看到我们所有人。

麦克阿里斯特离开后,我叫醒了金尼,竖起两个指头,示意他两个逃走了。他立刻审度了一下形势,士兵没看我们这边,他便跨过我,消失在毯子后面。他爬出车窗时弄出了那么大的声响,我都以为士兵肯定听见了。他走了,[①]只剩下麦克布莱叶和我了。

我摇摇麦克,竖起了三个指头。就在这时,火车减慢,突然停了下来。我的心多次提到嗓子眼儿。我以为日本兵发现金尼跳车了。日本兵看上去不自在,我也等得越来越紧张。听不到喊叫或枪声。从东边车窗向外一瞥,我知道我们停在一个小站。铁轨一侧没有什么值得描述的东西,另一侧有一个碉堡。这在有小山丘的乡下是常见的。碉堡向前方下一站用闪光打出信号。由于民兵和共产党的军队炸毁铁路,或搬移铁轨,火车经常出事。显然,今晚一切正常,我们很快向前开,车速也快了起来。

火车还未开出多远,麦克布莱叶就从我身上跨过,走了。现在,轮到我了。我没有迟疑,几乎紧跟着麦克出去了。我匆匆爬出车窗,爬下梯子。就在我要跳车时,我向下扫了一眼,看到一个约一英尺高的平台,上面放着备用铁轨。我赶快缩回身,火车迅速从平台边经过了,时速约二十英里,且越来越快。

我毫不犹豫地跳下了车,脚一挨着地,就开始跑。我小心不跌跤,跑了一小段距离,我跳进了沟里,趴着一动不动,直到火车隆隆开过。因为我坐的车厢大概位于火车中段,我必须尽快趴在地上,免得被后面车厢的日本兵看到。没有警报,火车迅速驶过,从视野中消失了。

---

① 麦克布莱叶或许还会解释:"魏真加问我们,有没有注意到车厢边上装着报警铁丝,上面挂着一碰就响的锡皮罐头?"(麦克布莱叶,第15页。)

一个人，自由了！

我独自一人，在中国某个僻远的地方，暂时摆脱了日本人。[①] 我观察了一下情况，又研究了一下我处的环境，惊骇地发现车站房屋和碉堡离我就约七十码远。铁道对面就是一个日本哨兵，来回踱着步，哼着歌，吹口哨。他有没有看到我跳车？会不会一直找到我躺着的沟里？我该不该现在跑，还是等会儿？几百个这样的问题挤满了脑瓜，让我的紧张和兴奋猛增。

天上缀满了几百万颗闪亮的星星，但云团挡住了北斗七星和北极星，它们是我夜里辨别方向所最需要的。

我前面横着五十英尺高的路堤，必须爬过去才能离开铁道。不管有没有哨兵，在这儿呆更长时间都没用。我开始往沟上爬，时不时停下，听听动静。这样爬了约二十英尺，我像蠕虫一样慢慢爬上路堤，紧贴着灌木和干草丛，直到我爬到了路堤顶上，爬下了另一边。日本哨兵无意帮了我大忙，因为他一直不停地哼歌、吹口哨。

我轻装出逃，带了两条军队巧克力和三包切斯特菲尔德牌食物，都是我最后一个美国红十字会食物盒里的。舍不得留下其余食物，但逃跑的机会对我来说更珍贵。火车上还有其他许多人会用上我留下的食物。我肯定会最终安全到达美国防线内的。九个月孤独的囚禁、活着进了战俘营，我相信上帝在守护我这么长时间后，不会丢弃我的。

回家，回到我妻子和三岁半的小女儿身边——这一强烈的冲动，激励我坚持下去，我比任何时候更坚定。1941 年秋天告别妻子时，我最后说的话是："亲爱的，要快乐，抬起你的下巴，我会回到你的身边。"现在，我不能也不愿意让她们失望。

我背对铁路，在前方天空挑出两颗明亮的星星，向西行，回家。起伏的田野上，散布着中国农民的茅屋。整个晚上，我步伐坚定地跨过或穿越我面

---

① 逃出战俘火车的地点是在南京的西北边，从昆明向东北，约一千八百五十英里火车车程。昆明是他们在逃出 47 天后到达的目的地。下图显示出逃跑路线。

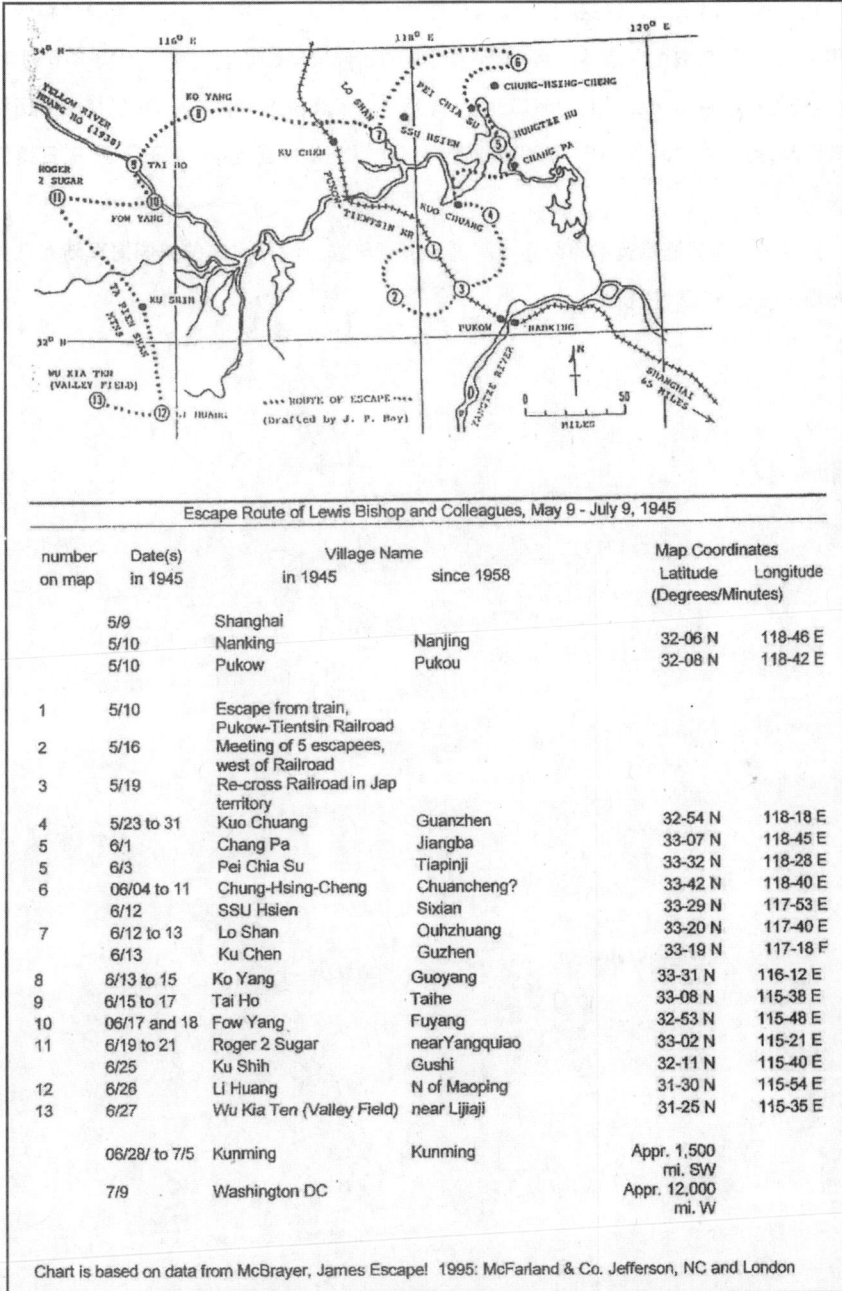

Escape Route of Lewis Bishop and Colleagues, May 9 - July 9, 1945

number on map	Date(s) in 1945	Village Name in 1945	since 1958	Map Coordinates Latitude (Degrees/Minutes)	Longitude
	5/9	Shanghai			
	5/10	Nanking	Nanjing	32-06 N	118-46 E
	5/10	Pukow	Pukou	32-08 N	118-42 E
1	5/10	Escape from train, Pukow-Tientsin Railroad			
2	5/16	Meeting of 5 escapees, west of Railroad			
3	5/19	Re-cross Railroad in Jap territory			
4	5/23 to 31	Kuo Chuang	Guanzhen	32-54 N	118-18 E
5	6/1	Chang Pa	Jiangba	33-07 N	118-45 E
5	6/3	Pei Chia Su	Tiapinji	33-32 N	118-28 E
6	06/04 to 11	Chung-Hsing-Cheng	Chuancheng?	33-42 N	118-40 E
	6/12	SSU Hsien	Sixian	33-29 N	117-53 E
7	6/12 to 13	Lo Shan	Ouhzhuang	33-20 N	117-40 E
	6/13	Ku Chen	Guzhen	33-19 N	117-18 F
8	6/13 to 15	Ko Yang	Guoyang	33-31 N	116-12 E
9	6/15 to 17	Tai Ho	Taihe	33-08 N	115-38 E
10	06/17 and 18	Fow Yang	Fuyang	32-53 N	115-48 E
11	6/19 to 21	Roger 2 Sugar	nearYangquiao	33-02 N	115-21 E
	6/25	Ku Shih	Gushi	32-11 N	115-40 E
12	6/26	Li Huang	N of Maoping	31-30 N	115-54 E
13	6/27	Wu Kia Ten (Valley Field)	near Lijiaji	31-25 N	115-35 E
	06/28/ to 7/5	Kunming	Kunming	Appr. 1,500 mi. SW	
	7/9	Washington DC		Appr. 12,000 mi. W	

Chart is based on data from McBrayer, James Escape! 1995: McFarland & Co. Jefferson, NC and London

逃跑路线

　　1945 年 5 月 9 日,被关在上海江湾战俘营的美国援华志愿队飞行员毕晓普和四名海军陆战队员,与数百名战俘一起,被押上日军的战俘火车往华北转移。1945 年 5 月 10 日,这五人在南京市长江以北的浦口地区,冒死逃出了战俘火车,被中国军民搭救。历经辗转危难,终于在 1945 年 6 月 28 日回到"飞虎队"大本营昆明,并于 7 月 9 日返回美国。

　　图中①－⑬为逃跑途中的经停地。该图由当年逃出战俘火车的美国海军陆战队员詹姆斯·麦克布莱叶提供。

前的一切东西，偶尔绕道，避开农舍，它们映着天空的剪影就像深色的墨水印。大部分是麦田，偶尔有一处湿地。

两个小时后，能看到北极星了。我尴尬地发现自己是朝着西北走，和三英里以外的铁道平行。我能看到火车在铁轨上开动和亮起的灯光。我忽然想到，我们的逃跑行动被发现了，搜寻队正在四处出动寻找我们。没时间想了，必须立刻行动。我加快速度，改变路线朝西南方向行进。

沿着这条路线，我走了约半个小时，来到了小河边。河对岸在阴影里，无法判断要游过的距离。小河蜿蜒穿过约一百英尺深的陡峭小峡谷。沿岸而行，我发现了一个通向水边的山谷，我往下滑，脱了个精光，把衣服扣成一个包，开始过河。让我大为惊喜的是，我居然能蹚水过去，站在河里最深处，水才到我下巴。小河约五十码宽。我在泥里和小灌木丛中匆匆穿好衣服，继续我的西南征程。我经过了几个农舍和小村庄，每到一处都立刻受到欢迎——狗儿汪汪吠，驴子昂昂叫。

连续不停地跋涉了五个小时，我又累又渴。我还穿着被俘那天的卡其布衬衫和长裤，外加了一条工装裤，穿着军鞋——工装裤和军鞋都是美国红十字会运来的，还带着1945年3月运到战俘营的食物和医药用品。夜里非常暖和。暴走了几个小时后，我的衣服浸透了汗水。然而时间太宝贵了，过河时脱衣服再穿衣服已经耽搁了不少时间。我几乎累趴下了，但下定决心，当晚尽可能走远一些，离铁路越远越好。

次日早晨，太阳升起，我必须赶快找到藏身之处。我的计划是昼伏夜行，走过第二夜后，再联系中国人。现在，唯一能藏身的地方就是麦田，我躺在麦田中间，用稻草盖住自己。我很快睡着了，两个半钟头后被附近的许多人声吵醒。我小心翼翼地抬头，看见中国农民，男人、女人和孩子在地里干活。

按我整夜行军的速度，估计走了约十到十二英里，我想走得离铁道更远些再向中国人求助。可是，这个想法行不通了，近处干活的两个中国男子已经注意到我。我也准备好了一旦被发现的应对：那就是用我有限的汉语，告诉他们我是美国飞行员。

他们明白我是谁后，立刻用汉语开始了抑扬顿挫的交谈，我一句都听不懂。我现在身陷困境，他们对我友好，我就能得到帮助；不好，我也没辙了。我比划着，想要水和食物。

其中一个男子示意我在麦田里藏起来，然后沿着我走过的路往回走，去了四分之一英里外的小村庄。他很快回来，带来了六个煮得老老的鸡蛋，没带水。鸡蛋味道鲜美，我已经很久没吃了。我再次表示自己想往西走，中国人打手势，告诉我"不行"。

中国人救助逃跑的美国飞行员

在被囚三年后，毕晓普对中国人的救助，指望有多大，至今不太清楚。

唐·洛佩兹曾经在接替"飞虎队"的飞行队里服过役，他描述道："中国人为救助被打下来的飞行员，建立了一套非常有效的系统。如果落地的飞行员遇上一个农民，这个农民就会带他去找民兵组织的人，这些民兵原来都是地方军阀的部队，或者，这个农民带他去找和民兵有联系的另一个农民。如果飞行员落下的地方靠近日本人，民兵就会熟练地把飞行员藏起来，直到日本人搜查结束。他们让飞行员乔装成中国农民，把他送回友区。"

"他们是冒着生命危险来帮助我们的，被日本人发现的话，就会被处以极刑，但这没有吓住他们。我们知道，要是必须跳伞，或者必须机腹着陆，那么被救回美国的机会还是很大，因此便放心了。"（洛佩兹，第124页。）

国民党和共产党尽管不总是合作，但都支持这个救助系统。蒋介石的国民党和毛泽东的共产党从20世纪30年代早期就为控制中国而打仗，在日本人1937年侵华后好不容易才达成休战协议。双方都有各自控

制的势力范围,蒋介石还必须维持和地方军阀的联盟。因此,中国各派别之间的合作情况也不一样,但对救助帮他们抗日的美国人,却是联手一致的。

中国农民帮助毕晓普

到了这时,整村人都听说了——洋鬼子进了他们的"花园王国"。他们把我带到村子附近,见了一个四十岁上下的妇女。我再次请求,要向西走,到重庆去。她不同意,手势比刚才那个男子的更有力,嗓音也更大。我开始担心前面会不会有麻烦。他们看上去十分友善,非常愿意帮助我。

我还是饥渴交加,这么比划着,他们又给我送来六个鸡蛋,这次鸡蛋煮得嫩嫩的,刚好是我喜欢的那种,还有热茶。美美地吃了一顿后,我给他们看我妻子和女儿的照片,是我在战俘营收到的。他们看上去挺喜欢的。我自然听不懂他们在讲什么,但看手势能明白一二。

过了约一刻钟,那位中国妇女示意我脱下衣服,换上一个男孩从村里拿来的中式服装。我赶快套上中式长裤、上衣、草鞋,戴上旧草帽。她拿走了我的衣服和鞋子,放在篮子里,用草盖上,示意我跟着她。我们朝东南方向的铁道那边走。这很让我惴惴不安。但照目前状况看,我决定好歹都跟着她,继续前行。

我们到了她家,是在一英里半外的小村子里,我藏在后屋。我看了墙上的中国和日本帝国地图,这才知道为什么从该地区西行会是那么凶险。我在的地方向东、向西、向北10英里,都被日本人包围,南面和东南面则为共产党游击队控制。我向来相信,不争而胜是上策,谢天谢地,在麦田里我没一意孤行。

他们给我水,让我洗手洗脸,然后坐下享用一顿佳肴,米饭、猪肉、牛肉、鸡蛋和茶,简直像盛宴。我把自己撑得饱饱的,然后,美滋滋地抽上一根中国好烟。他们带我到房子后面的另一个房间,打手势让我睡觉。无需更多

催眠，我马上便沉沉睡去了。

四个钟头后，那位中国妇女叫醒了我，给了我一件干净的中国白上衣、一条长裤和一双布鞋。我匆匆穿上，跟她来到屋外，见到两个穿便衣的中国男子，带着步枪和手榴弹。他们微笑着，表示一切"顶好"（云南方言，意即"很好"。——译注）。

我们向南出发，走了约六百码，后面出现了一点动静，引起了我们的注意。领队的迅速把我推倒在小路旁的麦田里，派另一个民兵回去查看。他很快笑眯眯地回来，示意我们回村。

毕晓普和逃跑的海军陆战队战俘重聚

回到村子，我大喜过望——同样是那些中国人，他们发现了麦克阿里斯特！他看到我，也惊呆了，以为我还在火车上。麦克筋疲力尽，又渴又饿，他走了一整夜，第二天又走到下午四点钟，啥也没吃，啥也没喝。他开头有点紧张，问我这些中国人是不是民兵。据我自己和他们的相处来看，我告诉他，他们古道热肠，愿意帮助我们。再说，我们现在需要帮助，只能希望和相信他们是在真心帮我们。

他们给麦克拿来了六个生鸡蛋和茶水，麦克风卷残云般地吃个精光。接着，我们开始南行，走一整天，偶尔休息一下，换换民兵向导。当晚约十点，到了目的地，我们所进的第一个大村庄，日机的炸弹已把这里炸得伤痕累累。

这里是那个地区的总部，在此我们得知自己是和共产党军队在一起。当夜，我们安排麦克上床，他倒头就呼呼大睡了。我自己也累得要死，先在中国人端来的大木盆里洗了个热水澡，接着大吃特吃了馒头和满满一盆鸡肉、牛肉和猪肉。不久，我也在铺着稻草的木板床上睡熟了。真舒服啊！酣睡了一夜，到第二天早上约八点醒来。起身、穿衣，叫醒麦克。我们进了另一个房间，用干净的热水洗了手和脸，每人还给了牙膏和牙刷——和中国军队在一起时，我们都有牙膏和牙刷用。然后我们坐下吃早饭，有鸡蛋、面包、

猪肉、牛肉、鸡肉、蔬菜和茶。到了这时候，我们不再担心被日本鬼子抓回去，感觉轻松、惬意，从昨天的疲劳中恢复过来了。

毕晓普帮助麦克阿里斯特

毕晓普对他重见麦克阿里斯特的叙述，显然是十分低调的，并没有完全讲出自己在逃跑行动中的全部作用。另一个逃跑同伴麦克布莱叶，称呼毕晓普为"毕晓"，说毕晓普不顾自己身体虚弱，脚上有泡，还背着麦克阿里斯特走了五英里。麦克布莱叶后来推荐授予毕晓普"功勋勋章"。

然后，我们骑着驴子南行，转到另一个总部。那天上午约十一点半，路过一个有守卫的小村庄时，一个共产党士兵让我们停下，带我们进屋。我们惊喜地看到了穿着共产党军服的魏真加。他从火车上逃跑后，昨天在铁道附近的小村庄获救了。

在这里，我们遇见了我们的第一位优秀翻译，王先生，大概二十二岁。他给我清清楚楚地说明了情况，让我们放心，我们百分之百是和友好的中国人在一起，不会落到日本人手上。

中国方面还救助了两名 B－29 轰炸机飞行员

我们还了解到，美国空军的萨沃伊中校和其他四名军官，去年秋天也经过这个地区。中校的 B－29 轰炸机在海岸附近被高射炮击中，被迫跳伞。机组成员被共产党的军队搭救，由他们带领，穿越了日军封锁线，交给了中央军，后来去了一个先进的美国空军基地，飞出了敌占区。还有一架 B－29 轰炸机在投放一枚五百磅燃烧弹后，燃烧弹即刻爆炸，烧毁了飞机。坠机着陆后，幸存的五名机组成员也被搭救，其中有资深飞行员摩根少校。

这五个人在中国军队处待了一个多月，然后被带着向北穿过山东省，到达中国共产党的总部延安。那时正值隆冬，旅程长达两个月。

我们后来得知，这两组同胞都安全抵达了美国军队。整个白天，我们继续南进，晚上在一个小村子过夜，受到了当地官员的热情欢迎和款待。次日，我们参观了几家小兵工厂，看到他们用极其简陋、过时的工具和机器制造武器弹药。

那天，回到住处，我们看到麦克布莱叶在那里，高兴坏了。[①] 见了面才知道麦克跳下火车，就落在车站碉堡前的地沟里，不得不藏了几分钟，趁哨兵最终进车站约一分钟的空隙，才溜出来继续逃跑。他在一个渔村联系上了中国军队，天没亮前，就受到了欢迎和酒水招待，不胜欢欣。通过同样的渠道，他也被带到我们这里。次日一早，我们一起出发，走了一整天，抵达了地区总部。

也就是在这儿，逃跑后第五天，金尼中尉也与我们汇合了。大逃亡圆满成功，我们个个平安无事！

金尼确认毕晓普单独逃跑

"……又过些时候，我们又遇见了一个友好的中国男子，他也指指西方，但他说'四个朋友'。我以为自己没听对，四个？他竖起四个手指头说：'四个和你一样的。'我还是丈二和尚摸不着头脑。当晚，我们到了另一栋泥巴房子，里面的男子穿着一色皱巴巴的蓝制服，扛着五花八门的步枪，就像我以前看过的一样。我们一被引进房子，我就立刻看到'四个和我一样的'。肯定没错！有魏真加和麦克阿里斯特，麦克布莱叶也在，还有路易斯·毕晓普少尉，我们的飞虎朋友……（毕晓普原来也逃了出来。）"（金尼，第 149 页。）

---

① 关于逃出战俘火车后重逢的生动回忆，见麦克布莱叶著作第 46—57 页。

魏真加第一天从铁道附近的小村落匆匆离开时，脚上起了泡。他不得不丢弃自己的鞋子，换上中国人编的草鞋。轻装上路，尤其是走路，反而轻松些。

在中共新四军的带领下

我们这五个逃跑健将聚齐后，根据新四军总部的情报，中共方面决定带我们向东行，穿越铁道线。我们听后不免相当沮丧，因为我们想向西走。由于该地区边界上的中共军队和中央军意见相左，所以我们不会被交给中央军的。

我像任何人一样归心似箭。但如果到达美军驻地要花半年时间，我也能接受，只要不被日本人抓住就行。能逃离日本人的魔掌，已经万分庆幸了。在整整三年的囚禁期间，我一直祈盼在战争结束前能成功出逃、回家。[1]在我孤身被囚时，这种祈盼给了我无穷动力，鼓舞我坚定地争取实现自己的愿望。我知道，我的祈祷会得到回应的。

东行的旅程太平无事，我们穿过铁轨的地方，就是魏真加那晚跳火车的同一地点，真让人无比激动。从早上八点到第二天日出，约有五十个骑兵护送，我们骑马行进了五六十英里。再沿着离铁道四英里的地方向北行进，日落时到达了目的地。

毕晓普骑驴

一天，毕晓普建议我们五个逃跑伙伴，抽小草棒来决定谁来骑驴子。在中国人护送我们的队伍里只有一头驴子，其他都是骡子。"毕晓普把

---

[1] 毕晓普做到了这点。他在 1945 年 7 月返回华盛顿特区，两个月后，即 1945 年 9 月 2 日，日本在美国军舰"密苏里号"上正式投降。

> 这头驴子叫作东条英机，他说谁抽到短草棒谁就骑它。同行的乡村老师史先生很负责地撷了五个草棒，拿在手上让我们抽……（毕晓普拿了短草棒，说要重抽。）"
>
> "我们骑上了骡子，毕晓普骑驴子，离开了丁村长的村子。驴子每走一步，毕晓普都把它拽得紧紧的……毕晓普想让驴子走快点，哪知道那牲口居然两后腿向前一屈，一屁股坐在了地上，毕晓普滑了下来。约翰尼·麦克阿里斯特试图让他的骡子掉头，帮一下毕晓普，结果失去了平衡，掉下了骡子。其他人笑得前仰后合，也差点掉下坐骑。'有什么那么好笑的?'毕晓普问，然后禁不住说，'有人居然从坐着的驴子上掉下来，我还是第一次看到。'"（麦克布莱叶，第69—70页。）

我们在此休息，学习万一遭遇日本人该怎么应对。这儿驻扎着二十来名民兵和一个步兵连，专门保护通往铁道的道路。

天黑后不久，我们又启程了。走到离铁道线约四分之一英里的地方停下，等火车经过。此前，我们还看见一大队中国苦力，他们嗨哟嗨哟地把货物从铁道这边拉到铁道那边。护卫还用低沉短促的声音指示我们哪里可以藏身。我们也很快沿铁轨北行，在铁轨两侧时不时地停下来，士兵和民兵就地驻扎。

骑兵和我们自己都密切注意着，通过了铁道线。我们骑的马仿佛能感受到紧张气氛，只要拉拉马头，它们就什么都明白了，真让人惊异不已。夜色帮不了什么忙，马儿互相挨得很近，紧跟着领头的坐骑。

地面坑洼不平，甚至变得越来越崎岖，一直到行程结束都是如此。我们在黑夜里，在雨里，尽快地前进着。真不知道那些马儿是怎么不打趔趄的。穿过一条条河谷，翻过一道道山梁，整夜跋涉。要是与前面骑马的人落下一小段距离，后面的马就立刻快步赶上，有时甚至疾奔追赶。

我们必须在到达地区总部后，才能休息。大概半夜了，我们觉得还算安全，就歇上了十分钟。四个钟头坐在马鞍上，像那样的铁马鞍！下马让酸痛

的肌肉和关节活动活动，真是一种解脱。我们有充足的香烟，口味不错。然后，继续前行，直到早上七点，总算到了地区总部。早饭有热茶、煮蛋、肉和馒头。吃饱喝足后，我们全都困极了，一觉睡到了午后。

在这里，就像我们经过的其他每一个地方，我们享受了真正中国风格的酒宴款待。美酒佳肴贯穿了我们的行程，一路上，聚会的气氛越来越活跃，时间也越来越长了。对我来说，旅程最难的部分是喝一种白酒，那是用一种酷似玉米的作物酿成的，酒劲很大，我觉得前四五杯最难下咽，之后，宾客皆欢，一杯杯酒轻松落肚，每一杯都美过前一杯。

大家无微不至地照顾我们，以礼相待，摆出了丰盛的饭菜。精心准备的宴席多数都有十五到二十样菜，花式繁多，肉、蛋、水果、蔬菜、汤、馒头、甜点和酒，我们顿顿都饱食美味。体重增加了，精气神提高了，身体耐力也增强了。等到抵达美国军队时，我约有 165 磅重，肌肉结结实实。

我们离开地区总部后，第二天继续东行，日落时到达了新四军总部。我们见到了总司令、他的幕僚和几位高级军官。我们的新翻译利奥，英语流利，性情迷人，很有教养。我们在这里住了五天，再次享受了好酒好菜，有人带着我们在乡下四处转转，参观小兵工厂和一家设备简陋的医院。这些地方的所有设备和构造都可以迅速清空转移，以防敌人空袭或长驱直入。

在地区总部的第四个晚上，一条五英尺长的大蛇从茅草屋顶掉到我的小床上，就落在我两腿之间，我赶紧从床上撤离，出了屋子，其他人惊讶万分，搞不清我为什么突然出去。我急切兴奋地说：我不喜欢和蛇合睡一张床，它要独占我的床，我没意见。

我从外面拿了根棍子，把蛇赶出了屋，杀掉了。翻译告诉我，这是条毒蛇。仔仔细细查看完屋子和屋顶后，我继续回床睡觉，那夜后来就平安无事了。

Lo Shan, China, 12 June 1945. Left to right: Liu Young, Communist (Kungchan-tang) New Fourth Army (NFA); 2nd Lt. John F. Kinney, USMC; 2nd Lt. John A. McAlister, USMC; James D. McBrayer, Jr., USMC; Lewis Bishop, AVG pilot; 2nd Lt. Richard M. Huizenga, USMC; Commissar Soong, NFA; a soldier, NFA; a major, Chinese Nationalist Army (Kuomintang or KMT); Hu Ping, interpreter, NFA; a soldier. NFA.

从日军战俘火车上逃出的五名美国军人，得到了中国军人的救助

　　1942 年 5 月 10 日，美国援华志愿队飞行员毕晓普和四名海军陆战队员逃出日军的战俘火车，经中国共产党军队搭救后，转交给国民党军队。该照片摄于 1945 年 6 月 12 日，中国洛山（音译），由照片中的海军陆战队员詹姆斯·麦克布莱叶提供。

　　左起：新四军共产党员刘勇（音译）、美国海军陆战队少尉约翰·金尼、美国海军陆战队少尉约翰·麦克阿里斯特、美国海军陆战队员詹姆斯·麦克布莱叶、美国援华志愿队飞行员路易斯·毕晓普、美国海军陆战队少尉理查德·魏真加、新四军宋政委、新四军战士、国民党少校、新四军翻译胡平（音译）、新四军战士。

毕晓普命中了喜鹊

我们五个逃跑伙伴,等延安共产党总部给出行进路线的指令。就在等候期间,我们参观了共产党新四军的打靶场,还有机会打了靶。

"我知道我们海军陆战队精通武器,便问毕晓普:'你们这些飞天帅哥有没有学玩这种武器呀?'毕晓普回答说:'哦,我学了一点儿,学用0.03口径步枪(20世纪30年代海军和陆军的标准配备步枪)。我想自己还行,我来打第一枪好了。'"

"……我把步枪递给毕晓普,让他选:是打约一百码外的靶子,还是打靶子边上的一只喜鹊。他选打喜鹊,第一枪便命中了。他直起身,把步枪递还给我,不再打了。他说:'我现在100%命中率,看看谁能超过。'我们其余几个人,每人向纸做的靶子各打了五枪,但没有人胜过毕晓普。"(麦克布莱叶,第133—134页。)

救助我们的人向延安的总司令部送去了消息,但直到现在还未收到回复。为了防止长时间拖延,就又向往北约一百英里、铁道西边的地区总部发出了消息,由他们传给该地区以西的中央政府军队,告知五个逃出来的美国战俘将要被带过日军封锁线,转交给他们。这则消息是前天晚上和我们一起吃饭的司令官提议发送的。不久,就收到了让我们过去的肯定答复。于是,我们踏上第二段旅程,前往中央政府军统治的地区。

共产党、国民党同意交接逃跑的战俘

这一来,就必须绕道旅行约三百英里,才能到达交接处。这条路线要穿过河湖密布的平坦乡村,还有不规则分布在支路上的日军要塞。除了在白

天太热时不走，我们再次骑马上路，花了一天一夜乘帆船渡过了一个大湖。①
地区总部设在湖口处，在那里，有一队骑兵加盟，奉少校之命保护我们，给我
们做向导。

下一个重要环节是借着夜色的掩护，重新穿越京沪铁道线。离铁道不
到一英里时，我们等着两列火车通过，然后派出前哨，以确保安全过线。铁
道边上有一个看上去没有部队驻扎的村庄，后来，我们懊恼地发现那里受伪
军管控。越过铁道线后，又有一列火车开了过去。我们听到火车的声音，又
深知处在敌人的地盘，这惊恐得我们尽快往前赶，纵马疾奔了几英里，感觉
安全后，才再轻松地行了几英里，然后停下来过夜。

一路情形，差不多就是这样。6 月 11 日，当抵达最后一个共产党总部
时，我们受到了像王族一样的隆重款待。我们目睹了一组美丽的美国战斗
机和轰炸机执行任务后返回，无不群情激昂，欢乐无比。

中国人有向每一位客人敬酒的风俗。你要是中国人，没问题，对于五个
刚逃出虎口的美国战俘，问题就大了。结果，我们想了一招：我们中的一个
人代表我们全部五个人，与对方五个人挨个喝上一杯，这样就反弱为强，能
向五个中国人敬一次酒了。

紧张的转交后，由国民党带领

我们被带着去见中央政府军的两名军官，他们受派来核实共产党请求
给五名美国人安全放行的消息。共产党方面为庆贺这次相会，举办了欢迎
宴席，邀请我们和一路带领我们的人一起参加。照完合影后，我们前往中央
政府区和共产党控制区之间的中立地带，双方都严阵以待，以防对方出现背
叛行为。在我们通往自由的漫漫旅程中，我们的恩人帮助和保护了我们，我
们不胜感谢，向他们告别。

从此以后，我们将处于中央政府军的庇护之下。我毫不怀疑我们会受

---

① 参见麦克布莱叶书第 174—186 页，详述了他们渡过洪泽湖的情形。

到很好的待遇。一路上,都是官方的欢迎和盛情的款待。每到一地,礼仪兵、地方商会和男女童子军都在欢迎我们,经过城里时,鞭炮阵阵。这些仪式通常要持续两天。

最终回到美国军队

6月19日晚,我们回到日本封锁线后面的美军秘密空军基地。见到了自由的美国同胞,我心底的狂喜难以言表。这个基地的人通过地下组织已获悉我们要来,准备好了迎接我们。其实,在我们从押送战俘的火车上逃走后的第二天,中国方面的消息系统就通知了重庆。陈纳德将军收到了我逃出战俘火车的非正式通知,及确认我抵达秘密空军基地的消息。

我们洗了澡,吃了给美军配给的熟悉的美国美食,还有中式菜肴。美军小伙子们讲述了新发生的世界大事,给我们看美国杂志。在这里,我们第一次看见了美国陆军头盔、反坦克火箭筒、卡宾枪和其他各种现代武器。收音机里传来美国的新闻和音乐,真的感觉离家近了。我们睡眠严重不足,所以睡得很香,心里最终安宁了。

次日,美国飞行员皮兹中尉走了进来,他是在基地北边被中国人搭救的。他的飞机引擎失灵,跳伞到了地面。他告诉我们,他炸毁了日军运送战俘的铁路,就是我们先前坐的日军战俘火车开过的那一条。① 此后,他都和我们一道同行。

美国战略情报局的基地 R2S

这个秘密空军基地叫"罗杰二糖"(英文名是 Roger Two Sugar,简称 R2S),属于美国战略情报局管控。当时有三个机场,分别叫"演习""草

---

① 美国方面显然不知道,战俘们已被押送上火车,从上海向中国北部转移。

原"和"山谷"，都在华东的敌后区。"我们听说，R2S 基地的负责军官约翰·默·布切上尉要到距离该基地几英里的'草原'机场……也听说他会安排护送我们到'山谷'机场。而且，R2S 基地将和'山谷'机场无线电联系，查看飞往昆明的下一架补给飞机什么时候起飞……布切上尉在二战前就在中国，是一位传教士，战争打起来前，驻扎在上海……他是个深入中国的老牌情报人员，先后服务于'飞虎队'、第十四航空大队和战略情报局。"（麦克布莱叶，第 199—200 页。）

由于离日军封锁线很近，我们在住了两夜一天后被带往另一个秘密基地，基地名称叫"草原"，骑马要走四天。到那里后，我见到了负责的军官，从他嘴里得知自从我被俘后，其他飞虎飞行员有的在战役中牺牲，有的失踪下落不明。我还得知，我们的随军牧师费里曼少校是美国在华东的战略情报局的秘密特工，这个情报局设在上海附近。

后来，"飞虎队"9 月在沃尔道夫团聚时，费里曼少校说他一度就和我相距不到二十五英里，却无法联系上我，因为我当时和共产党在一起。

我们在此住了两天，等天气好了，终于可以继续南行，前往山里的最后一个飞机场。雨水浸得"草原"的地面过软，飞机无法着陆。我们骑马三天，穿过了美丽的谷地、山脉和溪流。在一个河床上，我们看到了一架被弃的B-25 轰炸机。在另一个河床，我们脱下衣服，卸下马鞍，人马一起开开心心地洗澡。河水清凉，让人精神为之一爽。

行程的最后 25 英里，我们不得不步行，通宵达旦地翻山越岭。我的两条腿像活塞似地机械运动，抵达战略情报局总部时，简直死沉得动也动不了了。村子里有电灯，灯光象征着我们渴望而且即将回归的自由和文明生活。

负责相关工作的杜蒙德上尉正期待着我们到来，却没想到我们这么快就到了。我们回答说，回家心切，所以就尽可能快地赶路。我们被带进他们的宿舍，立刻呼呼大睡，到次日中午才醒。我神清气爽，但因为走了一夜的路，两腿和身体还酸溜溜的。我们被告知到"山谷"机场还有一天的行程，将

在第二天早上日出前出发。我们乐得有一天可以随便逛逛，会会大兵，读读新近的杂志，放松一下。

下午，一架 P-51 野马战斗机数次嗡嗡地飞过总部，向西越过敌区，飞向自由。看着闪闪发光的战斗机疾掠过天空，那么优雅地进退俯冲，真是激动人心！它让我回想起，驾驶着我自己的 P-40 战机，我曾是多么欢乐和兴奋。明天，我也要乘上 C-47 军事运输机，朝着最终的自由振翅飞去了。①为了那个时刻，我祈祷和盼望了那么漫长的时间！现在，上帝肯定不会丢下我不管了。

三年后第一次飞行：从敌线后到昆明

次日凌晨约三点，我们给马套上鞍具，向"山谷"机场出发，于夜里十一点到达。机场不过是两山之间的狭长地带，远处的 C-47 运输机隐约可见。我们越走越近，飞机就在我眼前的景象让我太难以自已，太激动了，它是那么美丽、神奇、有力，就等在那里带我们飞回家。我想冲过去，抚摸它光滑的皮肤，好好感受一下如此象征自由的东西所带来的欢乐。不一会儿，这架美妙的机器将载着我和四个伙伴，穿过大片敌占区，越过山川和广阔的平原，飞向最终的自由。过去三年的痛苦，马上就要抛在我身后了。

我们横穿过狭长的跑道，来到了掩映在树丛中的小指挥部。我们向官兵作过介绍后，他们让我们享用了可口的军队配给食物和中式菜点。飞行员和士兵纷纷问长问短，军队摄影师从各个角度拍了我们的许多照片。夜里约十二点半，我们去乘飞机，站在飞机周围和登机时，又拍了照片。一切准备就绪，飞行员预热引擎，清点乘客人数，共约十五人：战略情报局的几个官兵、一位中国女士、一位在机场附近坠机着陆的中国战斗机飞行员、美军飞行员皮兹中尉，以及五个想家的美国人。

---

① 杰拉德·怀特（见参考书目）讲述了第一战争货物运输中队的情况，他们在中缅印战区驾驶 C-47 运输机，为陈纳德将军和他的第 14 航空大队，以及日占区内的美国战略情报部，送去了重要补给和人员。

飞行员驾驶飞机在跑道上滑行，转弯，加大油门。我能感受到那些强大的发动机拉着我们向前，飞快地提速，然后我们身在空中了。

重御战机

就在起飞前，飞行员约翰逊少校告诉我，飞机飞出机场后，我就可以过来驾驶飞机。[①]他把飞机调整到爬升状态，交给我，副驾驶坐在另一个座位上，以防我万一反应过慢。三年没上天，时间是太长了。

一开始，我兴奋而紧张，对飞机有点控制过度，但之后迅速稳定下来，在8000英尺平稳飞行。战鹰重新翱翔，并且是带着自己和其他人飞向自由，这太让人欣喜万分了！我们飞越了汉口—北平铁道线，没有遭遇高射炮。日本人以前曾向飞向空军基地的数架飞机开过火，这会儿我们要是被打落下来，那简直太尴尬、太泄气了！不久，我就把那个想法从脑子里清除了，因为一个半小时后，我们已把敌占区远远抛在了身后。

离重庆附近的基地约一半航程时，我叫金尼中尉上来，让他飞完了余程。他是海军陆战队战斗机飞行员，在威克岛战役中被俘。他毫无困难地操控飞机，一会儿便游刃有余。下午约五点，我们最终到达空军基地。

基地军官们为我们举行了热闹的庆祝会，拿出了我们熟悉的上佳的美国酒水款待我们，还向我们展示了P-51野马战斗机、"黑寡妇"夜间战斗机、新型B-25轰炸机和新型C-46运输机。

第二天早晨，我们乘坐同一架C-47运输机飞往昆明，飞到我在1942年5月17日早晨起飞的那个基地。经过了三年多的耐心等待，我俯视着昆明的新基地，跑道加长了、拓宽了，新的建筑物矗立在四周，各种飞机散布在机场内，每三分钟就有一架运输机起降，运进飞越驼峰送进来的急需补给。我想知道，老伙计们是否都还在？

---

① 第一战争货物运输中队的一个任务就是，搭载从日军战俘火车上逃出的四名海军陆战队员和"飞虎队"飞行员，他们当然就是路易斯·毕晓普和他的海军陆战队逃友。约翰逊少校即摩西·约翰逊，过了56年，我见到了他。（怀特，第158—159页。）

与陈纳德将军重逢

飞机在机场上空盘旋时,飞行员给陈纳德将军的总部送出消息,告知他我要到了。将军对他所有的飞行员和部下都抱有全然的信心和信任,他从未放弃过对我的希望。当晚,在为我举行的宴会上,我见到了将军。他告诉我,他和蒋介石先生过去怎样尽力,要把我从法属印度支那解救出来,有一次差点就要成功了,却因中法谈判破裂而功亏一篑。我读了存档的有关我的全部通讯,发现将军收到了我被俘后送他的字条。这个字条由法国军官私下带给中国人,后来又转给了我的妻子。

1942 年 5 月那个决定性的早晨发生了很多事。将军看上去苍老多了,憔悴、疲倦,但眼睛里仍然闪烁着勇往直前的精神和斗志。我现在想说,他是我听命过的最优秀、最能干、最果敢的军官。他了解部下,因材施用,他教我们在战斗中如何保护自己和互相保护。在 1942 年初紧张的几个月里,我们和实力远强于自己的日本空军作战,将军为获得飞机和设备想尽一切办法,下令不行就请求,请求不行就苦求。他不介意在这种困境中部下经常抱怨、发牢骚,也不介意和我们全体一起承受轰炸,但当他得知自己的士兵没能从战场归来时,他打内心深处感到难受。他无与伦比的工作成就了光荣的事业。"飞虎队"将永远记住他!

晚宴鲜美可口——地道的美国特色,菜式齐全,是我吃过的最好的美国餐。我还吃了自 1941 年 9 月离开美国后的第一个冰淇淋,将军把他的那份也让给了我。

完美的晚宴结束后,我回到了营房,作为美军情报总部的客人,在这里住了三天。我们接受了详细的讯问,提供信息,并得到了卡其布制服、鞋子、内衣和所有的必需品,准备返回美国。

7 月 1 日下午,我到总部拜会陈纳德将军,非常高兴地得知总部正在向我的妻子拍发电报。电报将送到我妻子的住处——佛罗里达州潘沙可拉市考里街 107 号,上面写道:"安全,很好,不久回家。爱你,亲爱的希拉。爱你们,路易斯·毕晓普。"毕晓普夫人收到了电报,曾做过"飞虎队"无线电通讯

第 10 航空队克莱顿·毕塞尔(右)准将在昆明基地会见陈纳德(中)准将及第 23 战斗机大队罗伯特·司各特上校。(由南京抗日航空烈士纪念馆提供)

1943 年 1 月,美国陆军航空队司令亨利·阿诺德(右二),在昆明基地会见陈纳德(左二)和美英军官。(由南京抗日航空烈士纪念馆提供)

员的萨瑟中尉认出了电报拍发地代码,告诉她电报来自中国昆明。

飞回美国的家

一切准备就绪,秘密的命令也签署了,我们排在第二位优先起飞。7月1日晚八点半,我们登上带有单人凹背座椅的C-54运输机,朝着亲爱的美国老家起飞了。返程一路太平无事。我们在缅甸北部密支那停下,吃点东西,加燃油,然后飞往印度的加尔各答。在那里停留五个小时后,仍然乘C-54直飞至印度的卡拉奇。这些基地我以前都来过,那是在1942年3月,我受遣率领"飞虎队"其他五名飞行员,到埃及开罗把急需的P-40E战斗机驾驶到中国昆明基地。

从卡拉奇,我们换乘C-46运输机,飞往波斯湾北部巴士拉市附近的阿波登,从那里继续直飞到开罗的帕伊尼机场过夜。次日乘另一架C-46运输机,飞到的黎波里,然后到卡萨布兰卡。

在卡萨布兰卡,我们休息了两天半,等待西行的飞机。在报摊买杂志时,我一转身和我以前飞行队的一个飞行员撞了个正面,他的眼睛都快瞪出脑袋了,惊讶得讲不出话来。他和这个飞行队的其他几个人都以为我死了,因为没有什么正式的消息传给他们。他们已经把我的名字从名单上永久划去了。我跟他聊了会儿,得知他现在为美国出口公司开飞机,还弄清楚了到哪里可以联系上现在在美国的老队友。

我们乘坐有绒棉座椅的C-54离开卡萨布兰卡,飞往亚速尔群岛,落地后,有人给飞机加油,我们吃了顿早饭,再从那里飞往纽芬兰过夜,第二天直飞到华盛顿,结束全部旅程。我会永远记住我到达的日期和时间:1945年7月9日上午九点。希望、祈祷和祝愿,变为现实了!

那天晚上,我向潘沙可拉市打了长途电话,第一次听到我小女儿的声音,也和她母亲讲了话。我的妻子、女儿和岳父母,要到华盛顿来迎接我的归来。

第二部分
回首梦的开始

LOOKING BACK: A
DREAM EMERGES

第二部分讲述了我父亲在跳伞灾难日来临之前，对他产生重大影响的事件。该部分也介绍了"飞虎队"到中国的背景。

我想问的关键问题是："路易斯·毕晓普为什么能成为飞虎英雄？为什么能够忍受被日军囚禁的长期折磨？"我在寻找答案时，追溯了他的少年时代、家庭生活、成为飞虎前的军旅生涯，以及他在 1941 年 8 月到 1942 年 5 月的飞虎经历。

第一章

纽约州的德卡尔村,缅甸同谷

在纽约州最西北的边陲,在广阔的乡野,在圣劳伦斯大河和神秘的阿第伦达克山之间,一个男婴呱呱落地了。此地人口稀少,漆黑的夜晚可见瑰丽的北极星和流星雨,这个男婴长成青年后,便成为陈纳德麾下的美国志愿援华大队飞行员,一名"飞虎",一段航空史上的传奇。这个年轻人就是我的父亲——路易斯·谢尔曼·毕晓普。

爸爸1915年8月19日出生在纽约州德卡尔的农庄,这里北部的乡野也以"千岛之地"而著称。路易斯,大家也叫他路易,是家中十二个孩子中的老十,也是乔治·沃伦和玛丽·露西·库克·毕晓普最小的儿子。

路易,这么一个农家少年,在经济大萧条最严重的时期长大,玩具飞机成了他最心爱的圣诞礼物。[①] 那时,航空新技术令多数国人着迷,包括住在圣劳伦斯河谷的芸芸众生。花不了多少钱就能欣赏到特技飞行,让人激动又开心。那些攒下钱的幸运儿,可以由特技飞行员带着上天小游一把,那股兴奋劲儿简直可以持续好几个星期。

飞行技术的提高容易令人迷上航空,并以之为职业。而20世纪30年代

---

① 2001年7月5日,在毕晓普家庭聚会上,路易斯·毕晓普的妹妹多丽丝·毕晓普·卡拉告诉了我这点。

不景气的经济也迫使年轻人到处寻找工作。路易的家庭背景，使他从军成为自然的选择。

路易家祖上就出过不少爱国志士，从路易这一代上溯八代的祖先，詹姆斯·毕晓普，在 1643 年少年时来到波士顿，是建立康涅狄格州纽黑文市的殖民先驱之一，后来担任康涅狄格州的副州长。毕晓普的家谱上也有叱咤美国内战的老兵艾利责·毕晓普，出生在佛蒙特州，是爸爸曾祖父的祖父，即从爸爸这一代往上数五代。

路易·毕晓普的殖民之根

詹姆斯·毕晓普 1625 年出生于英格兰萨里的金斯顿区，1691 年 6 月 24 日在康涅狄格州纽黑文市去世。1634 年，詹姆斯和兄长亨利、纳撒尼尔来到了美国波士顿，亨利为詹姆斯的监护人。三兄弟在波士顿的达文伯特牧师处会合，为纽黑文殖民地在 1638 年的建成，立下了筚路蓝缕之功。亨利为达文伯特牧师开荒耕地，牧师则亲自教习詹姆斯，这个年龄最小的毕晓普所受的教育，似乎远在当时多数男子之上。

詹姆斯的名字首次在公众记载中出现，是在 1647 年，他投身大众服务，上了新闻报道，此后政运亨通，1638 年当选为康涅狄格州殖民地的副总督，直至 1691 年在任上逝世。

（来源：《美国的毕晓普家族（第 9 卷）》微缩胶卷，藏于伊利诺斯州荷姆伍德市。）

爸爸的兄弟拉尔夫和雷参加过一战。在他那个年代，毕晓普的很多近亲都在二战的军队服役：他的三个姐妹，贝蒂、爱丽丝和多丽丝在 1944 年同一天参加了妇女军团，路易的侄儿中至少有三个供职军队，他们是利尔·毕

晓普、劳伊德·毕晓普和狄克·毕晓普。

我的祖父乔治·毕晓普家经营一个小型奶牛场,路易和他的兄弟姐妹就在那里出生长大。他们饲养泽西奶牛,把牛奶装入瓶子,在德克尔一带卖牛奶。孩子们经常蹬着自行车递送牛奶。

奶牛场的打理和像晒草这样的季节性活儿一做完,就有时间玩耍冒险了。向西北走上几英里,有一条奥斯威嘎切河,毕晓普家的孩子和他们的朋友大热天就在那条河里游泳。秋天,男孩和汉子们打猎,冬天,在结冰的池塘和小溪上溜冰。爸爸和他的朋友也滑雪。总的说来,那大抵是一个勤劳而又闲适的童年。

但是正像任何人的生活一样,路易的生活也不是没有矛盾。他在中学最后一年想离开家,到附近的古文纳镇,上一些课程备考大学。但他父亲反对。好在路易胸怀大志,意志坚定,年轻而富有理想,最终还是远走高飞了。

20 世纪 20 年代的飞行热

对于许多在 20 世纪 20 年代长大的小伙子,1927 年是飞行英雄的纪念年。查尔斯·林伯驾机飞越了大西洋。从那时起,每个年轻人都在仰望天空,梦想成为飞行员。[1] 许多乡村集市上都会停着一架飞机,只要给几块钱,飞行员就会带你遨游蓝天。还有飞行竞赛和特技飞行员也是年轻人的梦想。爸爸从附近古文纳镇上的中学毕业,那个小镇边上就有一个飞机场。

像我爸爸这样的年轻人,他们所信奉的哲学在 1942 年 8 月 10 日的《生活》杂志上得到了最佳诠释。那期杂志的封面是"飞虎队"领袖陈纳德的正面近照,标题是"陈纳德将军在中国"。在陈纳德率领的"飞虎队"解散后,在爸爸被关在日军监狱时,这份杂志的封面让爸爸一家感到既苦涩又甜蜜。冒险的魅力和爱国主义相结合,到 1942 年达到了高潮,正如两张固特异飞机

---

[1] 飞行热不仅仅出现在农村地区。唐·洛佩兹在援华志愿队解散后,为陈纳德开飞机。他回忆起 1927 年在纽约布鲁克林的游行中,人们欢呼"林伯,林伯"和那个飞行黄金时代的其他盛事。对于那个时代,他表示:"飞行员是少年和成人心目中的英雄。"(洛佩兹,第 10—12 页。)

广告的中间插页所描绘的:

> 如果你想得到一幅描绘我国未来的图画,清晰而难忘,那么,
> 不妨注意一下少年思量蓝天时发亮的眼睛。在那亮光中,闪烁着
> 火花,可以点燃男儿成就大业的壮志,汲汲于探险未知,创造明天。
> 今天,美国的年轻男儿已经担负起严峻而必要的使命。仅仅是在
> 昨天,他们还用在家制作的模型飞机来探索飞行的奥秘;而现在,
> 他们就在天涯海角,驾驶着巨型轰炸机翱翔。那闪光、矫健的战机
> 是美国对野蛮势力最有力的回答。

这样的根源造就了爸爸的探险欲、百折不挠和执着的精神,以及他阳光
友好的性格,决定了让他最终作出跻身"飞虎队"的职业选择。

中学岁月

在中学时,路易就开始琢磨怎样成为职业飞行员。要参加航空训练班,
或上大学,他都需要专门的学分成绩,尤其是在数学和科学方面。纽约州古
文纳镇的狄恩中学离家不远,就开设这类课程,而当地的德卡尔中学则没
有。狄恩中学不仅能提供路易需要的学术训练,而且有橄榄球队。对于喜
欢体育的少年,有机会参加竞技性运动,这样的学校也颇有诱惑力。于是,
路易在上高中时转学了。

1934 年狄恩中学的年鉴里有路易在橄榄球队的照片——他打过至少八
节的橄榄球赛,奖品是一件紫色和金色相间的运动衣。中学年鉴里还有他
和"雅典人"男生联谊会的合影,和篮球队员的照片。他深受大家喜爱,爱好
运动,活泼、乐观、友善。他的中学报告单上说他的缺点是"贫嘴",这可能是
老师之见,并不代表朋友们对他的看法。路易天生一副唱歌的好嗓子,喜欢
唱歌,会唱很多乡村歌曲。年鉴的编辑预言,他会成为像宾·克劳斯比那样
的广播歌星,他的绰号就叫"宾"。爸爸唱歌的水平不错,曾受邀在美军和消

路易斯·毕晓普,狄恩中学毕业照(1934 年,摄于纽约州古文纳镇)

防部门的团队活动中表演。① 多年后，在遥远世界的一角，爸爸想靠天赋和歌喉来打发被囚禁的日子，振作精神，这大概惹怒了日本人。在监狱里，日本人禁止他唱歌和讲话。

毕晓普的伙伴：鲍勃·维瑟阿普

爸爸和鲍勃·维瑟阿普分享自己的飞行和运动之好，他是爸爸的密友和中学同学，出身农家，住在附近。冬天，鲍勃有时就在毕晓普家过夜，这样上学时可以少跋涉一段雪路。有一年，鲍勃参加了作文竞赛获奖，奖励是坐飞机上天逛一圈。两个少年无疑都热衷飞行，互诉了对未来的想法和憧憬。

鲍勃和路易参加了狄恩中学的同一支橄榄球队，同一个男生联谊会，他比路易早一年转学入校。鲍勃还是班长，在毕业典礼上致辞，后来就读于美国海军学院，②成了海军军官和飞行员。在二战的凌空厮杀中，鲍勃击落了日本王牌飞行员盐地智和，据说这个盐地智和战胜了同盟国飞行员七十次甚至更多。多年后，鲍勃接到一位研究人员的电话，才知道自己挫败的敌手是那么赫赫有名。

爸爸从二战战场回来后，我和继母乔曾在马里兰州安那波利斯市的维瑟阿普家小住过，当时爸爸试图回到海军谋职。而鲍勃则在海军学院研究生院工作。五十多年后，即 2003 年，我为写这本书作研究，再次见到了鲍勃和他的女儿安·加吉。

---

① 爸爸的朋友，纽约州古文纳镇的杰克·司各特，在 2001 年 8 月和我的电话交谈中，回忆说他看到过爸爸的表演。

② 2004 年 1 月，鲍勃的女儿安·加吉给了我路易·毕晓普 1935 年 11 月 28 日写给鲍勃的信的复印件，这是她在整理鲍勃的私人财物时发现的。路易说，他加入了打不败的俄克拉荷马军院橄榄球队。他也和西点军校的毕业生和在校学生联系过，但是决定不申请西点。他要补上他缺失的几颗牙，才能通过西点的入学体检，而他付不起补牙费用。他的替代计划就是从俄克拉荷马军院毕业后，去伦道夫·菲尔德飞行大队接受飞行培训。

受训于俄克拉荷马军事学院

1934 年 6 月,爸爸从狄恩中学毕业。一番择校后,他在 1935 年 1 月被俄克拉荷马军事学院(简称俄州军院)录取,该校位于俄克拉荷马州的克莱摩市,自称"美国南方的西点军校"。爸爸在那里学习航空工程学和飞行课程,1936—1937 年的俄州军院年鉴上评价,这个小伙子热情如火,保留了他中学朋友酷爱的他的那种精神。尽管他仍然爱好唱歌,但在俄州军院,他的绰号不是"歌星宾",而是以"纽约州的路易"为大家熟知。1936 年学院年鉴上有关他的简叙如下:

> 来自北方"帝王州"的毕晓普,来到南方后,最大的惊讶就是南方居然没有一个土著人或一头野牛。他骑着了不起的马儿以缓解失望之情,不过没多久,他自己就变成了地道的南方佬。

据俄州军院年鉴记载,纽约州的路易在营房里的主要娱乐是弹吉他,"他和普鲁特让各处的大厅回响着《绕着山转》的旋律"。作者写道,在橄榄球场上,毕晓普像一尊高塔。他的球衣号码总能激起最激烈的争辩。该校 1937 年的年鉴记载道:

> 哒哒哒!这不是机关枪响彻古老的学院营房,而是"帝王州"之子在爆发,因为一二年级的小兔崽子没有正确执行命令。路易的下巴形状说明他有决心夺取胜利。我们胆敢猜测:有朝一日,他肯定会率领自己的团队,把它运转得完美无缺。
>
> 路易是否吸取了莱克星顿街的精神,我们无从知晓,但这种刚毅和大胆合力铸就了一个精力异常充沛的人。第一学年,他为校橄榄球队倾注全力,其雄心壮志让队友们如火如荼地进取。第二学年,他投身航空和严格的学业,然而一旦需要他联合大伙推行己见,他从未犹豫片刻。可惜,毕晓普留下的空白难以填补——他已

路易斯·毕晓普，俄克拉荷马州军事学院的新生（1936 年）

经毕业了。

爸爸去俄州军院读书前,在 1936 年两个学年之间的夏天,在纽约州离德卡尔南约一百六十五英里的格劳顿市打工,夏天的格劳顿市有许多就业机会,爸爸在莫汉建筑公司筑路,挣钱支付了自己的大学学费。

在格劳顿市,他住在哥哥拉尔夫和嫂子菲比的家里,以后也一直承蒙他俩照顾。爸爸乐于和他们的儿子,比他小八岁的侄儿迪克做伴。哥哥雷·毕晓普一家也在该市。拉尔夫和雷都在科罗纳打印机厂有稳定的工作。他俩都参加了一战,从部队回家时火车经停格劳顿市,于是找到了打印机厂的工作。

海军飞行基地——潘沙可拉

1937 年,爸爸从俄克拉荷马军事学院毕业后,申请在美国海军后备队当飞行新兵。第一份申请没有成功,因为那年没有安排相关训练。但是在 1937 年 9 月 3 日,他收到了派遣令:

> 在 1937 年 9 月 27 日或该日期之前,前往佛罗里达州潘沙可拉市,向海军航空站指挥官报到,接受任命和训练。该派遣令包括你在海军航空机构某一部门承担的职责,并要求你经常定期地进行飞行训练。该派遣令自你向佛罗里达州潘沙可拉市海军航空站报到之日起生效。

路易·毕晓普上路了——就要实现飞行员梦想了。他迫不及待地提早三天,在 1937 年 9 月 24 日就去报到了。他于 1938 年完成训练,被任命为美国海军后备队少尉。

就在爸爸完成训练之际,新兵约翰·金尼 1938 年也在潘沙可拉开始了飞行训练。他俩其实直到 1943 年 3 月才相遇,那是在中国上海北部的江湾

路易斯·毕晓普，潘沙可拉海军航空站的新生

易斯·毕晓普,在潘沙可拉海军航空站结业时的海军少尉照

日本战俘营。1945年,他们一起踏上了惊心动魄的出逃之旅。约翰·金尼如下总结了自己的飞行训练:

> 这是金尼一生最快活的时光了。来自全国各地的新兵做着自己想做的事,还能领到稳定的薪水,吃到有保障的美食。行伍生活自然短不了灌输教化——军队礼仪、武器和操练手册。飞行教导因不同型号的飞机而异,随着级别的提高而难度增加。第一飞行中队学习驾驶二座敞开式座舱的N3N双翼飞机,带有漂浮器,可以水上降落。所有训练机都涂成了鲜黄色,这样新兵可以看见彼此,因此被戏称为"黄色的灾难"。第二飞行中队的新兵升级学开斯蒂尔曼NS-1型飞机,新兵掌握了地面布局后,就会学习基本的飞行动作。然后,训练向前推进,直至升级到最后的第五飞行中队。这时,新兵坐在座舱内看不到舱外情景,通过使用模拟器学习飞行。如果你掌握了模拟器,下一步的挑战就是学开真正的SNJ飞机。(金尼,第20—29页。)

效力太平洋舰队

爸爸从飞行学校毕业后,于1938年9月22日被指派为海军飞行员。根据我在国家人事档案中心所查,那里保存的爸爸服役记录显示了他的军旅轨迹。他"在加州圣派得罗,向美国军舰'西弗吉尼亚号'的指挥官报到,分在第四侦察中队,积极执行飞行任务",1938年10月1日,被授予海军预备役少尉军衔,1939年7月正式上任。

爸爸在太平洋舰队的战舰"西弗吉尼亚号"上服役两年,驾驶侦察机。期间,这艘军舰参加了太平洋舰队的训练部署。

1940年5月25日,在内华达州雷诺市,他离开"西弗吉尼亚号"休假,和爱丽丝·玛丽·皮尔斯结婚,新娘子来自佛罗里达州的潘沙可拉市。他在潘沙可拉进行飞行训练时,两人结识,他到了海上服役之后两人就鱼雁传

路易斯·毕晓普(二排右一)和美国海军军舰"西弗吉尼亚号"的
低级军官(1940 年 5 月 11 日,摄于珍珠港)

JUNIOR OFFICERS MESS
U. S. S. West Virginia
PEARL HARBOR, T. H., May 11, 1940

Kneeling (left to right): L. E. Harris '39, W. A. Hasler, Jr. '38, T. Fuller (SC) Harvard '38, T. R. Eddy '39, J. C. Lawrence '39, J. M. McDowell '38 (Asiatic Fleet).

Front Row: J. C. Oldfield '39, N. D. Johnson (D-V(G)USNR) Northwestern '39, W. W. Huffman '39, W. H. Phillipson, Jr. (D-V(G)USNR) Northwestern '39, E. J. Bryant '38 (Supply School), J. A. Leonard '38 (Sub School), H. B. Sanders '39, L. S. Bishop (A-V(N)USNR) Oklahoma Military Academy.

Rear Row: D. J. Robertson (USMC) North Dakota '38 (FMF, MCB, San Diego), W. E. Rowbotham (A-V(N)USNR) Louisiana State '37, E. G. Reed '39 (ANDERSON), D. M. Patterson '39, J. F. Stevens '38 (Home - Eyes), R. L. Gurnee '39 (BENSON), W. M. Shifflette '39, G. C. Duncan '39, E. F. Korb '39.

Inset (top, left): F. M. Bush, Jr. '39 (GRIDLEY), J. J. Cassidy, Jr. '38 (Civil Eng. School).

Class of '38 reported aboard 6/30/38; original members detached: A. T. Church, Jr. (HELM), G. F. Gugliotta (BAGLEY), R. R. Managhan (DALE), D. G. Nickerson (CUSHING), G. F. Richardson (DUPONT), F. H. Rile, Jr. (SMITH), W. J. Schlacks, Jr. (SAMPSON), H. E. Surface (MacDONOUGH).

Class of '39 reported aboard 6/24/39; original members detached: J. R. Blackburn (HERNDON), R. H. Buckley (BLAKELEY), W. P. Starnes (WORDEN).

"西弗吉尼亚号"军官名单

书。爸爸在西部度过了蜜月,继而横穿美国,北上纽约州,把新娘子介绍给毕晓普家族。之后,爸爸继续到"西弗吉尼亚号"战舰上服役数月。这样,他在海军供职了两年。

美国海军"西弗吉尼亚号"

该军舰从 1923 年开始服役,是 20 世纪 20 年代下水的最后一艘超级战列舰。后来,该舰经过改造,在后甲板近船尾处增加了飞机弹射器和可以发射海上侦察机的 3 号高塔楼。飞机在舰尾划开的水波上降落,再由起重机吊到军舰上。

路易·毕晓普离开"西弗吉尼亚号"后的一年,该舰即在 1941 年 12 月 7 日——导致美国正式加入二战的日军偷袭珍珠港中——遭到重创。"西弗吉尼亚号"被飞机扔下的鱼雷击中七处,又被炸弹命中数处。抢修军官往舰上相反方向的船舱放水,以防倾覆,但"西弗吉尼亚号"还是沉入了海底。

1942 年 5 月,它被打捞上来,送往华盛顿不莱默顿的普吉特湾船厂重建。两年后,重新服役,恰巧赶上解放菲律宾群岛,参加了 1945 年 9 月 2 日在东京湾的日本投降仪式,并将夏威夷的大量美军运回了美国本土。1959 年,"西弗吉尼亚号"退役,同年 8 月 24 日被当成废铜烂铁出售。有关详情,参见 www. usswestvirginia. org/uss_west_virginia_history. htm.

在潘沙可拉任飞行教官

1940 年 11 月,路易奉命回到潘沙可拉,担任飞行教官。[1] 从 1940 年 11

---

[1] 我在潘沙可拉海军航空站的研究图书馆发现了爸爸的飞行新生档案,内有一条,指出他在学生时期就显出了"教官素质"。我不禁好奇,爸爸要是知道,我在近六十年后读到他的新生训练记录会怎么想。

月 18 日到 1941 年 8 月,他是佛罗里达州潘沙可拉海军航空站第 1 - A 中队和第 5 中队的教官,传授他以前在同样中队的所得所学。

加入美国援华志愿飞行队

1941 年 8 月 30 日,爸爸做出了一个大胆的举动:辞去自己在美国海军经营已久的职位,加入美国退休空军上校克莱尔·陈纳德率领的第一个美国援华志愿航空队,成为被招募的一百名战斗机飞行员之一。他、迪克·罗西,还有另外八名海军飞行员在潘沙可拉的一家圣卡洛斯老酒店和志愿队招募人员会面后,就签约了。

他们与中央飞机制造公司签订了为期一年的雇佣合同,中央飞机制造公司以美国为基地,志愿航空队通过它,接受富兰克林·D·罗斯福总统的秘密资助(总统沿用了原先资助英国防御的《租借方案》)。

罗斯福总统同意创建美国援华志愿航空队

美国援华志愿航空队的首领克莱尔·陈纳德写道,"1941 年 4 月 15 日,罗斯福签署密令,准许空军、海军后备役官兵退役,以加入美国援华志愿队"。(陈纳德,第 102—103 页。)这在中央飞机制造公司的合同(见附录 A)中也有间接反映。

罗斯福总统图书馆(位于纽约海德公园)的研究人员从未找到过这份总统密令,但他们都向我保证,总统的工作作风历来如此,经常没有相关文件以供存档之用。但通过其他渠道,也可以清晰地证明志愿队得到了百分之百的官方支持。比如,白宫工作人员劳切林·居里在 1941 年 5 月 10 日写给总统的备忘录中已表明,组建美国援华志愿航空队已获授权,而且招募也已开始。1941 年 7 月 23 日,罗斯福总统在战争委员会提

WAR AND NAVY DEPARTMENTS

WASHINGTON

JUL 1 8 1941

DECLASSIFIED
DOD Directive 5200.9
9/23/58

The President,

The White House.

Dear Mr. President:

At the request of Mr. Lauchlin Currie, Administrative Assistant to The President, The Joint Board has made recommendations for furnishing aircraft to the Chinese Government under the Lend-Lease Act. These recommendations are contained in the Joint Planning Committee report of July 9, 1941, J.B. No. 355 (Serial 691), which The Joint Board approved, and which is transmitted herewith for your consideration.

In connection with this matter, may we point out that the accomplishment of The Joint Board's proposals to furnish aircraft equipment to China in accordance with Mr. Currie's Short Term Requirements for China, requires the collaboration of Great Britain in diversions of allocations already made to them; however, it is our belief that the suggested diversions present no insurmountable difficulty nor occasion any great handicap.

We have approved this report and in forwarding it to you, recommend your approval.

July 23, 1941.

OK - but slowly

military mission versus the attacker method

Acting   Secretary of War.

Secretary of the Navy.

1 Incl.

罗斯福总统批准成立第一批援华志愿队影印件（原件藏于罗斯福总统图书馆）

September 30, 1941

MEMORANDUM FOR THE SECRETARY OF THE NAVY: ×18

I have been informed that the Chinese Government has hired 100 pilots and 181 ground personnel to man and service 100 P-40's. In the next few months we are delivering to China 269 pursuit planes and 66 bombers. The Chinese pilot training program here will not begin to turn out well-trained pilots until next summer. In the interim, therefore, I think we should facilitate the hiring by the Chinese Government of further volunteer pilots here. I suggest, therefore, that beginning in January, you should accept the resignations of additional pilots and ground personnel as care to accept employment in China, up to a limit of 100 pilots and a proportional number of ground personnel. I am directing Mr. Lauchlin Currie to see that representatives of China carry out the hiring program with the minimum of inconvenience to the Navy and also to see that no more are hired than are necessary.

(Signed) FRANKLIN D. ROOSEVELT

Copy sent to Hons Lauchlin Currie 10/2/41

×18-I

罗斯福总统计划成立第二批援华志愿队

这是罗斯福总统 1941 年 9 月 30 日给海军秘书的备忘录。

罗斯福写道:"我已得知中国政府雇佣了(美国)100 名飞行员和 181 名地勤人员来驾驶和维护 100 架 P-40 战斗机。在未来数月,我们要向中国提供 269 架战斗机和 66 架轰炸机。在这里受训的中国飞行员要到明年夏天才能达到训练有素。所以我认为,在此之前,我们应为中国政府雇佣美国更多的志愿飞行员提供便利。我建议,自明年 1 月起,海军应该同意更多的飞行员(最多不超过 100 名)和地勤人员(和飞行员数量相配)退役,以便其接受中国的雇佣。"(原件藏于罗斯福总统图书馆)

交的第355号联合报告上签名同意，该报告为《中国政府对飞机的要求》，内含向中国提供第二批美国志愿飞行教练的建议。能证明总统同意的另一个证据，是志愿航空队与有关公司的合同签订符合"美国国会通过的《1922年中国贸易法令》"。

合同中还包括允许帮助中国的条款。援华志愿队成员得到承诺，即一年合同到期后，他们返回原部队，但资历不会受到一点影响。实际上，该承诺只对部分志愿队员兑现了。直到1991年，美国官方才表态，在志愿队效力就相当于在美军服役。志愿队行动的秘密性质，到这时才算得到美国政府的正式确认。（参见1991年7月7日《华盛顿邮报》第A15页。）

路易·毕晓普之所以要参加陈纳德的援华航空志愿队，一是因为他渴望支持这项事业，二是出于测试自己飞行技巧的需要。在中国的战争差不多就是飞行员之间的较量。散布在中国西部、印度支那和缅甸相距很远的目标，对飞行员颇有吸引力，也让他们成为了影响战事的关键人物。如果不是出于上述原因，爸爸不会对承诺的高薪和红利动心。再说，他的第一个孩子不久就要诞生了。爸爸有一颗冒险的心，渴望成为战斗英雄。

有些作者暗示，飞行员加入志愿队，就是为了钱。可是，招募志愿队员之难，使这种说法不攻自破。多数飞行员认为，所谓的高薪和要冒的巨大风险并不相称：要驾驶的飞机已经落伍，而且飞机和飞行员的数量都大大少于要抗击的日本帝国机群。事实上，志愿队根本不能如愿招到足够的有经验的战机飞行员，只好接受无甚飞行经验的志愿者，或者是开过其他机型而未飞过志愿队战机的报名者。

尽管美国当时还未在欧亚作战，但美国政府给它在欧洲和亚洲的盟友都予以了间接的支持，很多军人心如明镜，认为美国肯定会被卷入战火。爸爸在1941年12月7日从缅甸同谷给父母寄去一封信，信中说："和远航到大

西洋或北上至冰岛相比,我更喜欢这里。"①看上去,爸爸估计自己总得到某个地方参战。志愿队提供给他的,则是风险和机遇并存,而且有爸爸觉得理想的报酬。

路易·毕晓普和其他志愿队飞行员驾驶的首批一百架 P-40 飞机,由纽约州布法罗市的柯蒂斯—莱特工厂生产。它们本来是要送往英国的,但陈纳德说服了美国军方把稀缺的飞行员和飞机让给志愿队,他在自己的书中描写了艰难的游说过程。(陈纳德,第99—100页。)

从旧金山到缅甸仰光

1941 年 9 月 24 日,路易和其他援华志愿队员乘坐荷兰海轮"波西丰坦号",从旧金山起航。志愿队分七批远渡重洋,他们是倒数第二批,将在缅甸同谷的凯道飞机场与先期抵达的志愿队员会合。这个飞机场训练基地,是陈纳德费了九牛二虎之力才从英国人手上借到的。

路易一行于 1941 年 11 月 12 日抵达同谷,离日本偷袭珍珠港不到一个月时间。就在他到达的 12 天后,1941 年 11 月 24 日,他的女儿,即本书的合著者,在佛罗里达州潘沙可拉的圣心医院呱呱落地。

志愿队包括飞行员、装弹手、机工师、管理和医疗人员,差不多三百人,来华协助中国军队,抗击汹涌推进的日军。陈纳德及其志愿队的一个主要目的是保证滇缅公路的畅通,该公路通向缅甸首都仰光,这里不仅是唯一没被日军控制的港口,还是中国唯一的陆上补给线。

著名的滇缅公路北起中国昆明,途径仰光港,南至缅甸小镇腊戍,腊戍位于缅甸曼德勒市北边不远处。虽说昆明到腊戍的空中距离仅仅 320 英里,但是滇缅公路在大山中蜿蜒,长度达到了 720 英里。数月后,志愿队的许多地勤队员就随着车队,行进在这条路上。滇缅公路是中国人靠肩挑手挖创造的建筑奇迹,它盘旋山间,宛如扎着彩带的圣诞棒棒糖。

---

① 该信在 1942 年 2 月纽约州的《沃特敦时报》刊出,见附录 B。

1941 年 11 月，载有美国援华志愿航空队的荷兰海轮"波西丰坦号"开往缅甸仰光，飞行员路易斯·毕晓普就在该船上。（由美国飞虎协会提供）

感激的中国人民把美国援华志愿队称作"飞虎队"。在太平洋战场早期的黑暗日子里，同盟国军队节节失利，"飞虎队"连克实力远超自己的日军，世界为之额手欢庆。美国需要英雄，"飞虎队"就是他们的英雄。

第二章

中国的飞虎领袖、中国战火和"飞虎队"的组建

克莱尔·李·陈纳德出生在德克萨斯州,在路易斯安那州长大,父亲是路易斯安那州棉花种植园的经理。少年陈纳德精力旺盛,想象力丰富,学会了在毒蛇和其他野生动物密布的沼泽世界生存的各种必要技能。

陈纳德的父亲想让他当农场主,但是陈纳德的叔叔是老师,对他影响更大,指引他当上了老师,因为这个行业有更多的工作机会。陈纳德在路易斯安那州、密西西比州和肯德基州的学校教过书,后来入伍,最终在美国参加一战之际成为飞行教练。他的教学本事在中国发挥了大作用。他是由美国年轻飞行员、地勤和其他人员组成的冒险队的头儿,后来,这支队伍以"飞虎队"闻名于世。

战斗机的飞行员和倡导者

陈纳德在美军服役期间,是一位高超的战斗机飞行员,精通空战谋略。在20世纪30年代早期,他是美国空军特技飞行组合"三人高空秋千"的领队,还参加过几次军队表演,并作过评论。他著书讲述战斗机战术理论,直到在中国执掌"飞虎队"时才得以运用。陈纳德是一名军人,却和西点军校毕业生及他执教的空军战术学院的正统思维格格不入。

陈纳德无暇外交辞令，他对上司直言：不接受他充分运用战斗机的理论，不仅错误，而且缺乏远见。然而他的上司普遍坚持"单是轰炸机就能克敌"的观点。刚好，陈纳德的听力受损，他们便有了现成的理由，让这个好争吵的刺儿头在1937年从美国空军退役了。

退役之后：给中国人当顾问

在陈纳德退役的同一年，1937年7月7日，中国在北平西南八英里处的卢沟桥抵抗来犯日军。日军把这一对抗称作"中国事件"。从1930年到1937年，日本人已逐渐占领了中国大部分的沿海地区、朝鲜，并在中国东北炮制了伪满洲国。为了填满他们对自然资源的贪婪，寻找劳力以满足其工业需求，他们无恶不作。日本人蓄意侵略扩张，就像欧洲的希特勒利用了一战后美国奉行的孤立主义，把对他们侵略行径有可能受到的报复，降到了最低点。

中国基本上没有工业经济，技术落后，军用飞机生产能力低下。受日本侵略时，国民党和共产党正在打内战，国民政府和地方军阀之间争权夺势。中国人不敌日本侵略者，在早期曾经频频向苏联和意大利的顾问求助，但并不成功。

后来，中国请求美国伸出援手。陈纳德从美国空军含怨退役后仅几个月，蒋介石和宋美龄就聘请他做顾问，考察中国国民政府的空军状况。不久，刚刚退休的克莱尔·陈纳德上尉就踏上了来华的旅程。他知道，在中国，他会：

> ……找到某种东西，可以予我以机会不停地驾机飞行，投入战斗，同时证明我的战术理论。中国人看到，当日军长驱直入杭州、汉口、九江和开封时，他们的工业设备和商贸货物被偷被毁，被迫搬迁入西部山区。中国人看到，上海、温州、厦门、汕头和广州处在日本海军的枪炮之下，他们对外联系的海港就要被切断。中国人

看到，他们的首都南京被日本人烧杀抢掠，受尽蹂躏。（陈纳德，第30页。）

陈纳德亲见的以后三年发生的一切使他坚信，帮助中国人是对的。日本人残忍地轰炸中国平民和机场，以恐怖手段对待中国飞行员和机组成员。为了挫败日本人，陈纳德知道中国空军必须预先得到空袭警报。他发明了一套预警系统，给中国各地的爱国农民分发无线电设备，训练他们与中央无线电控制台联系。这样，后者就会收到从四面八方送来的日机飞行警报。（郝兹，第6页。）尽管这套预警系统行之有效，但中国的飞行员仍然不能和技术更高超、设备更精良的日机飞行员抗衡。

为中国寻求美国援助

保卫中国意味着在陈纳德的协助下，中国必须发展自己的空军，扩充原有的七拼八凑的飞机数量，增加比现有中国飞行员技术更好的飞行员。因此，在1940年的最后几个月，蒋介石派陈纳德——现在是中国空军上校——到华盛顿特区征募飞机、设备和美国空军的支持。

陈纳德的第一个想法是：美国派出轰炸机和飞行员直接轰炸日本本土，建议把战火烧到日本。财政部秘书亨利·摩根索把陈纳德的计划呈报给罗斯福总统，总统对此十分欣赏。罗斯福总统正在寻求多种途径，以支持美国的盟友，同时也承认美国不参战，美国持续了20年的普遍情绪是孤立主义。① 陈纳德的计划包括，呼吁在国会通过的《租借法案》中加入一条，即向中国政府贷款一亿美元，用以购买轰炸机。提供美国培训的飞行员也是计划的一部分。

实际上，一份中国的文件表明，罗斯福倾向同意提供轰炸机：

---

① 详见佩斯科的著作《总统的秘密战争》。

1940 年圣诞节,华盛顿方面代表摩根索会晤宋子文、毛邦初少校和陈纳德。摩根索说,罗斯福已经同意提供 12 架超堡轰炸机,从马尼拉起飞,每架飞机配备两名飞行员,条件是中国空军将用这些轰炸机于明年 2 月或 3 月轰炸东京。[①]

帮助中国,先手攻击尚未交战的国家——这个计划忒大胆了。当然,美国的飞机和飞行员,严格说来属于中国。在最后时刻,美军总参谋长乔治·马歇尔将军指出日本可能会报复性地进攻美国,而且美国目前派不出多余的轰炸机。于是,这个计划就被搁浅了。

然后,陈纳德又提出另一个计划。到了 1941 年初,中国的情况万分危急。陈纳德的使命变成保护中国唯一的陆上生命线——滇缅公路,及唯一的海上运输线——缅甸仰光港。为了不辱使命,他需要富有经验的部队飞行员和战斗机。

美国援华志愿队的诞生

1940 年和 1941 年头几个月,为了满足中国亟须飞机和飞行员的请求,有关方面多次会晤,制定了行动计划。有几位关键人物促成了首批美国援华志愿队的建成,他们的名字都出现在计划中,包括陈纳德,蒋介石妻子宋美龄的哥哥、中国驻华盛顿代表宋子文,财政部秘书亨利·摩根索,海军秘书弗兰克·诺克斯,罗斯福总统的助理和特别顾问劳切林·居里博士,亨利·阿诺德将军(外号叫"快乐"),柯蒂斯·勒梅将军,乔治·马歇尔将军和其他军界、政府人士。

---

① 引自《中华民国重要史料初编:对日抗战时期》,也可见于许光求的宏著《战争的翅膀:中美军事航空,1929 年—1949 年》第三卷第 432 页,该书 2001 年由美国康涅狄格州西港市的绿林出版社出版。另外,该引文还可见于 1940 年 12 月 25 日毛泽东拍给蒋介石的电报,我感谢历史学家马丁·密凯尔森提供了这份资料。引文中的计划也许为 1942 年 4 月 18 日著名的杜立特空袭东京提供了灵感。

"飞虎队"总指挥陈纳德（右）、行政长官哈维·格林劳（中）和通信
专家约翰·威廉姆斯（左）

该照片由美国援华志愿队飞行员罗·特·斯密斯（路易斯·毕晓普的战友）所拍，其
子布莱德·史密斯提供。

我见到的组建志愿队的最早书面记录写于 1941 年 3 月 29 日，是美国陆军飞行大队参谋长亨利·阿诺德少将写给总参谋长的备忘录。标题是"向中国空军输送飞行员"。备忘录详细说明了输送计划：

> 为中国空军提供 100 名后备队军官飞行员……相关军官在退职后将与柯蒂斯－怀特公司所属的中央飞机公司签订合同……飞行员将由该公司支付薪水，而和中国政府没有任何形式的财政往来。合同期一年……合同到期后，可以回到海军后备队复职。不在海军后备队的一年应计入服役年份，作为晋升依据……陆军飞行大队已接受指令，在该事务上采纳海军手续。①

1941 年 5 月 10 日，劳切林·居里在给罗斯福总统的白宫备忘录中，汇报了"中国飞机计划书"的最新进展：

> 已获准招募 P－40 战斗机飞行员和地勤人员，P－40 已在运送途中。该计划第一阶段表明"100 架 P－40 已采购完毕，正在运往中国"，接着将招募 100 名志愿飞行员，同时需要 160 名机工和文秘人员。"这些人员目前都有工作。"

因此，通过中央飞机制造公司，中国方面和陈纳德获得了 100 架 P－40 战斗机。中央飞机制造公司以美国为基地，先前在中国就有商业飞机运作。

这些飞机原先是为法国人准备的。法国被德国占领后，转给英国人，但英国人被说服等待更新型号的飞机。这批过时的飞机不是陈纳德想要的，当然不能作为迎击老练日本飞行员和日机的最好利器。

然而陈纳德现在的空中力量毕竟大大胜过以前，肯定可以打防御战了。

---

① 这份备忘录由"飞虎队"飞行员罗·特·史密斯的儿子布莱德·史密斯提供，是他在父亲的文件中发现的。

AMERICAN ATC GROUP ~~CONFIDENTIAL~~
EXHIBIT NO. 32A PAGE NO. 2

DRO:cn

(1-A)

MEMORANDUM for: The Chief of Staff.   March 29, 1941

SUBJECT: Pilots for the Chinese Air Force.

     1. A representative of this office attended a meeting in the office of Captain M.L. Deyo, Assistant to The Secretary of Navy, March 28, 1941, for the purpose of securing information relative to the plans that have been made to furnish 100 reserve officer pilots for the Chinese Air Force.

     2. Final negotiations with the Chinese Government have not been completed, but it is contemplated that the reserve officers, after resigning their commissions, will be given contracts with the Central Aircraft Company, an American firm located in China. This company is owned by the Curtiss-Wright Corporation and the Inter-Continental Company of China. At the present time, the Curtiss-Wright Corporation has controlling interest. The pilots will be paid by this concern and will have no financial dealings whatsoever with the Chinese Government. Contracts are to extend for one year.

     3. The Navy Department has adopted the following plan to secure volunteers for this duty:

      <u>a.</u> Mr. Leighton of the Central Aircraft Company and Captain Claire Chennault, U.S.A. Retired, will be furnished letters of introduction to the Commandant of Naval Air Stations.

      <u>b.</u> Confidential letters will be sent to Station Commanders outlining in brief the reason for the visit and authorizing reserve officers to volunteer for this service.

      <u>c.</u> Mr. Leighton and Captain Chennault will be allowed to visit any of the Naval Air Stations and explain their proposition to the naval reserve officers.

      <u>d.</u> Volunteers will submit their resignations direct to Captain M.L. Deyo, Assistant to The Secretary of Navy. Resignations will be accepted "without prejudice", which means that they may be reinstated in the naval reserve after completion of their contract and the year's absence will be considered as a year of duty as far as promotion is concerned.

     4. No mention was made in the meeting reference the number of officers to be furnished by either the Army or Navy.

     5. Any specific amount of flying experience was not discussed. It is known that the Chinese mission particularly desires pilots who have had experience in flying the P-40 type airplane. They are well aware of the fact that it is doubtful if this can be done and contemplate holding approximately ten of their P-40 airplanes in this country for the purpose of giving transition flying to volunteers. This flying will be conducted at some civil airport.

SECURITY CLASSIFICATION
REVIEWED AUTH. SEC. ARMY
By TAG per 9T-5

~~CONFIDENTIAL~~

DECLASSIFIED
NND74 0008
By_____ NARS. Date

美国成立首批援华航空志愿队的密件（第 1 页）

    1941 年 3 月 29 日，由美国陆军航空兵司令亨利·阿诺德签署。该复印件由美国援华志愿队飞行员罗·特·史密斯（路易斯·毕晓普的战友，著有回忆录《虎的传说》）的儿子布莱德·史密斯提供。

AMERICAN ATC GROUP
EXHIBIT NO.32A PAGE NO.3

6. In addition to officer volunteers, the Chinese Mission will be allowed to solicity approximately 100 enlisted mechanics and clerks. Due to loss of longevity privileges for regular navy enlisted personnel who request discharge for this duty, the Navy Department contemplates restricting volunteers to their enlisted reserve.

7. Army Air Corps has been directed to adopt Navy procedure in this matters. (H.H.A.)

stamped:
H.H.Arnold,
Major General, Air Corps,
Chief of the Air Corps.

APPROVED
By order of the Secretary of War
H.H.ARNOLD
Deputy Chief of Staff

/s/ Orlando Ward

by Orlando Ward,
Lt. Col., G.S.C., Sec.W.D.G.S.

Original Gen S.W. by Gen Arnold
c.n.

He told me that S/W approved.
cn

C
O
P
Y

107

I certify this is a true copy.

J.G. Beykin
Lt. Col.
AGO

美国成立首批援华航空志愿队的密件(第2页)

没有轰炸机是飞不到东京的。P-40无法完成从昆明飞虎基地直飞日本的长途飞行（陈纳德的又一战略），但是这种老式飞机能在防守上建立新功。

二战《租借法案》

《租借法案》是美国用来援助二战同盟国的计划，给他们提供弹药、坦克、飞机、卡车之类的战争物资，以及食品和其他原材料。罗斯福总统在1940年6月同意美国在物质上帮助反对轴心国的国家，但是根据美国当时的法律，从美国购买越来越多武器的英国，则必须支付现金。

尽管遭到孤立主义者的反对，美国国会仍于1941年3月11日通过了《租借法案》来缓和现金危机。立法部门授权总统"以出售、交换、转让和租借的形式，向被认为其防御对美国安全具有重大意义的国家，提供任何不是明令禁售的防御物资"，接受"以同类物资或财物，或任何总统满意的直接或间接对美国有利"的归还形式。根据法律，总统原来只有权批准不超过一百万美元的物资。

尽管《租借法案》最初旨在援助英国，但在1941年4月惠及中国，同年9月应用于苏联，最后扩大用于35个国家。战后不久，各国开始还款。除了苏联只偿还不足三分之一外，到20世纪60年代还款基本完成。1972年，美国同意苏联每次7.22亿美元的分期还款、到2001年全部还清的提议。

（来源：www. centennialofflight. gov/essay/Dictionary/Lend _ lease/DI117. htm. ）

招募美国飞行员从1941年春天开始，各个部队指挥官均持反对态度，认为他们没有多余的飞行员。但是他们不久就知道，批准招募的是更高一级

的指挥层，也就很快放人了。①

查利·莫特后来评论说，应招的人五花八门。一些人退役加入志愿队是为了冒险，一些人是为了报酬，一些人是想摆脱现状，一些人刚好就碰上了这么一个机会，一些人是出于理想，还有一些人，像记者乔·阿尔索普和漫画家伯特·克里斯曼，是对冒险题材感兴趣。罗·特·史密斯说，他和P·J·格林是厌倦了当飞行教官，有意"在能运筹帷幄的大队飞点刺激的东西"。（史密斯，第15页。）

培训志愿队队员

陈纳德战略的关键部分是对这些美国飞行员进行战术培训，在大量的优势敌机面前，他们处于下风，这些战术能够在实战时派上用场。培训至关重要，因为陈纳德创立了制服日机飞行员的打法，这种打法和当时美国飞行员所学的都不一样，在陈纳德早年的军旅生涯中，还因此遭到美国高级指挥官的冷遇。

陈纳德研究了志愿队柯蒂斯P-40战斗机的长短处，扬长避短地制定战术，在战斗中成功地打击了日本飞行员和日机。志愿队早期的胜利也意味着陈纳德个人的凯旋。不久，美国空军就采纳了这种新打法。

志愿队飞行员的培训从1941年秋开始，包括地理课和中日战争史。陈纳德教导飞行员要懂得空袭预警网的无比重要性，对他们的敌人——日本飞行员和日机——作了详细的描述。从被击落日机中找到的日本飞行和人员手册，由中国人翻译成英语，成为志愿队的教材。陈纳德告诉他们，学习这些手册，他们就总会领先敌人一步。而且，他总是反复说明，飞行员应该成对配合作战。他教他们如何冲散日军严密的飞行编队——利用他们的组织纪律性对付他们。（陈纳德，第111—113页。）他也把致命敌机的所有细

---

① 附录A中有中央飞机制造公司与志愿航空队签署的合同。1942年1月24日给航海局海军部负责人的备忘录（海军1641CFC）包含同意海军飞行员重返美国服役的正式公文。

节、要点和表现全部传授给他们，但竟把一些人吓得退队不干了。志愿队牧师保罗·弗里曼说："我们的飞行员，又有两三名找到迫切的理由回家去了。"（弗里曼和佩克，第83页。）

从本质上说，陈纳德告诉志愿队怎样化解日机的战斗力，发挥 P－40 速度更快、俯冲能力更强、火力更猛的优势，来扬威中国天空。成对飞行、互相掩护、不要和非常灵巧的零式日机缠斗、利用 P－40 优越的俯冲能力从上而下袭击敌人，然后俯冲、升高，再次向敌人俯冲。战后，志愿队飞行员罗·特·史密斯思忖着陈纳德的这番教诲，并绘声绘色地作了争辩。[①]

志愿队的很多飞行员只试飞过几次就升空迎敌，参加水平测试了。空战比培训更为紧迫。不久，志愿队在真正炮火的洗礼中，勇夺了一个个高分！

捷报传回美国，激发了沃特·迪斯尼电影公司给志愿队设计了一个特别标志——一只长着翅膀的猛虎，从蓝色的代表胜利的 V 字母中飞出来。"飞虎"很快成为时代的传奇，在美国遭受 1941 年 12 月 7 日珍珠港袭击后的黑暗岁月里，给美国低落的士气补充了急需的振奋剂。

陈纳德在美国空军大队的第二个职业生涯

陈纳德是少数能够在美军中赢得第二次机会的个人之一。在 20 世纪 30 年代早期，他以上尉军衔退役，表面原因是他听力损失。实际原因，至少部分是因为他倔强地力挺战斗机战略战术，和当时认为轰炸机更快更强、战斗机无足轻重的传统军事观念不符。后来，他到中国担任他们

[①] "关于陈纳德的理念，已经写得很多了。他主张总是成对攻击，主机负责射击，僚机注意观察敌机……向飞行队长发出警报，以便他及时从袭击中脱身。嗯，这就是那种听上去不错，读上去也不赖的理论，但据我所见，到实战中屁用没有。主要原因，当然是日本佬的战斗机差不多总是超过我们，一旦开打，大家全都散开了，每个人都是孤机奋战……结果，我们的多数空战都立马变成了疯狂的玩命竞争。"（史密斯，第135—136页，第160页。）

迪斯尼设计的"飞虎队"标志(由美国飞虎协会提供)

抗日的空战顾问。作为工作的一部分，他帮助制定并实施了美国援华计划，创建了第一支援华志愿队——"飞虎队"。他成了这一著名志愿队的指挥官，运用其空战理论，在东南亚力克数量占据绝对优势的日机，卓有成效地抗击了日本空军。

　　1941年12月7日珍珠港遭到日本偷袭后，随着美国参加二战，五角大楼开始计划将志愿队整合进美国空军大队。1942年7月4日，陈纳德和少数志愿队队员接受调整，陈纳德晋升为准将，在美国空军大队服务至二战结束。最后，他负责指挥第七空军大队，负责美国在整个中国的空战行动。事实证明了陈纳德理论的正确，但军中老一套的明争暗斗又回来了。他没有受邀登上美国军舰"密苏里号"，出席日军投降仪式。二战后，他帮助发展了中国的民航运输系统，在世时晋升至中将军衔。

第三章

飞虎骁将——路易斯·毕晓普①

　　和爸爸一起登上荷兰海轮"波西丰坦号"的，还有美国援华航空志愿队招募的其他飞行员，如查尔斯·邦德、格莱格·波应顿（绰号"爸爸"）、约翰·多诺凡、罗伯特·基顿（绰号"巴士"）、斯·赫·拉夫林（绰号"连接"）、鲍勃·莱尔、迪克·罗西，以及其他十九名队员。这些年轻人的名字，连同乘另外六艘海轮开往缅甸的志愿者的英名，将永被载入美国援华航空志愿队的史册。

　　从旧金山起航已经七个星期了，中途曾在夏威夷岛的檀香山停靠。1941 年 10 月 13 日，这些感到无聊的飞行员举办了热闹的海神会，庆祝首次穿越赤道。爸爸当海神波塞冬，主持庆祝仪式。他荣登此位，或许是因为他曾在美国海军"西弗吉尼亚号"上服役两年，航行过太平洋，或者还是如我所想，是因为他深孚众望？查尔斯·邦德负责活动策划，他是知道的。他告诉我："大概是在酒吧里喝酒时定下的。"邦德出演海王后，迪克·罗西演理发师，路克·康沃达尔和勒·艾·赫斯特演警察。最后，表演者都被扔进海轮上的游泳池，好洗掉身上难闻的化装物，有几个人在水里被精力旺盛的伙伴

　　────────────

　　①　路易斯·毕晓普没有日记留存。本章的叙述，基于志愿队书籍（列于本书参考书目）中有关他的文字、现存于德州圣安东尼奥的志愿队档案馆的毕晓普飞行报告，以及过去四年笔者与健在志愿队成员的交谈。

们浇得快没命了。（邦德，第 24 页；皮斯透，第 53 页。）

珍珠港遭袭前，局势紧张

"波西丰坦号"选择了谨慎的航线，绕道，向南偏，沿澳大利亚北部海岸行驶。尽管日本还未对美国宣战，可日军的威胁真真切切地存在着。有传言说，日本海军已经知道他们的航行，于是，美国海军护送了"波西丰坦号"的部分航程。一直到 1941 年 11 月 12 日，经过 48 天的海上颠簸后，这七批援华志愿队中的第六批，才到达缅甸同谷的陈纳德训练基地。此时，距美国珍珠港遭偷袭仅有 26 天。

训练时间缩短

"波西丰坦号"上的休闲和单调，迅速被同谷的短短五周集训所代替。在秋天先到的志愿队员已被陈纳德训练了三个月，所以第一次空战就派他们上天打。

为后到同谷的志愿队员制定的训练计划，很快就放弃了。日本在偷袭珍珠港后，其地面部队迅速在东南亚展开凌厉攻势。战斗计划代替了进一步的训练。英国人在夏季和秋季勉勉强强同意援华志愿队在自己的殖民地缅甸上训练，此时，却急求美国人帮忙保卫仰光。

历史学家杜安尼·舒尔茨描述了为什么要赶建滇缅公路：

> 陈纳德……必须保护滇缅公路的两端——仰光和昆明的空中距离是 650 英里……对于中国各路军队而言，仰光是物资输入港，从陆上运送补给到中国的唯一始发站，也是储藏分配中心……陈纳德除了将他的薄弱军力一分再分，各派用场，别无选择。（舒尔茨，第 133 页。）

飞行员路易斯·毕晓普和他的自行车

美国援华志愿队在缅甸受训时常骑自行车。缅甸的凯道机场离同古村有几英里远。另外，陈纳德指挥官相信骑车有助于队员锻炼身体。该照片由美国援华志愿队历史学家马克·波肯提供。

11 月下旬,志愿航空队分成三个中队,每个中队有十八架飞机。珍珠港遭袭后,三个中队立即进入战备状态,很快就迁出了同谷。演练变成了实战训练。

志愿队的第一次任务是在 12 月 10 日,对曼谷进行空中照相侦察,评估日军军力。该任务由埃里克·西林领队执行,队员是艾德·莱克特和伯特·克林斯曼。(西林,第 120 页。)

第三驱逐中队,也叫"地狱天使"中队,这个名字取自于 20 世纪 30 年代女星琼·哈洛主演、霍华德·休斯导演的热门电影。第三中队是三个中队中备战最充分的,所以在 12 月 12 日,他们首先被派到暑气蒸人的热带城市仰光,加强英国皇家空军的力量,守住滇缅公路南端的港口地区。第三中队向英国皇家空军曼宁上尉报到,他的中队有十六架美国制造的"布鲁斯特水牛"战斗机,分成两组,一组八架。爸爸是"地狱天使"的飞行队长。

12 月 18 日,第一中队(根据历史上第一架战斗机的名字,飞行员称之为"亚当夏娃"中队)和第二中队(根据中国特有动物命名为"熊猫中队"),飞往中国西南部群山环绕的昆明(昆明靠近滇缅公路的内陆一端)。这是陈纳德麾下美国援华志愿航空队的大本营,除了有不错的机场和设施,还有便利的中国预警系统。

昆明首战

进驻昆明的第一中队和第二中队最先和敌机交火,活学活用,大获全胜。1941 年 12 月 18 日,日本轰炸机群连战斗机护航都不用,就对昆明进行了狂轰滥炸,然后毫发无损地离开。当天不久,第一、第二中队抵达昆明。日机这样的轰炸持续四个年头了,中国人饱受其害,疲苦不堪。但是志愿航空队来后,形势逆转了。

1941 年 12 月 20 日,志愿队首次在昆明基地升空迎战,第一战斗中队飞行掩护,第二战斗中队负责防御。那天早上,中国空警电话响起,报告看到十架没有战斗机护航的日本轰炸机飞越边境,逼近云南省。12 月 19 日,在

法属印度支那的老街,法军中尉雷蒙德·苏克莱也向汉口的中国同伴发出警报——日机计划在 12 月 20 日发动空袭。①

> 这是我等待四年多的决战时刻！美国飞行员将驾驶美国战斗机,在中国地面预警网的协助下,挑战日本帝国空军的编队。(陈纳德,第 128 页。)

"熊猫中队"的波特·克里斯曼和吉尔·布莱特看到了远处的飞机,但一开始都吃不准是不是日本轰炸机。陈纳德把年轻飞行员的这种反应叫作"初猎紧张兴奋症"。这一延迟,便叫日机看到了"熊猫中队",然后开溜了。但是在昆明东南 30 英里的彝良上空,日机在劫难逃。飞行队长桑迪·桑德尔和"亚当夏娃"中队的 16 架战斗机,正在 16000 千尺的高空严阵以待,他们看到了约在 3000 英尺高度飞行的 10 架日本轰炸机。

第一次实战的小伙子驾御 P-40 战机,急速俯冲,闯入日本轰炸机群,开始激烈的空中格斗,猛追狂射。②就像第二中队的伙伴一样,他们早把陈纳德的训练抛到了脑后。可是日本轰炸机飞行员严守队纪,加之其飞机机型较大,不能迅速转弯逃逸,便让志愿队占了上风。陈纳德的小伙子们将十架轰炸机打掉了九架,而自己没有任何伤亡。

空战结束后,陈纳德及时总结,甚至把飞行员的午饭都推迟了一小时,活生生体现了他的天生将才和他早年当教官的经验:

> "孩子们,"我告诉激动的飞行员,"你们干得好,但还不够好,下次把他们全打下来"。我们仔细回顾了战斗过程,指出小伙子们的失误,建议他们如何如何……(陈纳德,第 130 页。)

---

① 该信息源自马丁·密凯尔森 2002 年 1 月 23 日的电邮,引用了 1988 年 9 月 3 日《参战者报》上 R.J.普亚德的一篇法语文章,题目是"一名在印度支那的飞虎飞行员"。

② 对这种战术有效性的不同观点,可参见第 92 页注①。

　　差不多四年以后，志愿队的这次胜果才完全明朗化。我爸爸被俘三年后回到昆明，证实说在那次空战中，十架日本轰炸机有九架没有返回日本基地。用陈纳德的话说：

> 　　纽约州德克尔的路易斯·毕晓普是美国援华志愿航空队的飞行员，在 1941 年 12 月 20 日彝良空战后五个月被击落，在法属印度支那遭俘。他曾邂逅那天带领轰炸的日本飞行员，这个日本鬼子说他的机组是唯一幸存下来的，十架执行任务的轰炸机有九架没有返回……毕晓普在 1945 年初回昆明见到了我，为志愿队的首次空战作了最后的注解补充。①

　　12 月 20 日大捷后，日机再也没有轰炸昆明。中国人满怀感激，为这些年轻的英雄们举行了热烈的庆祝活动。

　　当时参加轰炸的日本军官飞行员铃木给出了不同说法。那是在 1992 年，差不多五十年过去了，铃木接受电视纪录片《飞虎》的采访。他说，12 月 20 日袭击昆明是日本诱敌计划的一部分，有七架轰炸机返回了河内，但损坏十分严重。他的说法和志愿队的不一致，可能是年代久远，记忆模糊了。除此，铃木表达了自己对美国志愿航空队的钦佩之情：

> 　　就在我们抵达昆明上空时，美国飞机分四组出现，每组六架战斗机……我们激战了约半个小时……尽管他们飞机上涂有中国标志，但他们显然不是中国空军……他们非常勇敢，直向我们扑来……他们自愿来华参战，对此我非常敬佩。②

---

①　引自陈纳德，也可见于西林的回忆录第 108 页。

②　铃木访谈的翻译可见 http://www.danford.net/suzuki.htm.

美国援华志愿队队员和中国朋友一起旅游野餐(1941 年秋)

毕晓普带着头盔,中排右一为红头发的爱玛·福斯特,志愿队两名女护士之一。该照片由美国援华志愿队历史学家马克·波肯提供。

路易斯·毕晓普和志愿队通信专家约翰·威廉姆斯在中国游览

该照片由美国援华志愿队历史学家马克·波肯提供

仰光之战

用陈纳德的话来讲："尽管志愿队的首战是在中国上空,但令它以'飞虎队'而闻名的则是仰光空战。"(陈纳德,第 130 页。)日本人 12 日 20 日在昆明败于志愿队后,便在仰光之战中调整了战术,大大增加了轰炸机群的数量,并采用战斗机保护。

12 月 21 日,"地狱天使"中队在与英国皇家空军进行常规飞行巡逻时,首次看到敌机。但是日本人并不想交战,丢下炸弹后就匆忙返回安全区了。每个人都清楚下面要发生什么。正如陈纳德警告过他们的,当天晚些时候,就有日本侦察机高高地飞过仰光地区,这就意味着在未来两天内,日机将要来袭。杜安尼·舒尔茨描述了仰光遭到第一次空袭的情况：

> 还不到 48 个小时,12 月 23 日上午 11 点,日机便回来进攻了：
> 54 架三菱双引擎轰炸机,与先前企图轰炸昆明的飞机同一型号,外
> 加 20 架战斗机。(舒尔茨,第 147 页。)

从纽约海运过来的 P-40 战斗机,一些还在仰光附近的码头组装,因此第三中队有的飞行员没有战斗机驾驶,没能亲临那天的空战。爸爸是接受志愿队训练最少的飞行员之一,也只好旁观。然而就在两天后,即 12 月 25 日,因为志愿队飞行员柯蒂斯·史密斯退出,爸爸便匆匆披挂上阵了。他在初次驾驶 P-40 接受陈纳德训练仅约六周后,就参加了成果辉煌的空战。

这天的参战对爸爸来说,也是一次宝贵的训练。他听到无线电指令"立刻平降",便以为中队长杜鲍伊命令他们降落。于是,他和鲍勃·布鲁克就往下飞,降档准备落地,哪料到吓了一大跳。六架日本战斗机正在俯冲向他们扫射。地面队员在他俩准备降落时挥手,让他们赶快飞走。

1941 年圣诞节那天,爸爸首次升空作战,经历了殊死搏杀,靠集体的力量而获胜。在这场空战中,小小的志愿队第三中队,抗击了 36 架有战斗机保护的日本轰炸机。有更多证据显示,日本人在几天前折戟昆明后改变了打

路易斯·毕晓普和四名飞虎队飞行员站在 P－40 战斗机前

左起：林克·拉夫林、汤米·海沃德、路易斯·毕晓普、查克·欧德和鲍勃·布鲁克。该照片由美国援华志愿队历史学家马克·波肯提供。

飞虎队第三中队的人机配备表

美国援华志愿队第三中队的飞行员汤米·海沃德坐在表前。据表中第二行显示，路易斯·毕晓普的战机编号为69，机工长为弗兰克·凡·蒂姆曼。该照由美国援华志愿队飞行员罗·特·史密斯（毕晓普的战友）所拍，其子布莱德·史密斯提供。

弗兰克·凡·蒂姆曼(右)，给毕晓普修飞机的机工长

法。下面是找到的 12 月 25 日空战报告：

> ……只有路易·毕晓普尽力突破，接近了轰炸机。（福特，第 145 页。）

爸爸在任务结束后提交战争报告：[①]

> 敌机被毁情况：没有一架肯定被毁，有一架很可能被毁；敌机受损情况：数架被击中。

爸爸的队友和英国皇家空军同事，确认了他们第二次大胜日机。日本人在珍珠港和威克岛的疯狂进攻得手，让整个世界都渴望获得战胜日军的一点点捷报，于是，志愿队的传奇就流传开了。多年后，志愿队员罗·特·史密斯记录了空战结果：

> 这两次空中大战，第三中队击落了多少日机，众说纷纭，但大部分都夸大其词了。我无意说自己就是最终的权威。据能查到的记录，我估计，我们在 12 月 23 日击落了 12 架日机，12 月 25 日圣诞节那天又打下了 23 架日机，那两天还有 12 架日机很可能也被打下了。在 35 架确认被击落的日机中，10 架是战斗机，25 架是轰炸机。我们损失了 5 架飞机和 2 名飞行员。这就是所谓的不可战胜的日本帝国空军。当然，最好的礼物是——在圣诞节那天，我们没有失去一名飞行员。（罗·特·史密斯，第 164 页。）

驻扎在仰光的爸爸和队友发现，仰光的生活环境比驻扎在昆明的第一、二中队要艰苦多了。昆明的一号宿舍"和同谷、仰光的比起来，看上去好比

---

① 1941 年 12 月 25 日报告的复印件，见附录 C。

沃道夫大酒店。在昆明，每个飞行员住一个大房间，带室内卫生间，还有中国男仆洗衣服，收拾整理"。（罗・特・史密斯，第174页。）

对比鲜明的是，仰光的条件仅能满足基本生活需要：明加拉顿机场是英国皇家空军的飞行基地，离仰光约十二英里。"地狱天使"中队就住在砾石跑道边上的旧帐篷内，尘土飞扬，即使在12月，帐篷内都闷热难挡。他们还必须寻找食物和其他东西来满足日常需要，吃的基本上都是罐头食品，因为没有地方保存新鲜食物。① 而且，机场地带经常遭日机狂轰滥炸，犹如人间地狱。

但仰光是一个能让志愿队有点其他事可做的大都会，尽管那里的人被战争搞得神经紧绷，吃得差住得差的飞行员们还是愿意到仰光放松放松。"地狱天使"要名不虚传了！同时，他们轮流站岗，时刻防备日军袭击。12月12日星期五，他们到达仰光附近的英国皇家空军基地，一直到周日夜里，都在仰光城里探幽访胜。通过爸爸队友的叙述，我看到了他更多活力奔放的一面，因为他居然去逛银色烧烤酒店和格兰德大饭店这样的地方！

> 昨晚，英国皇家空军给我们发了通行证，我们大多数人都进城了。格林、巴特利特、毕晓普和我结伴而行，闲逛城里五花八门的娱乐场所，大家玩得十分尽兴。我们凌晨四点半才回到营地，而我一大早五点半还得起床站岗。（罗・特・史密斯，第151页。）②

从12月23日以后的两周，空战频繁，每天都有，在仰光的第三中队先后被第一、第二中队替换，由于作战太多，飞机巡逻只能吃力地维持，飞机也损耗得厉害。毕晓普所在的中队轮换到了昆明，警戒在继续，但昆明没有遭袭，生活条件也大为改善了。

在仰光，日军于1942年1月和2月反复大举空袭，志愿队和英国皇家空

---

① 详见舒尔茨书，第146页。
② 保罗・斯祖西基威兹（第31页）描写了喧闹的银色烧烤酒店，并配有照片。

位于缅甸同古的美国援华志愿队训练基地(由美国飞虎协会提供)

美国援华志愿队在缅甸仰光某机场的警戒帐篷

路易斯·毕晓普（右二）和战友在缅甸同古的空勤人员待命室

美国援华志愿队飞行员在昆明的 1 号宿舍楼外

　　左起：本·福西、路易斯·毕晓普、阿维德·奥尔森。昆明的住宿条件，远比缅甸同古的训练基地优越，也好于那些执行任务经常要去的僻远基地。该照片由美国援华志愿队飞行员罗·特·史密斯（路易斯·毕晓普的战友）所拍，其子布莱德·史密斯提供。

A.V.G. "FLYING TIGERS"

LEWIS S. BISHOP
VICE SQUADRON LEADER
3rd PURSUIT SQUARDON "HELL'S ANGELS"

美国援华志愿队第三中队（标志"地狱天使"）飞行员合影

　　第三中队的标志是"地狱天使"，见画板上的图案。第一中队标志为"亚当和夏娃"，第二中队标志是"熊猫"。路易斯·毕晓普（前排右五）为第三中队副队长。

军都有飞机被摧毁，有人员牺牲。由于损失惨重，英国皇家空军于2月28日早晨放弃仰光撤离，走时并没有通知志愿队。英国人带走了他们的防空报警设备。志愿队赶紧准备开拔，日军的地面部队离他们不过约二十英里了。

志愿队的一辆辆卡车，满载着从仰光码头运来的各种设备，向北朝滇缅公路行驶。飞机也向北转移到新基地。志愿队的随军牧师保罗·弗里曼写道，陈纳德让中队长鲍勃·尼尔传令，自己将带领车队撤离仰光。

> ……12辆吉普和18辆卡车，堆满了老天爷才知道的各种物品。多数司机身边都坐着盎格鲁–印度裔的混血姑娘，打扮得像去野餐似的，穿着镶褶边的蝙蝠衫，戴着滑稽的太阳镜。我觉得有一丝道德上的不安，可是想想，她们要是不跟我们走，又会发生什么。（弗里曼和佩克，第117页。）

空战、向敌人机场扫射，为表示支持中国军队而扫射，在缅甸各个基地天天上演，飞机越来越不堪重负。志愿队队员们也感到疲苦，特别不喜欢这样的任务：即为增强中国地面部队的士气而上天飞行，"以壮军威"，他们认为这样既非常危险，也没有实际效果。

从非洲渡运新的P–40E战机

有些志愿队员要参加特别的补给运输，便可以从紧张的战争中喘一口气，飞机的压力也减轻了些。向美国军方一再请求后，一部分替换设备有了，但因为志愿队享受不到美国空军的补给和渡运服务，志愿队飞行员必须自己到非洲把飞机开回来。1942年3月初，六架崭新的P–40"小鹰"战机从美国经巴西，运抵非洲西海岸的阿克拉。海运的路线避开了北大西洋德国海军的控制水域。志愿队飞行员乔治·麦克米兰率领六人小组踏上了八千英里旅程，抵达阿克拉，然后再飞八千英里，把新飞机驾驶回来。回程途中，他们由一架哈德逊轰炸机引航，飞越了茫茫的非洲丛林，沿途在英国皇

家空军的基地加油、吃饭、睡觉。

罗伯特·郝兹描写了他们的空中归程：

这是一趟艰苦的航程——52 个小时飞行，飞越苏丹荒凉的平原，向北穿过肥沃的尼罗河河谷，进入没有地图标注的阿拉伯沙漠，飞过蓝色的波斯湾，到达卡拉奇。一连几十个小时坐在震动的发动机后，满鼻子都是强烈的机油味，让人睁不开眼的阳光穿过驾驶舱透明的舱盖，直射进来。再从印度经过漫长的飞行，翻过"驼峰"雪山，然后向东飞向中国边境……3 月底，六架"小鹰"战机……在昆明的跑道上徐徐降落。（郝兹，第 203 页。）

第一组志愿队飞行员把新飞机从非洲开回两周后，路易斯·毕晓普参加了渡运飞机的第二组，需要再开回六架飞机。幸运的是，他们只需到非洲东北部的开罗把飞机开回来，单程仅四千英里，经过印度和中东沙漠。埃里克·西林率领第二组渡运飞机的飞行员踏上了西行的旅程，他们搭乘中国航空公司的运输机，先到印度，经卡拉奇，抵达开罗。

到达开罗后，他们发现泛美航空公司的飞行员还要有两周才会把新飞机从阿卡拉开到开罗。[①] 毋庸置疑，这额外的空闲，真是空战和紧张运输中难得的放松。在开罗，爸爸买了一件夹克，在他后来当战俘时，都一直带在身边。

差不多就在志愿队的第二渡运小组抵达开罗时，麦克米兰带领的第一渡运小组正驾驶着新飞机返回，他们从阿克拉起飞，途径开罗。为了安全起见，两架飞机结伴飞行。新飞机存在许多技术问题，延迟了他们中几个人的归程。泛美航空公司飞行员越过非洲送来的第二批新飞机，也存在类似问题。

志愿队渡运新飞机的第二组成员，也是两架飞机一组，分期起飞。埃里

---

① 西林，第 139—141 页。

1943 年 2 月 1 日，第 23 大队第 74 中队地勤人员在云南驿机场维护 P-40E 战斗机。(由南京抗日航空烈士纪念馆提供)

克·西林和汤姆·海沃德两人先返回,爸爸负责带领余下的四名飞行员(包括他自己在内),并准备信用证支付费用。他们四名飞行员的回程至少花了一周,机械和天气都造成了延误,分别在吕大城、巴士拉、沙迦、卡拉奇、焦德普尔、加尔各答和腊戌过夜后,才飞回昆明。他们也没有无线电导航设备,只好使用不太精确的地图,跟着装备较好的商业飞机或者轰炸机后面飞行。

4月3日,爸爸和泛美航空公司的三名飞行员,从加尔各答把四架 P-40E"小鹰"战机开到了雷允,天气太糟糕了,没法飞完返回昆明的航程。4月4日,他们才最终抵达昆明。这两趟把新战机渡运回来的旅程,抽调了作战的十二名飞行精英,耗时约一个月。①

外号"鲶鱼"的罗伯特·雷恩,是第二组渡运 P-40E 战斗机的飞行员。他在"飞虎队"六十周年聚会上告诉我,他记得看见爸爸在沙漠里短暂着陆,接着起飞。他想问爸爸为什么这么做,可等他到了昆明却忘了问。有人对我说,飞行员们喜欢在加利利海上降落,就是为了以后能说,他们做过了。

回归战斗——雷允、雷楞、腊戌和其他地方

3月底,第三中队以中国云南境内的雷允为基地,保护中央飞机制造厂和机场②,抗击快速推进的敌军。毕晓普很快返回第三中队。随后一周,他在激烈的空战中击落了 2.2 架③日机,并且参加了空中扫射任务。4月25日在缅甸的雷楞,他和四名队友合作摧毁了一架侦察轰炸机。4月28日,在腊戌打下了两架战斗机。④ 此外,在4月13日对河内军用机场的空袭中,他摧毁了三架战斗机。这场胜利令蒋介石大悦,所有参战的人员全都得到晋升。摧毁 5.2 架敌机的战绩,让爸爸跻身于王牌飞行员之列。

---

① 罗·特·史密斯,第266页。
② 郝兹,第204—211页。
③ 2.2 架表示一个人打下 2 架飞机,和其他四人合作打下 1 架日机,分在每个人头上就是 0.2 架。
④ 毕晓普五次战斗后写的战争报告,见附录 C。

路易斯·毕晓普的战鹰——编号为 69 的 P –40 战斗机

　　1942 年 3 月,毕晓普从开罗把新型的 P –40E 战斗机开到中国。期间,69 号战机由威廉·麦克加里驾驶,但不幸在泰国被击落。该照片由美国援华志愿队飞行员罗·特·史密斯(毕晓普的战友) 所拍,其子布莱德·史密斯提供。

在这场战事中,陈纳德的 14 架战斗机在腊戌上空支援中国地面部队,后者听命于有"醋乔"之称的史迪威将军,他是缅甸的美国地面总指挥。这些任务深为飞行员厌恶,几乎酿成志愿队的骚乱。罗·特·史密斯在日记中写道:

> 我们 12 架飞机,对付他妈的整个日本空军。我们都觉得以卵击石,都想弄清楚是什么拖了美国他妈的那么长时间,还没把东西运过来。呸!(罗·特·史密斯,第 282 页。)

从开罗驾机归队后,爸爸格外精神地返回了战场。

> 路易·毕晓普击落了咬着希尔机尾的隼式日机,看到了日本飞行员跳伞。毕晓普正在爬高,几架 50 口径机枪的巨大反冲力导致了他的"凯蒂战鹰"熄火。它在空中打转,调整好后便去追赶那架似乎退出格斗的隼式日机。据他讲,他的子弹打掉了日机的翅膀,日机随后起火燃烧。毕晓普接着返场厮杀,看到一架有伸缩起落轮架的日机正在汤姆·琼斯的火力下方。于是,他缠上了另一架隼式日机——它掉了一个机翼,正在打转转。他俯冲着追逐猎物,直到 3000 英尺,但未能让被追的日机起火燃烧。(福特,第 314页,引自路易·毕晓普此次任务完成后的战斗报告。)

4 月下旬,志愿队地勤人员用卡车载着补给,沿着滇缅公路北上,沿途黑压压的都是赶在日本进攻前出逃的人,还有撤退的中国部队。志愿队只要一向日军开火,就难免伤着盟军。日军继续推进,4 月 29 日日军地面部队最终占领了雷允。志愿队飞机被迫飞往昆明,留下少数守军在鲍勃·尼尔的带领下,驻守保山。保山在昆明西 225 英里,可为志愿队卡车队撤退北上时提供掩护。

保山坐落于群山围绕的一块平地上，在怒江和湄公河之间，是一座古城，四周有围墙。六百多年前，马可·波罗曾经来此，发现这儿是一个繁盛的商业中心。现代旅游者能记住保山，是因为它有精美的石头寺庙，城墙上还有一面巨大的壁画。（郝兹，第217页。）

5月4日，美丽的保山古城遭到空袭。因为没有空袭警报，五英里外的志愿队丝毫没有防备，就在机场被日机炸了。陈纳德设计的中国预警系统，在英国控制的缅甸没有建立起来。第二天，日机卷土重来，企图对保山地区发起第二波攻击。陈纳德让他的飞虎出动拦截，报仇雪恨，结果打下了八架日机。第二波日本轰炸机看到飞虎战机逼近，就掉头逃走了。（舒尔茨，第251页。）

5月3日，鲍勃·尼尔在侦察飞行中，看到很多日本武装车辆沿着滇缅公路移动，痛苦不堪的中国士兵和百姓跋涉在车辆之前。

怒江河谷大捷

滇缅公路上有一座横跨怒江河谷的大桥——惠通桥，在1942年5月初，成了防御要塞。陈纳德决定倾注全力，阻止日军沿着怒江深进中国。爸爸再次出征。到了5月5日，日军的先头部队已接近怒江深谷的西部边缘。数千名中国百姓和士兵在日军部队前面逃命，下到河谷过桥。志愿队飞行员看见日军卡车行驶在滇缅公路中间，把如潮的中国人驱散在公路两边。

陈纳德这样描述了当时危急的形势：

我万分震惊。如果日军抵达昆明，将意味着中国在战争中完了。日本占据云南后，中国唯一可能的补给线将会是从俄罗斯穿越蒙古和土库曼斯坦的沙漠。同盟国的援助一切断，中国的抵抗就会像洞穿的肺一样瘫掉。日本将拥有广阔的亚洲基地，将会对

陡峭的怒江河谷和饱经战火的惠通桥

1942 年 5 月,"飞虎队"的连续轰炸粉碎了日军渡江奔袭昆明的企图,保证了抗战陪都重庆的安全。(由美国飞虎协会提供)

印度和西伯利亚发起进一步攻击。与此同时,将会发生:俄罗斯在德国的纵深进攻下撤向伏尔加河,隆美尔占领尼罗河三角洲,英国在卡拉奇构造大基地来接收蒙哥马利被隆美尔打败的第八集团军残部,日本侵略印度似乎迫在眉睫,美国将会失去菲律宾群岛。(陈纳德,第163—164页。)

到了5月6日中午,日军的大炮和多辆卡车运来的步兵都滞留在怒江西岸,等待工程师搭成浮桥来代替被志愿队炸毁的悬索桥。新近从非洲运回的崭新的P-40E战斗机派上了大用场,它们装有机翼炸弹架。陈纳德指挥他的飞行员最大限度地发挥其神威。

有的志愿队飞行员,过去开过海军的俯冲轰炸机……德克斯·希尔、艾德·瑞克特、汤姆·琼斯、弗兰克·劳勒、路易斯·毕晓普、林克·拉夫林、弗兰克·谢尔和鲍勃·里特主动请缨,执行轰炸任务。(陈纳德,第163—164页。)

双引擎轰炸机无法飞进怒江河谷,于是,陈纳德让P-40E战机承担轰炸任务。P-40E必须一架接一架俯冲到河谷两岸陡峭的绝壁之间。德克斯·希尔率领第一组P-40E俯冲投弹。此后数日,志愿队接连不断地轰炸,不仅迫使日军放弃了建桥,而且摧毁了众多卡车队。爸爸再次请战,他的任务报告描绘了在怒江河谷的一次飞行,提供了如下事实:

在目标上空低空盘旋,看到卡车在开阔笔直的地带,一辆紧挨一辆。约50度倾斜,时速300,第一次飞过。俯冲,在离卡车100英尺处,连续投弹。沿河谷继续飞行获得高度后,返回。注意到4枚炸弹在卡车队中爆炸,另外2枚落地略偏,但爆炸碎片摧毁了卡车。从同一方向三次空中扫射,第一次扫射后,回头看到卡车队起火,火势不大。第三和第四次攻击后,飞机被公路附近的地对空枪

炮射中。等到我完成最后一次扫射,我注意到卡车队一处燃起了熊熊大火,另两处火势较小。在这次飞机攻击过程中,相信约有50辆卡车被毁,地面约有200人伤亡。空袭完成后,所有飞机安全返回。[1]

爸爸的报告也写到他面临的危险:"一颗子弹从下方射入飞机左翼中部,在机翼表面撕开一个大洞,穿出,接着射进机身,约在驾驶舱后两英尺处。"

还有一份叙述,来自一位平民作家,他用更加生动的语言描绘了这场攻击,吸引了空战读者:

> 毕晓普的俯冲角度和空速,照海军的标准来看,并不出格,但是"凯蒂战鹰"的设计另有他用,不适合俯冲。它机头重,没有俯冲刹车,很容易毫无限制地急速俯冲。毕晓普减慢引擎,挂空挡,以便靠气流来推动巨大的三叶片螺旋桨,由螺旋桨推动引擎,导致了内置舵把飞机往右拉。在这种状况下,要想直飞,毕晓普必须踩紧左舵的踏板。如此,"凯蒂战鹰"简直要被扯碎了。毕晓普往后拉操纵杆,让机头抬起来,拼命希望飞机不要一头栽入江水中。(福特,第330页。)

查尔斯·邦德也注意到老款的 P - 40 存在同样的问题。1942 年 11 月 18 日他首次飞行后,在日记中写道:

> 这种飞机有一个特点,是我以前没遇到过的,就是必须快速给舵施压,来调整它极度的左偏率,特别是在高速俯冲时。飞机时速

---

[1] 毕晓普的战斗报告描述了他在 1942 年 5 月 8 日怒江河谷行动中的任务,见附录 C。详见陈纳德的书第 164—165 页。

400英里时，如果不最大限度地调整舵，几乎不可能控制舵不要向左偏。（邦德，第44—45页。）

到了5月11日，日军仍然无法渡过怒江进攻，只好沿滇缅公路回撤。怒江河谷之役，彻头彻尾地如陈纳德所预料，具有重大的决定性。单是这场胜利，就足以证明"飞虎队"全部努力的价值。日军对中国西南的进攻被遏制住了，一直到战争结束。（洛桑斯基，第92页；舒尔茨，第254—255页。）

深入虎穴

形势仍然是一支小小的志愿队，尽力控制大面积蔓延、数量大大超过自己的敌军。陈纳德的下一步棋是集中力量，深入日占区，打击敌人。

打击目标之一是在法属印度支那境内河内市嘉林县的日军机场。河内远在P-40飞行里程之外，而且深入敌占区100英里，有重兵把守。飞行不仅要穿越危险地带，还要对付恶劣的天气。

远程空袭是汤姆·琼斯的主意，他亲点人马：路易斯·毕晓普、弗兰克·谢尔、林克·拉夫林、吉姆·霍华德和约翰·多诺凡。[1] 他们从昆明起飞，在边境附近离河内嘉林机场100英里的蒙自降落，加油，装炸弹。霍华德的飞机因为引擎故障不得不返回，其他人在日落前飞到了目的地。在5月12日夜间的扫射中，多诺凡被击中牺牲。其他人在激烈的地对空炮火中穿梭多次，摧毁了11架日机，炸伤15架。他们逃过了日机的追逐，安全返回了昆明。毕晓普战机的左翼尖中了数弹，左边水平稳定器上则中了榴霰弹，落地时燃油计表显示为零。[2]

这次大胆的空袭大获成功，很快给路易·毕晓普和幸存的战将带来了

---

[1] 马丁·密凯尔森表示，二战期间有三百多名美国人在印度支那被杀，约翰·多诺凡是第一个遇难的。

[2] 1942年5月12日毕晓普的战斗报告见附录C。注意：后来的报告包括对油料和氧气的使用，反映了持续的节约需要，因为志愿队很难得到从美国运来的补给和设备。

荣誉。三天后，蒋介石亲自下令提升他们每个人。志愿队飞行员查尔斯·
邦德在回忆录中评价道：

> 蒋总司令肯定为之印象深刻……琼斯和弗兰克·谢尔被提升
> 到中队长级别，因为我们只有三个中队，而且中队长已有人担任。
> 但琼斯和谢尔可以拿到更多薪水……路易斯·毕晓普和斯·赫·
> 拉夫林也都升了一级。（邦德，第176页。）

官方的志愿队日记（格林劳）写道：

> 尊敬的蒋介石总司令为以下飞行员晋升一级，以奖励他们在
> 多次攻击敌人迫击炮纵队和飞机场时所取得的卓越战绩和显示的
> 无比英勇。

因此，毕晓普晋升为副中队长。他在这次行动中表现积极，就像他曾在
怒江河谷空战中表现的那样。他的志愿队战友、一起参加行动的飞行员拉
夫林，在自己没有出版的回忆录中记录下了毕晓普的旺盛斗志：[①]

> 副中队长路易·毕晓普是海军航母飞行员，是空袭中又一个
> 让我受不了的家伙，也是我最好的朋友之一。他总要驾返飞机，再
> 来一次进攻。一次，我们击中了一列火车，50口径的机枪把火车的
> 锅炉打出了许多洞眼，蒸汽从洞眼里喷射而出。司机把火车开进
> 了大山的隧道。"嗨哟，伙计！"毕晓普大叫道，"我们到隧道那头堵
> 它"。毕晓普飞越大山，盘旋空中十来分钟，等司机把火车开出隧
> 道送死。我可不会这么做……日本人的零式战斗机马上会成群地
> 扑来，追杀让他们河内的超级火车蒙耻的破坏分子……

---

① 该段由林克·拉夫林的妻子费丽尔·拉夫林提供。

那个星期，交战凶猛激烈。接着，1942 年 5 月 17 日，对于新任副中队长的爸爸来说，是个决定命运的日子。官方记录如下：

> 第二战斗中队，副中队长毕晓普指挥，将带领不少于四架的 P-40 战斗机，飞往法属印度支那老街以南的铁路，执行轰炸和扫射任务。第三战斗中队，飞行队长罗·特·史密斯指挥，带领不少于四架的 P-40 战斗机，在上方掩护。（格林劳）

毕晓普率领八架飞机奔袭老街。这座边境城市位于中国和法属印度支那（今越南）之间，在河内以北，距河内约一个小时火车车程。这座边境城市是重要的交通枢纽。在这次任务中，毕晓普和"熊猫中队"的罗·特·史密斯偕飞，后者负责掩护。他描述了当时的情形：

> 里德和我，还有第二中队的四名小伙子，在老街任务中，飞在上方作掩护……离老街约 50 英里处，我看到了一列火车……毕晓普带领其他人，驾驶的是装有小型炸弹的 P-40E。他没看到火车就往回飞了。我呼叫他，告诉他下面有火车。他说让我们掉头去扫射，他带着机群去轰炸老街火车站……在老街，毕晓普被地对空炮火击落，座机起火，他跳伞落在了城里。现在，他在该死的日本鬼子监狱里。他结婚了，不久前刚当上爸爸。在过去五天对河内的空袭中，他是我们失去的第三名队员。纽约州德卡尔的路易·毕晓普是被日本人俘获囚禁的第三名志愿队飞行员。像其他人一样，他受尽了难言的折磨。（罗·特·史密斯，第 314 页。）

志愿队飞行员彼得·怀特是这次任务的僚机飞行员，在空中扫射时跟着爸爸的飞机，看得更加真切：

　　我们起飞后,沿铁路飞到我们要轰炸火车的地点,火车不在,于是我们折向北,飞向老街,那是我们另外一个轰炸目标。我们自南向北,俯冲掠过铁路货场。我第二个俯冲,紧随在带队的毕晓普后面。我在约500英尺的高度投弹时,看到毕晓普往上拉升飞机,机尾喷出了约四英尺长的火焰。他向左拉升飞机,滚翻出驾驶舱,跳了伞。伞立即张开了,而飞机撞上了山,燃烧起来。毕晓普落在印度支那老街的城里,在河流西边。他落在城区,消失在丛林时还活着。同时,我看到了他扔下的炸弹。我也看到飞在我后面的霍华德直接炸中了老街城货场里的三队货车。我和霍华德一道飞往蒙自,他在那里降落,我继续直飞昆明。(见1947年格林劳出版的书,内有她1942年5月17日的记录,引用了志愿队飞行员彼得·怀特的任务报告。)

　　罗伯特·李·司各特,《上帝是我的副驾驶》的作者,当时是美国空军上校,是参加这次飞行的第九个人,也描述了当时的情况:

　　我看到毕晓普的炸弹正中后甲板舱室,然后,我投下我飞机上的炸弹。就在那一瞬间,毕晓普的战斗机喷火,冒烟。我看见他推开驾驶舱舱盖,跳了下去。降落伞就在我飞机前面近处张开,我赶快爬高,免得一头扎进去……我看见毕晓普向中国和印度支那之间的界河飘下去。就在最后一刻,我看见倒霉的风把降落伞吹回到河的印度支那那边,也就是日本鬼子那边……陈纳德将军说,火车不值毕晓普的命啊……我们应该不管老街的。(司各特,第141、235页。)

　　罗伯特·默·史密斯在日记中写道,1942年5月17日:

　　今天,路易斯·毕晓普在日军防线内跳伞了。昨天,他还开着

P-40 在这儿降落，和我一起吃午饭。他给希莱夫勒的卡车捎来了发动机，希莱夫勒要到重庆建立无线电通讯站……5 月 25 日，毕晓普在法国军官手里：他很好，但是日本人把他带走了。有传言说，蒋总司令为救他拿出了一大笔赎金。（罗·默·史密斯，第 108、112 页。）

不幸的是，爸爸所期望的一年合同，现在就这样续签了。所有志愿队飞行员肯定都在祈祷，这种方式再也不要发生在他们任何一个人身上。查尔斯·邦德表述了战友们的关切：

> 今天，还有一项任务，是扫射印度支那老街地区以南的火车。我们又失去了一个战友，这次是路易斯·毕晓普。地对空炮火击中了他的飞机，他在有人居住的地区跳了伞，肯定被日本鬼子抓住了。就在几天前，他还找过我，说他多么盼望回家，看看妻子和小婴儿。（邦德，第 177 页。）

1942 年 7 月 4 日，志愿队解散那天的战果小结，路易斯·毕晓普共击毁了 5.2 架敌机。

老兵待遇，最终获得

"飞虎队"一度被有些人视作雇佣兵和冒险家，1991 年，他们最终获得了老兵待遇，被承认曾经为美国执行过秘密任务。他们后来事业再成，赢得了更多的荣誉。不少人在职业生涯中出人头地，聊举数例如下：

志愿队解散后，一些人进入常规军队，服役到二战结束。然而 1942 年 7 月 4 日，将志愿队并入美国空军大队很不成功，导致大量志愿队飞行员和队员拒绝接受任命。他们有的加盟了中国航空公司，成了民用飞行

员,把军用物资和人员从印度运往中国来支援抗日。有的返回美国探亲,享受志愿队合同中许诺的旅游,然后再加入美国军队。

德克斯·希尔最终成为德克萨斯州空军国民警卫队最年轻的准将;查尔斯·邦德以少将军衔从美国空军退役;查尔斯·莫特退役时是海军上尉;詹姆斯·霍华德在欧洲战场飞行,荣获国会荣誉勋章;肯·吉恩斯代特担任过俄勒冈州波特兰市市长,做过参议员;查克·欧德获得法学学位,成为法官,主持过著名的查尔斯·曼森谋杀案的审讯;鲍勃·普莱斯各特、迪克·罗西、"鲶鱼"罗伯特·雷恩和乔·罗斯伯特等组建了飞虎航空公司;彼得·怀特拥有并运作一家大型的直升机服务公司;鲍勃·莱尔在堪萨斯州当农场主;罗·特·史密斯成了作家。

志愿队的许多地勤人员也同样事业发达,有的成为飞行员,有的成了民用航空专家,还有的当上了饭店老板。吉哈德·纽曼一路晋升,成为通用汽车公司艾利森分公司的总裁。弗兰克·洛桑斯基担任中国航空公司和另外几家航空公司的高级机械师,成为商业飞行员,又在通用汽车公司的艾利森分公司当了三十年喷气式引擎修理的高级工程师,然后参与了他儿子饭店的管理。查克·贝斯登先后当过志愿队的装弹手、枪手、空中突击队员和空中加油专家,后来以美国空军军士长军衔退役。

(来源:详见罗·默·史密斯的《和陈纳德在中国:飞虎日记》一书,第135页。)

第三部分
梦想再现又消失

THE DREAM RETURNS,
THEN FADES AWAY

我父亲逃离了日军地狱般的监牢,终于回到了美国,此后,他仍然顽强地克服了种种困难。但是他在回家后不久,就忍受着摧人身心的极大压力,而且被囚监狱的后遗症日积月累,贯穿了他整个下半生。

　　第三部分的前三章描述了囚禁给父亲造成的长期阴影。我讨论了他的经历怎样代表了过去半世纪战俘们的感受,也运用了有关战俘心理问题的新近研究成果。这些都帮助我理解了父亲的这段生活。我也希望这些可以帮助公众更好地了解战争问题的破坏性。

　　在第三部分的最后一章,我回顾了本书的成书过程和我的自我发现之旅。

第一章

团聚、分别和中国航空公司

离开美国近四年了,路易斯·毕晓普和与他一起逃出日本魔掌的四名海军陆战队员,想尽快给家里打电话——那种心急火燎,无人会以之为怪。然而爸爸和他的逃友差点没打成电话。他们在自家门口陷进了官僚主义的麻烦中,那是在华盛顿特区格拉威利点机场的美国海关和移民部门。进日本监狱后,日本人把他们的身份证明都没收了,现在他们能出示的仅仅是红十字会的身份证,这是他们逃出后在美国第 14 航空大队的昆明基地获得的。而且,他们回国属于高级密令。

既然海关和移民官员无人能接触到高级密令,他们也就无法知晓相关情况。红十字会证件,在他们看来,无法证明美国公民身份。除非能有人证明这五位当过战俘的人是美国公民,否则他们将不准入境。最后,他们获许给海军总部打电话,央请一位海军官员来机场证明他们的身份。

麦克布莱叶想到了 1940 年来过北平的列奥·萨利文中校,就给他打了电话。萨利文到了海关后,假装从没见过他们任何人,简直让他们心脏都要停跳了。然后,他才表示热烈的问候,提供所有必要的证明。(麦克布莱叶,第 205 页。)

接着,战争部总部不可避免的询问开始了。

　　1945 年 7 月 9 日，我们被悄悄地带到总部，交给了询问官员，他不紧不慢地问出他想要的信息。① 最后我们被带往旅馆。每个人都冲向电话机，给家人、女朋友，以及那些没和我们一起逃走的战俘的家人和女朋友打电话。让人伤心的是，接我们电话的女朋友，许多都写了绝交信。（麦克布莱叶，第 205 页。）

　　我爸爸也收到了绝交的消息。在漫长、孤独、音信疏断的 1941—1945 年，我母亲另有所恋了。爸爸备受打击，但还是从华盛顿回到潘沙可拉市，和母亲的家人团聚。离婚手续很快就在 8 月初办妥了，接着就是孩子的监护问题。我还有三个月就四岁了，而即将要照顾我的父亲，我才刚刚见到。

　　离婚要分割的财产寥寥无几，爸爸觉得意外，也很不安。他志愿队合同上的优厚薪水在 1942 年 7 月 4 日都发放了，在被囚和逃亡期间，中国军方按照少校级别依然支付他工资。他从战俘营给家里写信，有一封还为我们的福利担心，他不知道我们能收到他的薪水。他逃出来后，得知这一切，无疑希望自己积了点小财。爸爸的薪水都存在一家美国银行，但是我母亲在 1941—1945 年间，为了让我和她自己过得舒服，赡养外公外婆，她把钱都花光了。母亲和我在潘沙可拉和外公外婆住在一起，房子是爸爸在 1941 年 8 月去援华志愿队前买的。

离婚的影响

　　倘若爸爸在日本人的监狱里就得知这一令人崩溃的消息，他会不会无力忍受多年的饥饿，还有毒打和孤独造成的难以想象的痛苦？不仅如此，先

---

　　① 尽管美国没有举办正式的欢迎仪式来迎接这五位从日本战俘火车逃出并辗转回国的军人，但约翰·金尼报告说，他在接受问询后不久，便被带到海军的新闻发布会。他们的归来确实成了全国性的新闻。志愿队飞行员肯·吉恩斯代特回忆说，他在从长岛当测试飞行员的工作地开车横穿美国，前往他在西海岸的家时，听到广播上的新闻，报道毕晓普从日军那里逃出来了。毕晓普家乡 9 月的《沃特教时报》给了毕晓普英雄般的欢迎。

被单囚一室,然后和其他人被关押,这里面的吉凶难卜,他还有毅力忍受吗?

非常清楚的是,从他寄出的几封信和回忆录能毫无疑问地看出,在他坐牢时,支撑他的主要力量就是——对回家的渴望。最为重要的是,正是凭借着这份渴望,他苦熬了下来,逃亡回到了美国。

然而离婚犹如晴天霹雳,沉沉地砸在爸爸心头,给他以后的生活带来了重重阴影。他深受离婚造成的巨大痛苦,多少有点安慰的是,女儿判给了他抚养。离婚的痛苦,影响了爸爸日后再就业,也损害了他的健康。他能处理日常家事,一度还回到海军工作。但是军队对做过战俘的官兵,帮助十分有限,也没什么人了解帮助这类战争受害者需要做些什么。

重返海军后备队,单身父亲

离婚后,爸爸尽可能安排好自己的生活。1941 年,他为加入飞虎志愿队,从海军辞职,和中央飞机制造公司签订了合同,保证他在一年合同期满后,可以继续在海军服役,级别将和同期服役者相同。这是爸爸选择的道路,只是推迟了四年才实现。

爸爸回美国后不久,在 7 月 18 日,医疗和手术局认为爸爸体检合格,可以飞行。7 月 22 日,他申请到美国海军后备队服役,恢复海军飞行员之职,军衔为上尉,然后转成海军常规服役人员。

爸爸在给体检委员会的书面证词中表示,自己虽然历经坎坷,但没有任何身心疾病。体检查出爸爸下牙床缺了五颗牙,但只有一颗可能是因为被囚期间营养不良而脱落,其他四颗在他在俄克拉荷马军事学院做学生时就掉了。[①] 1945 年 8 月 7 日,爸爸在回国一个月后,来到佛罗里达州潘沙可拉的海军航空站,在那里的美国海军医院接受了全套飞行体检。飞行医生约翰·W. 小里德诺中校认为爸爸"身体合格,具备航空能力,是能实际操控飞机执行任务的海军飞行员"。里德诺医生总结道:"因此,我们证明候选人身

---

① 见第 75 页注②。

体合格，可以接受美国海军军官的任命。"

8月28日，爸爸获悉将被晋升为临时上尉，从1942年6月15日，即他成为日本战俘一个月后算起，任命书上说是"鉴于你非同寻常的遭遇"。

还有一线希望进一步晋升，就是爸爸必须在临时上尉这个级别上服役三个月，由上级主管军官推荐，认为他在各方面都有资格向高一级晋升。只有这样，海军才会进一步考虑，将他的临时上尉转升为少校，这个级别就和与他同时入伍的人一样了。

于是，爸爸继续在海军谋求发展。体检报告显示他那时正值而立之年，身体健壮，风华正茂。但论起军中资历，他比同样服役的人晚了四年，他想奋起直追。另外，还有一个幼小的女儿要他照顾。爸爸肯定苦苦想过，怎样才能两头兼顾。

在纽约州德卡尔和家人团聚

爸爸下一个急着要做的，就是探望至爱的毕晓普家人。1945年9月7日，爸爸带我到纽约州德卡尔他出生的村庄去看爷爷乔治·毕晓普和奶奶玛丽·露西·毕晓普。他一下子就面临着照顾四岁小丫头的现实问题，从佛罗里达潘沙可拉开车，前往纽约州北部他童年的家，路途遥远，一路上，爸爸心事重重，有多少场景在他脑海里一幕幕重现啊？

《沃特敦时报》刊载了长篇报道，爸爸描述自己被囚的情形，证明了有关日本人施虐的说法确有其事。但是他在接受采访时，主要讲自己怎样越狱。他还告诉记者，他接受了美国海军后备队初级上尉的任命，将会到潘沙可拉海军航空站报到进修。《沃特敦时报》的报道还说，"毕晓普一家为国从军，功勋卓著"，并列出了毕晓普三姐妹的名字，伊丽莎白、爱丽丝和桃丽丝，还有他的三个侄儿——哥哥拉尔夫的儿子理查德·毕晓普，哥哥奥林的两个儿子利勒和劳伊德。毕晓普的哥哥拉尔夫和雷蒙德其实还参加过一战，不过文中没有提及。

1945年秋，父亲作为名人，受邀莅临侄女玛丽·李·毕晓普在读的小

学。她记得父亲一身军服来到学校,讲述了一位真正英雄亲历的战争故事。同一时期,父亲还带了另一个侄女,拉尔夫和路易斯的女儿——贝弗利·毕晓普,去赴晚宴。我堂姐贝弗利那时在学习当护士,她记得自己特别崇拜路易叔叔。近六十年后,回忆起那个夜晚,戎装帅气的路易叔叔就坐在她桌子对面,她仍然是满腔自豪。贝弗利还回想起,1936年夏天,路易叔叔还是个大学生,给莫兰建筑公司打工,格罗顿河突发大水,他就跳到河里抢救公司的建筑器材。她一直敬佩路易叔叔。她的回忆,生动说明了他的性格中有一种勇往直前的精神,乐于助人,急人所难。

毕晓普家族和社区都把父亲当作战争英雄一样对待、欢迎。尽管这些场面让父亲成为焦点,无疑也让他心情好转,但他明白未来挑战重重,他开始寻求帮助。我的堂兄迪克·毕晓普回忆说,我爸爸当时曾请他爸爸拉尔夫(即我爸爸的哥哥)和他一起返回潘沙可拉,但拉尔夫走不开,他有工作还有妻子要照料。有一点,肯定是清楚的:爸爸在努力回到他选择的海军航空领域时,他自己也需要安慰。我堂兄迪克描述说,爸爸离婚后,在1945年回到纽约州,"整个人都垮掉了"。约二十年后,拉尔夫和迪克来佛罗里达看望爸爸时,见他能谈的都是二战,不免心头难过。

爸爸也意识到,他需要人帮助照顾我。于是,他做好安排,让我第二年寄住在他哥哥拉尔夫和嫂子菲比·路易丝·毕晓普的家里,他得去重新建功立业。

回乡探亲期间,爸爸对一些亲戚吐露了再婚的想法。他们都激烈反对,认为他可能是想从离婚打击中摆脱出来,觉得他应该给自己点时间,好好想想。爸爸没有接受这些建议,1945年10月27日,他在佛罗里达州圣塔罗萨县的克莱斯特维尤,与一个年轻的战争寡妇同结连理,她在海军所属的妇女志愿紧急队服役,叫乔瑟芬·薇多丽卡·布莱顿·帕克。爸爸需要伴侣和慰藉。他俩一起生活了二十八年,直到1973年她因癌症去世。

暂时停职

爸爸在海军后备队服役，时间并不长。1945 年 11 月 20 日，爸爸进修结束，海军接受了他自己的请求，允许他暂时停职。二战结束后，美国军队大幅度缩减，因此爸爸重新考虑是否要在海军发展，也不特别令人惊讶。从军看上去不算什么理想出路了，新的选择似乎也很诱人，然而需要飞行技巧的非军事工作不容易找到。战争后退役的大批军队飞行员，使市场饱和了。

在中国航空公司开民用飞机

因此，爸爸选择仿效他的朋友、飞虎战友迪克·罗西。那是在 1945 年 6 月，爸爸在逃亡返回美国的途中，在昆明停留接受讯问，就有这么一个机会。1942 年"飞虎队"解散后，罗西和许多战友，还有民用飞机飞行员，飞越喜马拉雅山的高峰，在驼峰航线上运输货物，他们效力于中国航空公司，以前隶属于泛美世界航空公司。

20 世纪 30 年代，中国航空公司在中国境内从事客运和货运。二战期间和之后，中国和印度支那的所有港口被日本控制，中航成了中国和印度之间的主要飞行公司。

罗西建议爸爸为中航工作，安排爸爸见了经理休·伍德，并敦促他雇佣爸爸。爸爸在经历了种种折磨后，表示自己只有在回美国与家人团聚后，才会考虑这样的职位。这自然在情理之中。爸爸在 1945 年 7 月回到潘沙可拉后，还收到志愿队指挥官陈纳德将军的来函，表示愿意为他重展宏图提供全力帮助。

现在，是接受那些机会的时候了。他返回中国，为中航飞越驼峰，运送货物。具体日期应该在泛美世界航空公司的记录里，但这个公司现在不存在了。很有可能他是在 1946 年 3 月 20 日正式从海军后备队退役后，开始在中航飞行。1947 年 1 月到 5 月期间，他在上海的日本战争罪行审判中，可能

还出庭作证,但没有资料对之证实。① 7 月,爸爸在仰光,10 月返回美国。

我在成长期间,对爸爸的这段职业生涯一无所知,也没能向经历过那段时间的毕晓普家人确认。漫漫六十年,许多记忆都模糊了。爸爸在中航为时短暂,大概最多就三个月。中航的记录也找不到了,除了中航前雇员或其家人保存的。以前的泛美航空公司,则有约四万箱资料,已存放在佛罗里达州迈阿密大学,慢慢地被编目起来。②

但是通过三个途径,可以证实路易斯·毕晓普为中航飞行过。第一个途径是迪克·罗西,他长期担任飞虎协会会长,是“飞虎队”队员、中航前职员。这个信息在詹姆斯·布莱叶的书中也可证实,该书写了 1945 年,他、三个海军陆战队员和爸爸,从日本战俘列车上逃跑。再一个就是在 2001 年夏天,纽约州古文纳镇的弗兰克·皮尔斯,他也是从北方来的,提供了第三个佐证。

据弗兰克·皮尔斯回忆,1946 年 7 月,他在缅甸仰光遇见路易斯。弗兰克当时在为空军安全署进行驼峰飞行侦察。毕晓普从中学毕业十年了,当过飞虎,又当了三年多战俘。他让弗兰克叫他中学的外号“歌星宾”,尽力想找回过去的感觉,找回自己熟悉的东西。

弗兰克和“宾”进了当地酒吧,其实就是一顶帐篷,开开心心地喝了几杯朗姆酒,聊起纽约州北部的家乡,还有学开有敞篷座位的 A 型汽车。他们唱歌,喝朗姆酒,忆旧。爸爸向弗兰克谈起了寄养在纽约州格罗敦哥哥家里的女儿。据弗兰克讲,“宾”并不常谈自己的战俘经历,他觉得爸爸尽力想回到正常生活。他清清楚楚地记得“宾”掉了体重,不像以前那样生龙活虎,但健康状况良好。

迪克·罗西回忆到,经过数次艰险的飞行后,我父亲意识到,在变化无常的凶险天气里,驾驶着满载的飞机,穿越崇山峻岭,太折磨他的神经了。

---

① 杜立特轰炸东京中队成员奇斯·尼尔森确认,这些日期是在提篮桥监狱虐待“杜立特成员”的日兵受审的日期,爸爸和他们曾经一起被囚禁在提篮桥监狱。

② 信息来源于中央航空公司网页总管汤姆·莫尔。也可参见迈阿密大学图书馆档案室的网址:www.library.miami.edu/archive/panam/pan.html。

不只是他一个人如此。中航和空军的运输机多架坠落，无数残骸撒在山间，形成了著名的"铝谷"。①

1946 年初秋，爸爸再次从中国返回美国，寻找工作。求职不容易，部分原因在于当战俘给他留下了绵绵不断的创伤。从 1946 年 10 月到 1947 年 6 月，爸爸待在家里照顾我。我那时五岁了，从叔叔拉尔夫·毕晓普家中回到爸爸身边，和爸爸、他结婚一年的第二任妻子乔·毕晓普住在一起。②

挑战驼峰航线

朗霍尼·邦德是中国航空公司董事长，经验丰富，大部分职业生涯在中国度过。他向接受训练的二战飞行员战士，描述了在最恶劣天气中、飞越最高山脉的千难万险：

……山峰有一万五千英尺高，覆盖着坚硬的岩石……是我见过的最险峻地形，许多高峰都在一万八千到两万英尺之间……在飞驼峰航线时，你以前经历过的，统统都会重新经历，只是频率更高，情况更紧张……飞行危险是常态，更危险的还有大雾、狂风、因狂风造成的颠簸，以及冰雪。你已经全部体验过了。你的反应必须自动、自发、迅速。

你们可能碰到的最糟糕情况就是剧烈的颠簸，这会导致飞机不停地改变飞行姿态和高度，因此飞行员必须全神贯注保证飞机在航线上，而

---

① 先后参加"飞虎队"和中航的飞行员 C.乔·罗斯伯特曾从驼峰坠机中逃生。他诙谐地描绘了在暴风雪中撞上喜马拉雅山山峰的可怕经历。他和另外一位飞行员长途跋涉，和当地人住了一段时间，最后得到了英国军队的帮助。（罗斯伯特，《飞虎队员乔的历险记》，第 111—125 页。）朗霍尼·邦德在他关于驼峰飞行状况的叙述中，生动描绘了驼峰经常发生的难以置信的飞行困难，详见后面框中内容。

② 1948 年 7 月麻省切尔西美国海军医院的访谈记录提供了毕晓普当时的居处信息，这是目前所能发现的唯一相关信息。当时，他正在寻求在海军正规军服役。曾任中航上尉的弗莱切·汉克斯出了一本新书，精彩叙述了中航的驼峰飞行。（见参考书目。）

且要维持恰当的高度。你的飞机会大幅度地翻滚,忽左忽右,你的高度在一分钟内上下变化可达几千英尺。如果同时你碰上了严重的结冰,风挡雨雪刷清除不掉,你的飞机就会慢慢被冰结结实实地包起来,你能看到的全部就是你的仪表。然后你就会经历一切……你要做的就是保持航线,保持冷静。

(来源:W·朗霍尼·邦德,第350页。)

第二章

效力海军，残疾退役

爸爸的新职业仍然是回到海军后备队服役，那是在 1947 年 5 月 10 日，是爸爸自己提出来的，他久怀的海军航空梦又复苏了。另外，他要承担养家之责，其他工作又很难找到。差不多同期，海军对他在被囚期间的英勇表现和在 1945 年成功逃离日本囚车，予以了表彰，虽然来得晚了点，但可能大大方便了他的任命过程。

不久，我的同父异母妹妹来到了我身边，她叫戴安妮·伊丽莎白，1947 年 12 月 8 日出生在布鲁克林海军医院。爸爸的两个千金，都是在他就任重要的部队新职时出生的——第一个出生时，他在缅甸，为美国援华志愿航空队效力；第二个出生时，他重返海军，在海军正规军服役。

铜星勋章

海军授予了爸爸铜星勋章，以褒奖他在逃出日本战俘火车前后所表现出的大智大勇。数月后，爸爸重披战袍。1946 年 10 月 2 日，和他一起出逃

美国援华志愿队飞行员路易斯·毕晓普、受到离婚打击后重组新家

后排左起：希拉（毕晓普与前妻的女儿）、毕晓普、乔（毕晓普的第二任妻子），前排：
戴安妮（毕晓普和乔的女儿），1953 年摄于毕晓普在佛罗里达州潘沙可拉的家中。

的詹姆斯·麦克布莱叶①曾向海军秘书推荐,鉴于爸爸在出逃时和出逃后的表现,应授予他功勋勋章。推荐信呈报给了美国海军陆战队的威廉·W.阿斯特中校,他是被关在上海江湾战俘营的高级军官。海军陆战队指挥官和海军人事部门负责人都支持这一推荐。

但是海军部奖章授予委员会告知海军秘书应授予爸爸铜星勋章,并获得了杜鲁门总统的批准。海军部奖章授予委员会作出总结:

> 美国海军后备队少尉路易斯·谢尔曼·毕晓普和类似情形的
> 以往获奖者相比,其服役表现虽值称赞,但尚未出类拔萃至可授予
> 其功勋勋章。为表彰其在1943年1月至1945年5月在被俘期间
> 对国家的忠诚服务,特授予带有象征胜利"V"字母的铜星勋章。

1947年4月7日,星期一,海军第三区司令官蒙罗·金勃少将在纽约市教堂街90号海军第三区司令部,出席了授奖仪式。②

此前,爸爸在克拉斯普舰队服役时,曾经获得二战胜利奖章和美国国防奖章。在援华志愿航空队服役期间,爸爸已有资格荣膺中国的云麾勋章,可惜在颁奖前被俘,所以一直未能领到那枚中国奖章。

渴望供职于海军正规军

1月,杜鲁门总统宣布授予爸爸铜星勋章。此后,爸爸立刻行动,重新准备在海军奋斗一番。从他自己的话中也能明明白白地听出来,他一直渴望获得海军正规军的任命,成为海军飞行员。他日后的体检记录上,还引用了

---

① 麦克布莱叶是出逃五个人中的高级军官。功勋勋章(Legion of Merit),由美国政府授予有特殊贡献的本国或盟国军人。

② 毕晓普荣膺铜星勋章的正式证书。军方为褒奖他在当战俘期间的表现而授予他铜星勋章多少令人惊讶,当战俘发生在他效力志愿队期间,而直到1991年,军方才给予他和其他志愿队成员完全的老兵待遇。

Prepared 26 Dec 1946

CO 79049
RDA

Signed 8 JAN 1947

The President of the United States takes pleasure in presenting the BRONZE STAR MEDAL to

LIEUTENANT LEWIS SHERMAN BISHOP
UNITED STATES NAVAL RESERVE

for service as set forth in the following

CITATION:

"For meritorious achievement while interned as a Prisoner of War in China from January 1943, to May 1945. Effecting his escape from the Japanese while on route from the Prisoner of War Camp, Kiangwan, China, to another camp in North China, despite his debilitated physical condition from three years of confinement and undernourishment, Lieutenant (then Ensign) Bishop made his way for many days through hostile territory, gathering valuable information about the enemy and the Chinese and guerrilla forces in territory through which no previous United States or Kuomintang observers had passed, thereby contributing substantially to the successful prosecution of the war in China. His tireless energy and courage were in keeping with the highest traditons of the United States Naval Service."

Lieutenant Bishop is authorized to wear the Combat "V".

For the President,

Copy to:
Pers 101
Public Relations, Navy Dept.   JAMES FORRESTAL

Ref: BdAwd Ser 587 of 21 Nov. 1946   Secretary of the Navy
End-3 on ltr from Lt. Col.
McBrayer, Jr.
SUMC (05927)
dated 2 October 1945   Approved 26 Nov. 1946

WRITTEN SPECIAL

FITNESS REPORT
Finished Flow Para-01??

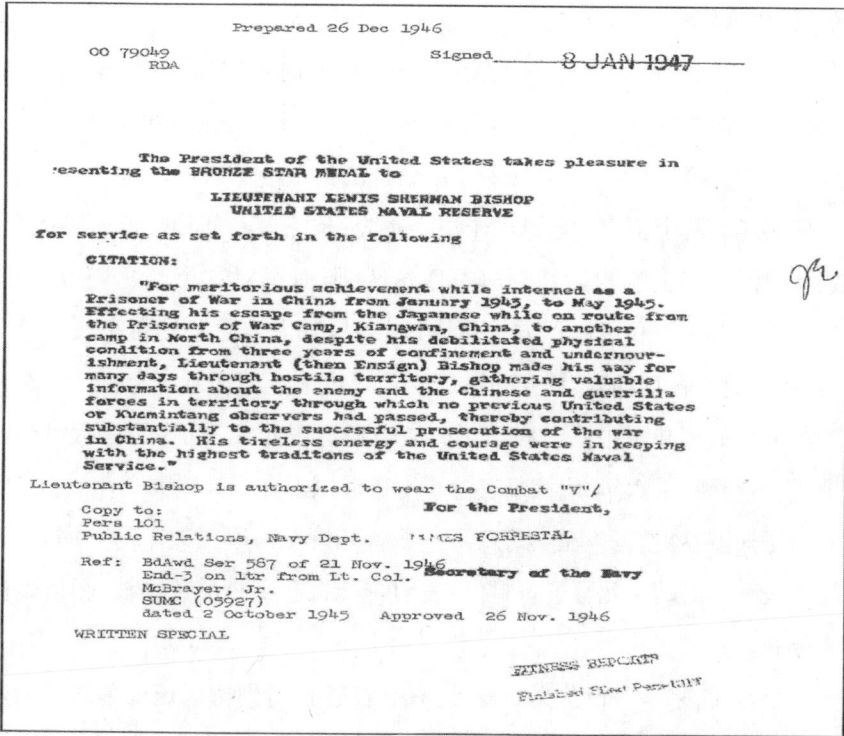

Figure 39.   Bronze Star Citation awarded to Bishop in 1947.

美国总统授予毕晓普铜星勋章的证书(1947年)

美国总统欣然授予铜星奖章给

美国海军后备役路易斯·谢尔曼·毕晓普中尉

以表彰他的忠诚服务

毕晓普中尉(时为少尉)自1943年1月到1945年5月,在中国当日军的战俘,期间表现英勇卓越。尽管三年的囚禁和营养不良令其身体虚弱,但他在从中国江湾战俘营被押往华北另一战俘营的途中,成功逃离了日军魔掌。而且,他在穿越敌占区的许多天内,收集了关于敌军、中国人和游击队的有价值的情报,这些情报均为美国和国民党的观察人员先前所不曾提供,因此对成功起诉日本在华战争做出了切实的贡献。他斗志旺盛,英勇无比,体现了美国海军的最高传统。

特授予毕晓普中尉带有象征胜利"V"字母的铜星勋章。

抄送:美国海军公共关系部

1947年1月8日签署

他的话：作为年轻人，他想成为一名军人，一个英雄。

1947 年 2 月 3 日，爸爸申请从海军后备队暂时停职，调至海军正规军服役。他荣获铜星勋章后仅一个星期，喜讯就从天而降。在纽约州德卡尔，这肯定是一个大喜的日子，一封写着家庭地址的信寄给了爸爸。

依然还有两个主要问题悬而未决。首先，爸爸该是何种军衔。1945 年，爸爸从战俘火车上逃出后回到海军后备队，但海军对这个问题拖而不办。中央飞机制造公司和美国军方曾达成过共识，援华志愿队员在完成一年合同后，可以返回各自部队，晋升和资历均不受影响。然而到了 1945 年，爸爸因为被关入狱离开军中已经四年了。在被遴选进正规军前，又有两年时间流逝了。中间隔了六年，应该享有的军衔待遇该怎样保证呢？

为了知道答案，爸爸在申请从海军后备队调至海军正规军的一周后，就给海军人事部门的头儿写了一封信，表明晋升自己到少校或中校，相信是恰如其分的。

三个月后，来了一份公文回复，说只有在爸爸得到海军正规军的实际任命后，才能决定他的军衔。回复还表示，爸爸在 1945 年后期在海军后备队停职之前，海军已经决定他有资格晋升少校，但是没有作出实际的任命。一旦爸爸获得海军正规军的职位，他们就会考虑，是任命他做少校，还是做中校。

这真是匪夷所思的官样推诿，因为在 1947 年 4 月 15 日函件寄达时，爸爸已经接到被选入海军正规军的通知。显然，他们只有在爸爸正式签字后才会决定给予他什么军衔！

第二个问题是，爸爸在当战俘期间身心都受到摧残，他还能继续驾机飞行吗？这个问题在 1947 年 4 月 19 日有了答案，和 1945 年 7 月的体检结果一样：适合飞行。飞行体检报告记录了他做战俘时得过的数种疾病——脚气、糙皮病、贫血症，身高 5 英尺 7.5 英寸，体重 160 磅，五颗牙齿缺失，轻度鼻中隔偏曲。接着，就是好消息："身体合格，适合飞行，可以担任飞行员。"

体检的盲区

长期的监狱生活可能给爸爸造成了心理问题,但体检报告没有提及任何压力测试和心理调查,也没有提及他在为中航飞行驼峰死亡航线时遇到的种种困难。

当时,医学词汇里还没有"创伤后压力和紊乱"一说,甚至还无人鉴别出它的存在。然而近几年来,老兵管理局发现二战老兵的这类问题已积成了大量的病例,还有数以千计的家庭面临着各种严重的问题,在无外界援助的情况下,只能自己扛着。

杜鲁门总统很快签发了永久任命书,任命爸爸为海军正规军的少尉,从 1947 年 4 月 27 日算起。两天后,爸爸回复接受任命,申请从暂时停职状态恢复到执行任务状态。

仅仅一周后,海军就和爸爸联系,告知了任命的正式通知。这是在我妹妹戴安妮出生之前,我们那时临时住在爸爸老家的中学好友鲍勃·维瑟阿普中尉家里,在马里兰州安那波利斯市二街。爸爸在该市读海军研究生学院。两周后,爸爸接到命令,要向布鲁克林本内特机场报到,接受执行任务前的飞行体检。他又被授予了临时少校的新军衔,从他被关在战俘营里算起,这样在资历上,就和他同期入伍的人一样了。

飞行进修

爸爸在本内特机场体检合格后,便在 1947 年 6 月 2 日,来到佛罗里达州杰克森威尔市,向 VF ATU #2 的海军空军高级培训处的塞西尔机场报到。他被分到 III 型飞行进修班,学到 10 月结束。二战期间研发的飞机,到了 20 世纪 40 年代后期已普及,而二战前海军教员的技能和知识、侦察机和柯蒂斯

P－40 之类，显然都不足以应付了。

6 月 20 日，爸爸得知，他在海军后备队挂名停职期间，从 1946 年 3 月到 1947 年 4 月，将不被纳入服役时间。而且得知，如蒙他的上级军官特别推荐，海军会考虑将他晋升为中校。大概在 1947 年 8 月 1 日，爸爸晋升为中校，时间从二十个月前算起，这样他和同期战友就资历相当了。现在，海军履行了中央飞机制造公司对援华志愿队员的合同。

出色的海军正规军中队中校

爸爸完成飞行进修后，在 1947 年 12 月 2 日，被派驻到罗德岛昆锡点，担任 7A 战斗机中队的指挥官。

爸爸显然为该中队设立了高标准，并带出了成果，很快赢得了对其一流表现的表彰。根据海军记录，攻击型航母空军七队指挥官 A. I. 小波伊德在他的备忘录上，记载了爸爸首次执行任务就出手不凡：

> 鉴于 1947 年 12 月 1 日至 1948 年 2 月 4 日，你在严峻不利的
> 天气条件下，指挥官兵出色地完成任务，所有人员将被予以高度的
> 表扬。

与此同时，爸爸积极提高自己的领导水平。1 月，他完成了"海军规章和海关"的函授课程，获得 3.92 的高分，充分证明了"一名海军军官的进取心和对提高效率的兴趣"。

次年春季，在美国航母"雷伊特"的延长巡航训练中，爸爸麾下的中队表现得依旧十分出色。1948 年 6 月 14 日，毕晓普中校和他领导的 VF－7A 中队，在参加巡航训练的所有中队中名列榜首，荣获"作战效能锦旗"。以下是海军作战长写给毕晓普的备忘录：

> 海军作战长授予 VF－7A 中队"作战效能锦旗"，以表彰其在

1948 年 6 月 30 日学年结束时的优异表现。海军作战长认为，VF‑7A 的优异表现，在很大程度上，得力于该飞行中队指挥路易斯·谢·毕晓普中校的努力和领导。海军作战长认为，美国海军路易斯·谢·毕晓普中校在此阶段忠于职守，表现优异，特予以表扬。

指挥能力不足?

令人惊异的是，海军期望毕晓普一完成飞行进修，就去统帅一支中队，因为他能力提升了，不仅会开战前研发出来的志愿队 P‑40 战斗机，而且掌握了战时发展起来的最新战机。

毕晓普曾在美国军舰"西弗吉尼亚号"上担任低级军官，在潘沙可拉海军航空站当过飞行教官，在援华志愿队当过短期的副中队长，在江湾日本战俘营负责管理军人服务社。海军显然推定，有了这些指挥经验，足够率领一支飞行中队了。

四年未能执行军务，而同期入伍的人都在积累资历。这个任命，对于爸爸来说，有点平步青云的味道，但也履行了志愿队合同中他将会和同期入伍者平级的承诺。海军对爸爸的期望颇高。

明摆着，爸爸深受鼓舞，浑身干劲，成功地开始了海军正规军的战后指挥生涯。[①] 但是一名参加航母"雷伊特"延长巡航的同事兼飞行员却打了小报告，说爸爸经常讲述自己不知道如何指挥，显得他指挥经验匮乏，水平低下。具有讽刺意味的是，这名同事是我母亲的第二任丈夫，也是被分配到航母"雷伊特"的飞行员。虽然他和爸爸打交道，在外人面前客客气气，也从中

---

① 海军无疑也有同感。6 月 15 日，海军人事处负责人的备忘录上描绘了"依照《1947 年军官人事法案》的永久任命"。该法案是一个新法，并有附件对"永久任命"进行了描述。

受益，爸爸却为之感到痛苦。前援华志愿队飞行员查尔斯·莫特，在当过日本战俘后，也回到海军服役。他说，他在昆锡点办事时，和爸爸吃过几回中饭，爸爸自豪地带他参观了自己领导的中队。

压力日积月累，导致崩溃

重返海军，继续服役，仅仅持续了短短两年零一个月，爸爸就因身心不适而彻底退役了。当了三年政治犯和日本战俘，备受虐待，回国后颠沛紧张，积累下来，就直接造成了这样的后果。

路易斯·毕晓普在圆满完成第一次指挥任务后不久，就回到纽约州德卡尔的家休假，此间经历了一次严重的精神崩溃，在1948年6月14日住进了切尔西的麻省海军医院。1948年7月16日转进德州福特沃斯的美国公立保健医院的海军医疗部。

2003年6月，志愿队"熊猫中队"的飞行队长鲍勃·莱尔和妻子玛丽安，把爸爸对他们讲过的恐怖的提篮桥监狱的情状，转告给我和我丈夫乔治听。爸爸告诉他们，日本人把他投入"地洞"里，单独囚禁了很长时间，最后让他出来时，他"奋力反抗"。这个"地洞"吻合了我的记忆，外婆就曾对我说过爸爸是一个人被关着的。我尽力想象被关在深深的洞里，黑暗，潮湿，到处是土。单独一个人，被关了长达九个月。爸爸有没有想过，这可能就是他的坟墓了？我无法想象那种恐惧。他勇敢强壮，但一些年后，他撞到了墙上，一堵无法翻越的墙。尽管抓爸爸的人给他造成了痛苦，但诱因仍是来自他个人的。

切尔西美国海军医院的病历显示了典型的心理病症——"沮丧，紧张，易怒，不安，焦虑"，爸爸相信这源于他三年的被囚受审，在第一个指挥岗位上出色表现带来的压力，还有一回家就受到的离婚打击。

医务官这样描述他：

一位年轻军官，非常机警、健谈，用简练的几乎像排练一样的

语言,讲述了自己的经历。他觉得自己必须时刻了解世界事件和其他话题。意识到自己过于专注学习,过于自觉,习惯设立太高的目标,他能切题连贯地回答提问。情绪不稳,变化无常……最近注意力无法集中,因为念念不忘战俘营的经历和妻子的离婚提议。主要表述他被人利用,尤其被他的妻子。另外,他感觉自己落伍了三年,必须想法补上。很难不对同僚和上级军官起疑心,怀疑他们想毁掉自己,时时戒备。同时,他陈述自己也意识到这些臆想不对,但就是没法摆脱。

诊断:精神错乱,服役期间无不良举动。目前状况:不适合服役;症状长期。建议转入德州福特沃斯的美国公立保健医院。

像许多当过战俘的人一样,爸爸担心他在战俘营表现脆弱。医院病历描述了他的偏执倾向,这在从战俘营出来的人中不可谓不同寻常,他猜疑同僚和上级,担心他们伤害自己,因此得时时提防,保持警惕。

长期以来,爸爸也露过一些病兆,这次精神崩溃是他患病的第一个明显症状。他在监狱里苦熬下来,回家后努力进取,直到最后达到极限,垮掉。他被同当战俘的人视作英雄,是战俘营的偶像人物。当他身脱囹圄,满心期待欢乐的团圆时,不料却要办理让人心碎的离婚手续。他克服了领导经验的不足,在任飞行中队指挥期间,取得了高水准的业绩。他一次次地克服内心的困惑、犹疑和纠结,表现得坚定有力。然而日积月累的压力最终击倒了他。

1948年7月21日,爸爸在福特沃斯住院,接受进一步诊断和治疗。诊断结果是"精神错乱",无其他说明,住院天数"不能确定"。显然,在这段时期,爸爸接受了休克疗法和其他治疗,20世纪50年代又接受了一次。[①]

---

① 我外婆德拉·皮尔斯在我爸爸接受治疗时,很同情我的继母,听她倾诉。外婆把整个故事都告诉了我,也许这让她心里好受些。我知道了爸爸的历史:他过去是怎样的人,曾经多么英雄,又受过多大的折磨。即使在离婚后,爸爸和我外婆也很亲近。

创伤后紧张紊乱症（PTSD）

二战和朝鲜战争的老兵回家后，战争创伤引发的心理问题普遍爆发，但过了多年，直到越战老兵回家后，战争创伤心理问题才被当作病症。加文·道斯在他的书《日本人的阶下囚：二战太平洋地区的战俘》详述了二战经历导致的创伤后紧张紊乱症。读这本书让人非常不安。

2002年，帕特里克·奥唐耐尔出版了一本口述史，口述人是二战中缅印战区曾被日本人俘虏过的官兵。他发现，他在20世纪90年代晚期作的采访，对于这些人中的许多人来说，是首次谈论自己的经历。过去，他们非常不情愿谈论自己当战士时的恐惧。许多人一旦回家后就面临着个人或家庭问题，但从未寻求过治疗。

乔纳森·沙伊博士，基于对越战士兵的调查和治疗，撰写了《英雄在越南：战争创伤和性格解体》一书。他这一代人把"二战弹震症"或"战争神经衰弱症"重新命名为"创伤后紧张紊乱症"，而这在二战诊断手册中没有明确界定。沙伊博士把这些人的状况和荷马史诗《伊利亚特》中士兵阿喀琉斯的状况相比，颇有洞察力。他的评估详见本部分第四章。

到了夏天末，医院的预后判断仍然倾向让爸爸办理残疾退役，这在10月变成了现实，德州福特沃斯医院的美国海军医疗处对爸爸体检后，建议残疾退役。爸爸放弃了到海军退役委员会辩驳的权利。他获准可以在任何一家海军医院看病。当时他给的家庭地址是罗德岛东格林威治RFD1学校街。

1948年11月22日，爸爸到罗德岛昆锡点办完了退役手续，从1948年12月1日半夜生效，下面就等海军退役委员会给他最后的批准。后来，委员会批准他从1949年2月28日起，正式残疾退役。数年的囚禁和虐待，留下这样一个意料不到的苦果。

毕晓普一家，爸爸、继母乔和我妹妹戴安妮，在1948年12月开始了退役

德拉·皮尔斯(作者希拉的外婆)、希拉·毕晓普和飞虎父亲路易斯·毕晓普
(1948 年,摄于美国佛罗里达州沃灵顿市希拉的外婆外公家)

生活，住在我继母新泽西的家附近，在新泽西州尼克松（后为艾迪生）林肯村格林威尔街 23 号。爸爸对我另有安排，我当时住在潘沙可拉市，和外婆、外公在一起。我会在本部分第四章讲述我搬到了佛罗里达。在 20 世纪 50 年代早期，毕晓普一家搬到了佛罗里达州的劳德代尔镇，爸爸退役后在那里住了 37 年。

第三章

囚禁后遗症

在佛罗里达州东南部,爸爸解甲归田后的生活,悠闲自得。在很多方面是这样,即使爸爸的残疾养老金和社会保障金不那么丰厚。但是三十三岁的年轻人,余生怎么度过? 他的职业憧憬破灭了。自信还能恢复吗? 还能东山再起吗?

困难重重

不幸的是,爸爸的回答是"不能"。他的回忆录叫《地狱逃亡》,他的确逃出了日本人的监狱,但其以后终生都在努力逃出另一座地狱:被当作政治犯和战俘长期被囚、离婚、担任指挥官的压力,这一切使他的身心备受摧残。

有时他逃出了,有时他逃不出。他可以做好一家之长,参加日常活动,但是被囚的阴影始终没有散去。他还存在精神问题,有时在特别紧张的场合,会"咆哮"爆发。

由于营养不良造成的残疾

爸爸曾被当作政治犯，关在日本宪兵队的提篮桥监狱，由于饮食中严重缺镁而得了脚气病。最近的营养学研究指出，脚气病会引发大脑、四肢、心脏的变化。大脑的变化会导致痴呆或精神错乱，爸爸从海军退役时，对他的正式诊断就是后者。

如果这个诊断无误，那么海军作出的因该症状将持续终生而给予残疾退役的决定，就是合情合理的了。这也解释了，完全健康的人不太可能得癌症。

有关战俘健康问题的更多讨论，请见 www. uspueblo. org/v2/after-math/powhealth. html.

20 世纪 50 年代，至少有两次，爸爸重新住院，治疗频频出现的心理问题。每次，志愿队的战友迪克·罗西和林克·拉夫林都来探望他。尽管他在老战友面前显得一切正常，但还是被关进了安置危险病人的上锁病房。还有一次，他住在普通病房。①

他在与人谈话时，会神思游离，不知所云。曾是志愿队机工长的沃尔特·道兰和妻子菲莉丝在 20 世纪 50 年代早期，来佛罗里达看望毕晓普一家。在"虎之传说"餐馆共进晚餐时，菲莉丝留意到爸爸"时不时飘到了谈话外面"，过会又飘回来。沃尔特·道兰告诉妻子，他觉得这种行为在当时状况下是正常的，符合爸爸的经历。

战友们纷纷来访，也说明了爸爸人缘很好。1945 年晚期，绰号"鲶鱼"的志愿队战友罗伯特·雷恩来潘沙可拉，和他一起吃饭。20 世纪 50 年代，一同成功出逃的吉姆·麦克布莱叶偕妻子来看望他。查尔斯·邦德说，路易

---

① 公共卫生部和老兵管理局都没有找到爸爸这次住院的记录，有关情况的回忆以我和美国飞虎协会会长迪克·罗西的交谈为依据。

斯在援华志愿队时,是一个"快乐福星"。① 可是,爸爸退役后,只参加过几次飞虎团聚,以免引发痛苦的回忆。

爸爸继续密切关注世界大事,专注学习二战的政策,尤其关注共产主义的进展。侄子迪克·毕晓普和他父亲拉尔夫(爸爸的哥哥)20 世纪 70 年代来访,发现爸爸仍然是三句话不离战争。但是他讨厌谈自己的经历,如果有谁提起这个话题,他会特别不安。

积极的方面,就是爸爸和我的继母乔顺利地带大了妹妹戴安妮,在戴安妮的丈夫于越战中牺牲后,照顾她。他也全心全意地支持乔和癌症作斗争,一直到她病故。后来,他第三次结婚,娶了邻居弗兰·阿尔曼,她的丈夫也是被癌症夺去了生命。第三次结婚后,爸爸经常外出走亲戚。

1987 年 11 月 1 日,爸爸去世,终年 72 岁,是衰老、糖尿病和折磨他多年的压力,把他压垮了。

普遍存在于前战俘中间的疾病

许多老兵从前线回来或当过战俘后,都有类似的战争情感创伤,而且长期不散。各种书籍、文章和诸多老兵管理医院记录都对之有过描述。下引三例:

一些老兵症状严重,生活无法自理。一些老兵虽然没有可见的症状,但不能谈论自己的经历。还有一些,没有什么明显的问题,但不能继续在军队服役,退役后也无法工作。

记者加文·道斯(著有《日本人的阶下囚:二战太平洋地区的战俘》)根据同盟国将士的口述,描写了二战中他们被囚日本监狱的经历和后遗症,细致入微,令人毛骨悚然。他发现一个非常普遍的现象,即当过战俘的人,多年会受这段回忆困扰。尽管他们多半自己承受恶梦,但家人普

---

① 源于本书作者希拉·毕晓普·欧文在援华志愿队 2002 年 5 月于圣安东尼奥团聚时的交谈。

毕晓普和女儿希拉一家（在华盛顿的史密斯索尼亚航空馆的"飞虎队"展览上）

右上：毕晓普指着飞虎队第三中队的飞行员合影，他在其中。左下："飞虎队"涂着凶猛鲨鱼嘴的 P−40 战斗机，令日军胆寒。左起：毕晓普的第三任妻子弗兰、外孙布鲁斯、基斯、斯科特、毕晓普、女儿希拉。

遍会感到压力,比如当他们"咆哮爆发"时,要懂得怎样处理。

精神病学家乔纳森·沙伊著有《英雄在越南:战争创伤和性格解体》一书,讨论了越战老兵的战争创伤,描述了他们的类似经历。沙伊倡议设立疏解方案,预防"创伤后紧张紊乱症"。这些研究也反映了军方对罹病老兵态度的渐变,一开始是喊"振作起来,就过去了",然后开始休克疗法,接着开展预防和心理治疗,再到倡导维系他们、带他们安全回家的重要性。

理查德·皮尔德(《来自加尔各答的爱》的作者)提供了1943—1946年加尔各答军队医院对二战士兵进行精神治疗的第一手资料。

杜立特中队飞行员乔治·巴尔也有类似心理疾病

在杜立特轰炸东京中队的飞行员中,有八名被日军俘获,关进了日本宪兵队的监狱,单独囚禁达40个月之久,其中四名幸存下来。战争结束时,这四名幸存者之一乔治·巴尔,无论如何都很难相信他最终获释的事实,也很难信任他的空军战友。他已经习惯从战俘的视角,思考和解释一切问题,他甚至认为他在战争结束时得到自由,完全是抓他的日本人的计谋。巴尔描述的一些症状,爸爸也有,只是在他逃跑成功后潜伏了很长一段时期。

在提篮桥监狱,爸爸和杜立特中队的被俘飞行员全都是单独囚禁,爸爸在监狱水池边匆匆见到乔治·巴尔中尉,纯属意外。他是二战结束后最后一名回到美国的杜立特中队成员,住进美国军事医院后,便被埋没遗忘在乱麻似的文书档案里。他的故事令人感动、伤心、愤怒,但结局是欢乐的。多亏他慈爱执着的养母,还有吉姆·杜立特将军无比的勇气,乔治·巴尔才从绝望中挣脱出来,得到了有效的精神治疗。

被囚和受到虐待,导致巴尔生活在"半清醒半迷糊的梦境"里。后

来，对他的治疗是他必须住进墙壁装有软垫的病房，可这却让他想起了过去被囚的监狱。巴尔尽力配合治疗，随遇而安，同时，他又对周围的一切高度警惕，记录下各种发生的事，就好像他以后用得上一样。（卡罗尔·格里纳斯，《四人回家了：吉米·杜立特两个失踪机组的幸存者》。）

巴尔的苦难，让人对我父亲多了一分了解。父亲在切尔西医院住院，住院报告也说明他有类似心理问题。然而他和巴尔有一点不同，就是他在被单独囚禁后，又被关在战俘营两年，有美国同胞为伴，这两年给他稍稍减了压。爸爸成功逃出后，很可能正是这两年减压延迟了他精神疾病的爆发，最后才表现出相同症状。

被日军俘房的杜立特中队成员后来被授予紫心勋章，巴尔因为当时在接受治疗而未能获得。后来，有一名杜立特中队成员发现了这个疏漏。1965年，也就是在巴尔去世前两年，该中队成员团聚，吉米·杜立特给惊讶万分的乔治·巴尔颁发了紫心勋章。父亲在二十年后，即1985年去世，并没有因他的创伤而荣膺紫心勋章，其他许多人也没有。

1996年，爸爸和其他援华志愿队飞行员被授予"杰出飞行勋章"，以表彰1941—1942年他们为保卫滇缅公路做出的贡献。1991年，美国官方曾经承认，在志愿队工作就等于是为美国效力，而1996年的授勋一举更加提升了志愿队的价值。我们国家最终承认，志愿队队员们曾经秘密地为美国尽忠服务。

THE UNITED STATES OF AMERICA

TO ALL WHO SHALL SEE THESE PRESENTS, GREETING:

THIS IS TO CERTIFY THAT
THE PRESIDENT OF THE UNITED STATES OF AMERICA
AUTHORIZED BY ACT OF CONGRESS JULY 2, 1926
HAS AWARDED

THE DISTINGUISHED FLYING CROSS

TO

LEWIS S. BISHOP
FOR
EXTRAORDINARY ACHIEVEMENT
WHILE PARTICIPATING IN AERIAL FLIGHT
7 DECEMBER 1941 TO 18 JULY 1942

GIVEN UNDER MY HAND IN THE CITY OF WASHINGTON
THIS   8TH   DAY OF   DECEMBER   19 96

CHIEF OF STAFF

SECRETARY OF THE AIR FORCE

AF FORM 2267, JUL 70

毕晓普辞世后,美国总统授予其杰出飞行勋章证书(1996年)

第四章

寻找父亲——我的发现之旅

带着爸爸1971年给我的手稿,带着我的个人记忆,带着我家人对爸爸的回忆,我开始了寻找。我最生动的记忆,是我很小很小时和爸爸在一起,还有外婆德拉·皮尔斯把爸爸1945年回家后告诉她的,讲给我听。我记忆中的爸爸的故事,在我的生活中不时浮现。我需要证实这些记忆,并找出更多。

我顺着这些故事的线索寻找,以期得到一块完整的拼图。在此过程中,我非常幸运地发现了毕晓普家族的其他人,还有父亲的家谱。机缘凑巧,我找到了对我爸爸佩服得五体投地的表亲克林特·迪杰特(他的外公和"我"的爷爷是兄弟——译者询问作者后注)。他给我提供了完整的家谱。因为见了他,我又到了纽约,在那里遇见了许多亲戚,他们给我提供了更多的线索,证实了我曾和爸爸在纽约住过的记忆。我想了解爸爸的年轻时代和他投身军旅的道路。毕晓普家的亲属能提供相关线索,但要想从头到尾讲述爸爸的故事,我需要的远远不止这些。

从查寻爸爸的军队记录开始,接着找出他在志愿队的更多信息,看上去合乎逻辑。我想了解他怎样应付紧张的压力,为什么这样应付。我逐渐意识到人心理的复杂,要想懂得为什么有人无法自拔而有人能够勇往直前,并不容易。我在寻找的过程中,也一度明白,我只有从父亲的角度去感受,才

能找到答案。有一份医疗记录很详尽,证明了父亲在很多方面都是向前走的,我不需要也不想穷追不舍了。

我童年的点点滴滴,这些年印在我脑海里的图像,最后都汇聚在一起,渐渐显出了它们的意义。在追寻爸爸走过的路时,我也找到了自己童年的部分轨迹,可以对那些图像作出解释。我看见自己和爸爸坐在汽车内,那是在 1945 年爸爸离婚后,我们从潘沙可拉出发,到纽约州德卡尔爸爸的老家。我当时是一个小女孩,还不到四岁,坐在不久才见到的父亲身边。两腿伸直放在座位上,小不丁点的个子,看不见窗外多少东西,除了天空、树、电话线和电话杆,还有间或闪过的建筑。我的注意力多半在眼前的仪表板、收音机、方向盘和身边手握方向盘的父亲上。我记得爸爸和我没什么交谈。这也不是一趟快乐之旅。他面色忧戚,下巴紧绷。我现在想象着,他那时是在反复思量他的遭际、决定、失落和未卜的前途。他该怎么办?

他的心思肯定在车外。一次,我们停在加油站加油,我记得自己看到仪表板下冒出了烟,便告诉爸爸,把他从冥想中惊醒了,他还没注意到呢。问题显然解决了,我回忆不出有修理的事。我们接着上路了。尽管我只有四岁,但我一路上都在观察,陪伴着两个月前我第一次见到的父亲。

爸爸和我母亲离婚后,我只和他住过几年,他再婚后,我一开始也住在他那里。实际上,这期间,我有些年头是住在他哥哥拉尔夫和嫂子菲比的家里。爸爸谋求回到海军发展,他把我托付给哥嫂,显然是明智的。我非常爱他们,他们也很疼我。

爸爸和乔结婚后,也带我在他的新家住过一阵。1946 年他为中航开过飞机返回美国后,也让我住过他的新家。在我和爸爸、继母同住的短短几年里,爸爸在我生病的时候照顾我、呵护我。毕竟,我是他的亲女儿啊。一次,我记得他坐在我床边,哭着说自己犯了错误。我记得自己安慰他,爬到床上搂着他,当时我最多五岁。他到底觉得自己犯了什么错误? 个人的? 职业决定方面的? 还是在中国时,判断出错? 爸爸流泪,让我觉得这可能和什么重大的个人决定有关。我一直记着那幕情景,有失落,也有怀念。

我母亲不愿意爸爸去中国参加陈纳德的"什么志愿队"。那时是 8 月,

潘沙可拉热气蒸人，她怀着我，预产期在 11 月（我在 11 月 24 日出生）。她肯定害怕失去他，留下她独自一人抚养孩子，她才十九岁。就算爸爸不去中国，他的任务还是会有变动，可能远征出海，他觉得最有可能去北大西洋。正像历史上发生的那样，美国不久就卷入了一直尽力避免卷入的世界大战。我不知道，爸爸如果不跟随陈纳德，道路会怎么样——战绩辉煌，顺利晋升，还是战死海上，或牺牲于另一座监狱。但是我相信，在 1945 年，爸爸深陷于这些想法，同时竭力降服被囚创伤招来的恶魔。

不久，其他的个人问题接踵而至。他再婚后，我这个第一次婚姻留下的孩子，住在他和他第二任妻子的家里，对他压力不小。毕晓普表亲们就曾告诉我，继母对我很凶，拿她抽的香烟烫我，动不动就责骂我。爸爸的家人告诉她，毕晓普家教育孩子可不是这样，她充耳不闻。他们让爸爸必须采取点措施，他却说他不知道该怎么办。他自己还要解决一大堆问题：新的指挥岗位给他带来的压力、数年当战俘的记忆、第一次婚姻破裂给他以重击、照料幼女责任重大、开始交女朋友继而再婚，紧接着又有一个更小的女儿出生要照顾。爸爸从日军那里逃出才两年，同父异母的妹妹戴安妮便出生了。

作为妻子，乔对爸爸很好，体贴细致，尽她可能帮助他从噩梦中恢复过来。她也是她自己女儿戴安妮的好母亲。这么多年来，外婆德拉·皮尔斯也帮助关心乔。我知道，外婆在帮我理解这个家庭和它受过的创伤，因而也就在帮助我成长。后来，乔和我渐渐地互相关心，都能欣赏对方了。

然而 1948 年，爸爸做了一件他认为对我最好的事。在他病发前的几个月，他十分清楚，把我送到外公外婆那里，对我会比较有利。事后，也证明了这是一个对我最好的明智决定。他知道，外公外婆二十岁的儿子刚刚溺水而死，我的到来会缓解其丧子之痛。他和外公外婆联系，让他们过来接我，我将要回到出生地——佛罗里达州的潘沙可拉了。和拉尔夫·毕晓普叔叔、他的妻子路易斯一样，外公外婆都是非常有爱心的人，他们经济并不宽裕，但给了我舒适的生活环境。我早已和他们很熟，战争期间，当我还是小婴儿时，我、妈妈就和他们住在一起。

我回到潘沙可拉后，和爸爸远隔千里，受环境限制，不能相见。特别在

我上小学时，我很少见到他和他的新家庭。这时，爸爸正在接受战争创伤治疗，旅行对他来说，异常困难，即使在治疗告一段落后，他要离开家走走，也存在风险。我上中学时，爸爸马拉松式的康复治疗终于结束了。20 世纪 50年代中期，他、继母和同父异母的妹妹来潘沙可拉看我。几年后，我也可以乘飞机到佛罗里达州南部去探望他们。然而我直到 1962 年才重新见到爸爸。那时，我在华盛顿特区的乔治·华盛顿大学读书和工作。我乘飞机到棕榈海滩，他们一家三口人全都去那里接我，带我去波伊顿海滩附近的他们家里小住。

1968 年，我和乔治结婚，计划到佛罗里达州蜜月旅行，行程中也包括探望父亲一家。我们开车穿过该州，到潘沙可拉去看外公和其他亲戚。外婆在 1962 年去世。我们度蜜月时，同父异母的妹妹戴安妮嫁给了正值入伍年龄的迈克·科恩。我们探望爸爸一家，颇为开心，只是爸爸提起了正在进行的越战，神色不安。我就是在那时，在成年后第一次看到战争怎样刺激爸爸回忆过去——1942 年，先后被囚在河内、西贡和法属印度支那。看得出，任何这样的讨论都会让他紧张焦虑。他不会谈多少自己的经历，我也不愿细问。

几年后，迈克在越南被自己人的炮火击中牺牲。随着时光的流逝，我更能感受，也能理解爸爸的情绪。我和丈夫乔治瞻仰了华盛顿特区的越战纪念碑，黑色大理石的长墙上镌刻着许许多多死者的名字，我们找到了迈克。我们看到人们留下的祭品，观察着墙前众多的拜谒者。对于持久的战争创伤和老兵的挣扎，我有了一些看法。

我们大儿子仅六个月大时，我们就带他飞回佛罗里达州，让爸爸看看他的第一个外孙。我们陪他探视因癌症病重住院的继母。一年后，我们带儿子再去看望爸爸，好让他看看外孙长大了。双胞胎儿子出世后，我们又去了一次，让爸爸和继母见见家里的新成员。爸爸看上去很好，能自如应付日常活动，但遇到特殊情况就会情绪低落。幸好我妹妹戴安妮、我姑姑贝蒂·毕晓普，就住在劳德代尔，能过来帮助纾解。当时，她们不讲爸爸深受被囚的创伤之苦——他会反复陷入焦虑之中。我也不知道他仍遭创伤困扰的程

度。再说，我们远道而来，庆祝团聚，没人公开谈爸爸的事，谈也不合适。他们都想把战争留在过去。

乔·毕晓普死于 1973 年，一年后爸爸娶了第三任妻子菲兰。有一个说法"情场战场都失意"，不由地浮现出来。我想，爸爸害怕孤独，所以才很快再婚，就像 1945 年他和我母亲离婚后又很快另娶一样。当时，家人都认为他才和我母亲分手就迅速再婚，太仓促了。现在，在我作过战俘研究后，我觉得他这么做，更多的是出于陪伴和安慰的需要。1945 年，他回国和母亲离婚、考虑重回海军时，就想让他哥哥拉尔夫陪他回潘沙可拉住。

在乔·毕晓普病逝和与菲兰结婚后，爸爸似乎不再离群索居，而是经常旅游，走走亲戚。很可能，他和菲兰同病相怜，都是配偶新近死于癌症。1979 年，他俩来我们住的华盛顿特区看望我们，我们安排了一趟特别之旅——参观史密斯索尼亚航空博物馆，爸爸在参观时兴致勃勃。看完了从早期飞机到宇宙飞船等各种展品，我们无意看到了援华志愿"飞虎队"的专门展览，以前我们没一个人看到过。

这个志愿队展是爸爸发现的，他欣喜地看到了他和第三中队战友们的合影。他的三个外孙对外公的尊敬，立刻大幅度升级。观展的其他男孩，对能站在真正的飞虎英雄身边，都心存敬畏。我们无比珍惜在展品前照的全家福。

去迪斯尼是许多家庭熟悉的仪式之旅。我们在三个儿子小的时候，也去迪斯尼玩。我们住在租来的联栋房屋内，爸爸和菲兰过来看望，和几个小子玩得一样开心。通常，一天过后，爸爸就待不住要走了。他们不久就回到布罗沃德县的家。我们最后一次去迪斯尼时，儿子都过了十二岁，爸爸和菲兰没有同行。我们就沿着东海岸，开车南下与他们会合，再经过鳄鱼园，向北到西海岸。爸爸衰老了不少，从我给他拍的照片，也能看出他多年承受压力的痕迹。这是在 1985 年，此后他的健康每况愈下。

1987 年 11 月 1 日，传来了爸爸去世的消息，终年 72 岁，是衰老、糖尿病和折磨多年的压力，把他压垮了。仅仅四年后，美国政府宣布陈纳德的"飞虎队"是为美国政府执行秘密行动服务的，因此所有队员享有老兵待遇。当

我得知后,悲喜交加,多么希望爸爸能活着听到这则喜讯!

我的发现之旅

父亲作古后,我所有的问题——何因,何事,何时——都慢慢成形了。我猜测,想"要是……就好了"都是人之常情。但另一方面,探寻对我来说并非易事。我一直是家史专家,热衷挖掘祖先的遗略。孩提时,我爱坐着聆听家族的故事,总是缠着外婆或姨婆讲得详细些。但是这个故事跟我的关系太密切了,我也在故事里。

我记得,自己保存了爸爸写的什么东西。一次,他来我们家探望,告诉我他1945年回美国后,写下了自己的经历,叫《地狱逃亡》,希望能出版。他找人打字和编辑过了。有人告诉他,出版社已被战争故事塞满了。于是,爸爸就把自己写的束之高阁,后来又装进搬家的箱子,或许还放在他佛罗里达州新居的抽屉或书架上,一放就是二十五年。我挺感兴趣,告诉他自己想知道过去,他听了颇为高兴。

他看完我们,回到自己家不久,就寄来了一个包裹,里面是他写的回忆录。包裹里还有一封写于1971年6月12日的信,信中,他从当过战俘后的经历,联系到了迫在眉睫的越战俘虏问题:

> 你让我把手稿寄给你,这份就和原手稿一样,除了打字员做的一些涂改。要不是原稿有些页松散了,我会把原稿寄你的。如我过去所言,这是我在记得最清楚时做的记录,是我回到潘沙可拉时所写。你读后,就容易理解在河内的那些战俘处于怎样的困境了。像我这种情况,或在我们那个年代,我们肯定会被卷进去。但是今天,和河内方面讨论释放战俘好像无济于事,他们根本不会改变对战俘的态度,既不会公开宣战,也不会承认《日内瓦公约》。我觉得在我那个年代,我算是幸运的。祈望上帝怜悯那些被关在河内的人们,让他们早日获释。事情经过就是如此。我唯有希望,我们在

那个年代所忍受的能受到关注，那么我们今天的处境也许就会有所改善。

　　我读着爸爸的故事，自孩提起就深埋在我脑海的图像开始浮现，那时，是外婆把爸爸的故事讲给我听的。我还记得，她讲时面色紧张，镇定严肃，尽力让我明白，爸爸既勇敢又饱受了痛苦。然而直到爸爸给了我手稿，我才大大震惊于他所忍受的一切，不敢让自己沉浸其中。我把爸爸的故事暂放一旁，觉得自己还没坚强到细细阅读。况且，孩子还小，我又第二次怀孕（不久生下一对双胞胎男孩），有更重要的事要打理，满心欢悦，直觉地意识到现在还不是我直面爸爸故事的时候。我处理不了他的那些魑魅魍魉，也处理不了我的幽灵。我想往前看，多想想自己添丁增口的小家庭。

　　二十年光阴荏苒，我的精力大多放在了抚养三个儿子身上，他们充满朝气，身体健旺，从呱呱落地到走进大学校门，其间经历了多少奇迹、兴奋和考验啊。除了育子外，我还要上班和进修。这些年来，无论我们去爸爸家里看他，还是他到我们家来，我们都为能和他在一起而高兴。

　　适逢二战胜利五十周年纪念，媒体掀起了二战故事热。只是在1991年"飞虎队"最终获得老兵待遇后，我才意识到可能会有人爱听他们的故事。我在1991年《华盛顿邮报》上读到"飞虎队"荣获老兵待遇的报道，特地留下了那份报纸。我还记得，爸爸曾经努力过，希望出版他的故事。可是，我对爸爸的经历知之甚少，除了他手稿上写的和外婆告诉我的。我发现有"飞虎队"的书就会买下来，在这些书中兴奋地搜索爸爸的名字。我还从未见过爸爸的飞虎战友，也不认识几个毕晓普家的亲戚！我该怎样才能挖掘爸爸的戎马经历呢？我还能找到更多的信息吗？从哪里着手呢？

　　我知道，在日军监狱的三年给爸爸留下了创伤，导致他焦虑紧张，被迫割舍了战后在美国海军一展宏图的抱负。我和爸爸谈他的战争之事很少，我怕问他，怕给他压力。我只回忆起我们谈过一次，居然就继承了爸爸的一份书面遗产。

　　三个儿子大学毕业，丈夫乔治退休后，我有较多时间了解家谱了。1999

年,有关志愿队的电视纪录片《飞虎》播出,最终激励我行动了。我开始觉得爸爸的被俘和越狱经历需要公布于众,成为志愿队故事的一部分。

我从书架上取下爸爸破旧的文稿,封面上沾着水渍,边角上卷。文稿在爸爸保存时就有点磨损,在给我后的二十五年里,我搬了三次家,磨损得又厉害了些。因为文稿的尺寸和丈夫的博士论文差不多,它们就在书架上挨着放,几乎没被家里任何人碰过。

这次,我仔仔细细地读着爸爸的文字,一任感情起伏,深为他所遭受的一切感到揪心和怜悯,泪水的闸门突然打开了。他写的仅仅是在法属印度支那(今越南)跳伞后被俘,最终逃出日本人魔掌回到美国的那一段。随着时间的推移,我认定,对"飞虎队"感兴趣的读者可能想多了解爸爸的飞虎经历,多了解虎口余生的这个人。我得加上这些,他的故事才完整。但是对我最重要的是,我自己应该对爸爸多些了解。而且,我想见证他的故事、勇气和精神。

我已有的,不过是爸爸的文稿、出生日期、一点个人信息和家庭关系。有太多的空缺和疑问,我希望能鼓起勇气问他。有时,我想自己是否可以问得巧妙些,免得他情感失控。尽管不知道他会有什么反应,事实是——我现在想来——我当时没有准备好问他问题。也许,我没问是对的。

于是,漫漫征程开始了:联系相关人士、收集信息、整理诸多长短不一的笔记,把它加工成我所希望的可读的完整故事。随着我对爸爸的了解,我对他的精神愈发钦佩,他是战斗英雄。在看到他人性软弱的同时,我也看到他的善良和英勇。我还发现,像他那个年代参战的许多人一样,他对自己的贡献、成绩和梦想,谦卑有加。

探之越多,视之越阔,知之越深。我了解到,在陈纳德统帅的志愿队中,爸爸是王牌飞行员,在空中和地面共摧毁5.2架敌机。他主动请缨,英勇地参加了许多重要战斗——缅甸的首次空战、雷允保卫战、怒江河谷保卫战、空袭河内的日军机场。我也了解到,在1942年5月17日,爸爸在法属印度支那老街上空被迫跳伞,被日本人当政治犯和军事犯关了三年,后来和其他人勇敢地逃出了魔窟。我也从其他人那里了解了战俘的生活。这次,他旅

程中的多个日期都深铭于我脑中，我贪婪地读，反复地读，边读边思考。

发现的传奇

我了解整个故事的过程，也是我的情感之旅，渡越千万里，回首六十年。我随着爸爸横渡了太平洋，探索岛屿，飞行在滇缅公路、中国和中东，翻越中国的崇山峻岭。我尽力感受监狱墙壁的黑冷，想象爸爸的痛苦、恐惧、饥饿和愤怒，还有他的勇敢和坚定。

我细读完收集的飞虎书籍后，网上搜寻又打开了通往奇妙世界的窗口，提供了更多线索。现在，说网络真奇妙不免老掉牙，但我写爸爸，真的感受到了它的包罗万象。我不仅发现公众对"飞虎队"的所有功绩抱有浓厚兴趣，而且还从中得到了莫大的帮助。

我第一次上网搜索时，就发现父亲 1941 年 12 月 6 日从中国云南昆明寄到他父母家的一封信！这封信贴在丹·福特的德尔斐论坛上。不仅是父亲的家书在网上，而且还有我母亲和我的名字，他讲到自己收到我出生的消息了。

我惊倒在椅子上，万分震惊。这封信来自哪里？我以前从未见过。谁贴上网的？我立刻查找这个拥有此信并公布于众的人及其电邮！这个人用了我觉得属于我的东西，我要好好问个究竟！（我给了贴信者一封彬彬有礼又暗责"你到底何人"的电邮。打那以后，他和我都常拿这封电邮开玩笑。）

让我吃惊的是，我很快发现这个贴信上网的人，是我从没见过的一个表亲（他的外公和"我"的爷爷是兄弟——译者询问作者后注），叫克林特·迪杰特。他住在纽约州北部的姨妈们，保留了旧报纸上有关我爸爸的文章，传给了克林特。于是他成了他母亲堂兄路易·毕晓普的粉丝，给了我很大帮助。经过这么许多年，居然联系上了毕晓普的女儿，克林特自己也激动不已。

他让我接触到了关于爸爸的更多文章，把我介绍给毕晓普家的许多亲友。2001 年毕晓普家族在纽约州的圣劳伦斯河谷团聚，我见到了他们。其

中,有克林特的姊妹李和戴安妮、兄弟查尔斯、表妹艾利诺·布拉特登,他们都鼓励我写下爸爸的故事。他们给我的毕晓普家族树上添加了不少枝叶,及珍贵的 20 世纪 40 年代旧剪报。表姑贝弗莉和她兄弟迪克不仅讲了许多故事,还给了我母亲在 1942 年送她的一枚飞虎别针,令我视作至宝。

参加过毕晓普的家庭团聚后,他们打电话,把我介绍给爸爸中学时的几位朋友。纽约州古文纳镇的弗兰克·皮尔斯补上了重要一环:二战后,爸爸做过中航飞行员,从印度飞越喜马拉雅山运货到中国,他在缅甸见过爸爸。

弗兰克还介绍给我纽约州的其他一些人,他们又让我见到更多人。每个人都给了线索,把我导向其他为我的图画添墨加彩的人。特别高兴的是,弗兰克介绍了爸爸童年和中学的朋友鲍勃·维瑟阿普。其实,爸爸二战后求职时,我们就临时借住在鲍勃在安那波利斯市的家里。

我有一张自己和小女孩安的合影,是 1947 年拍的。这么些年过去了,我终于发现了她是谁。原来,她是鲍勃的女儿安·加吉。鲍勃和安寄给我一些精美的纪念品,有和他们有关的,也有爸爸中学和大学时期的。特别幸运的是,我在 2003 年 12 月鲍勃去世前的那个夏天及时拜访了他。所有这些纽约州的亲戚朋友,都让我深怀感激。

2001 年 7 月,我和弗兰克·皮尔斯聊天,告诉他 1979 年爸爸对我小家庭的关心,那年发生了伊朗人质事件。我们原本计划从华盛顿特区乘火车到佛罗里达的波伊顿海滩,和他一起过圣诞节。就在我们要出发前,美国在伊朗人质问题上陷入危机。爸爸打电话请求我放弃这次旅行,就留在华盛顿原地不动。他肯定我们要和伊朗打仗,担心火车遭到破坏!

我的讲述提醒了弗兰克,他讲了类似的亲身体验。伊朗人质危机期间,他在德克萨斯州的山姆休斯顿,他觉得处处可见"受过美式训练的伊朗恐怖分子飞行员和士兵"。其实,他们以前就在这里受训,但人质危机一发生,他看他们的眼光就变了。弗兰克是从战争年代过来的老兵,他能理解我爸爸的忧虑。我也观察到,2001 年 9 月恐怖分子袭击世贸大厦和五角大楼后,同样的紧张情绪弥漫在美国人中间。

2001 年 1 月,我向圣路易斯的国家人事记录中心提出请求,请他们出具

毕晓普家乡中学的好友、著名飞行员鲍勃·阿瑟维普和毕晓普的女儿希拉(2003 年)

爸爸的服役记录。我写信给海军人事局的军事记录处,说明自己和爸爸的身份,告知爸爸的出生日期和服役时间。我一边耐住性子等回复,一边解决爸爸传记中的其他疑问。

等到春天快结束时,我开始担心爸爸的记录会永远湮没在庞大的数据库里。后来,五月下旬居然收到了他奖章和奖状的复印件。请求生效了,证据在手。我激动万分,感觉这些复印件就像别在爸爸胸前的真正奖章!但是到了夏季末,仍然没有收到他的服役记录,我的担忧又回来了。

一位老兵告诉我,八个月的等待时间够长的了,等也不会有回音。于是,我请求议员帮助。他写了信,人事记录中心的人员大力查找,终于找到了。2001 年 10 月,厚达一英寸的文件记录被邮寄来了。

弄懂这些语句简略的公文,任务艰巨。理智的做法,看来是先把这些公文按时间顺序整理好。这个做好后,我和乔治弄清那些术语时就有路可循了。为了保证日期和信息的准确性,我们做出了电子表格,于是在追寻爸爸的戎马生涯时就不会迷路了。

这时,我还没有想到,爸爸的医疗记录和他的服役记录是分开的。等我发现时,想到要重新搜索,我都绝望了。多亏议员再次伸出援手,最终找到了爸爸在麻省切尔西美国海军医院的三份病历。过了若干年,尤其是在档案馆失火后,该记录还原封不动地保存在巨型资料库中,不妨称之为奇迹吧。这来自遥远过去的记录,补充了爸爸痛苦职业生涯的最重要部分。

我期望把爸爸所有的医疗记录都归集在一处,包括老兵医院的记录,但没有成功。我竭力想找到爸爸在德州公共保健医院的医疗记录,因为他退役前就在那里接受了最终评估。尽管富有同情心的职员们倾力相助,却一无所获。公共保健医院遵循"五十年就销毁"的规定,而爸爸的记录超过五十年了!我还发现,老兵的医疗记录其实来自各个医院,我能获得现有的爸爸的医疗记录,是因为它还存在海军医院那里。只要军人在部队,其记录就会保存在档案馆里。我也很幸运,爸爸的海军服役记录在档案馆失火时未被烧毁,其他许多部队的记录都化为灰烬了。

到此时,我在感情上已经非常疲惫,既没有精力查找爸爸其他什么医疗

记录，也无意知道更多。从圣路易斯寄来的几份文件已经证实了我的猜想，即爸爸受过战争创伤，二战后个人的不幸遭遇使其雪上加霜，二者合力，导致了他的崩溃。我知道，他后来在佛罗里达州老兵医院住院，并且接受了电击治疗。外婆多年前就告诉我了，我没必要再读任何令人痛苦的治疗细节。我不想给佛罗里达州的老兵医院打电话，来查找更多的医疗记录。我已经找到爸爸发生了什么和发生原因，觉得自己不需要读他的电击治疗情况。那对他是有帮助，但我知道那也很可怕，外婆从继母乔那里对之有所耳闻。

相形之下，寻找爸爸学习飞行的记录比较令人鼓舞，而且果真如此。我们旅行到佛罗里达州家乡潘沙可拉时，去了海军航空博物馆几次。我想，那里的历史学家希尔·古德斯毕德或许能帮我找到爸爸的记录。令人惊异的巧合是，他的办公室新近接收了一批要被销毁的 20 世纪三四十年代的飞行训练老记录！于是，2002 年夏天，我们再访这家奇妙的博物馆，花了些时间，从这些文件里找到了爸爸当学生飞行员的训练记录，并做了复印。

随后的工作把我们带到了马里兰州苏特兰的国家档案馆，在那里我们找到了一些辅助资料。我们也走访了位于纽约海德市的罗斯福图书馆，找到了说明志愿队和白宫有紧密联系的文件。遗憾的是，我们未能查询另外两家可能提供信息的机构——斯坦福大学胡佛研究院保存的陈纳德资料和阿拉巴马州麦克斯威尔空军基地保存的辛普森资料。可是，我通过其他渠道，获取了他们那里的文件。

寻找爸爸的战友，也是一场冒险奇遇。我看过有线电视 C - Span"图书笔记"栏目对历史学家斯蒂芬·艾姆布罗斯的访谈，他说需要收集我们二战战俘的故事，记录其人生经历，而且"要抓紧时间做，因为他们正以不可思议的速度从我们身边消失"。二战老兵的情况真是这样，令人悲伤。我觉得，他这番话就是冲我说的！因此，我一得知爸爸的志愿队战友有几位还健在，就迫不及待要见他们，必须加快工作速度了。

我和志愿队的第一次接触，是给长期担任飞虎协会会长的迪克·罗西寄去了一份电邮。他的妻子莉迪亚·罗西回复了我，请我告知地址，以便迪克给我写信。迪克把我父亲获得的杰出飞行十字勋章惠寄给我，美国政府

正式承认志愿队援华抗日属于国家行为后,于 1996 年给所有志愿队员颁发了此勋章。迪克还提供了志愿队几次团聚的说明书。莉迪亚承担了飞虎协会的很多工作,大力帮助我理解了她丈夫和我父亲之间的友情。她给了我一个光碟,内有志愿队的大量照片。

我们得知 2001 年,在美国阵亡将士纪念日的那个周末,飞虎志愿队将在西雅图举行 60 周年聚会。有此良机,可以联系上认识爸爸是陈纳德"飞虎队"年轻飞行员的人,因此这个机会不容错过。我欣然前往,得到了爸爸战友的热诚欢迎。他们那么热忱地接待路易的女儿,深深地打动了我。他们给了我百般鼓励,让我出版他的回忆录。

在西雅图飞行博物馆,我看到公众对飞虎志愿队的一切都抱有浓厚的兴趣,在以后的飞虎团聚中,也一次次地感受到大众的景仰和痴迷。自那以后,我们单独会见了很多志愿队员,又有了新收获。我和丈夫特别喜欢和查理·莫特的数次长谈,和他、他的妻子海伦共享泰式佳肴。我们和彼得·怀特在费城郊外他帮助建立的直升机博物馆盘桓了大半天。和鲍勃·莱尔、玛丽安·莱尔夫妇相处了大半天。还有一次,和"鲶鱼"罗伯特·雷恩待了几个小时。对所有这些好人的拜访,都给了我很大帮助,我看到了年轻的爸爸和他的伙伴们置身在异域险境,在广袤的陌生丛林,在穷山恶水,取得了举世震惊的将被载入青史的空战佳绩。

创伤心理学

完成爸爸的故事,犹如踏上一趟令人振奋的旅程,给我带来了深深的满足——尽管这也让我心力交瘁。我懂得了鉴定爸爸创伤的一个名称,现在叫作"创伤后紧张紊乱症"(PTSD)。我发现,对待该症患者,需要给予其莫大的同情心、耐心和多种帮助。他们往往终生受该症困扰,这是紫心勋章根本反映不出的。

正像其他许多人所言,向当过战俘的人问问题,让他讲述自己的遭遇,本身就是一种折磨。我多少欣慰,我们没有那样对待路易·毕晓普。他愿

意讲时，我们就倾听。我也知道，许多前战俘会反复唠叨战争和自己遭受的罪。我也知道，爸爸在他自己家有时就那样，只是我没有亲眼见过。我妹妹跟我讲过，他会在院子里自言自语，大叫大嚷。

爸爸经历的残酷，比起纸上所写，不知要恶劣多少倍！我开头几次读时，意识到他处境如此凶险，都很难读下去。和爸爸有选择地写相比，我后来读到了远远比之详尽具象的叙述，感觉更加不好。我寻机和一位空军心理学家讨论了引发精神崩溃的事件，那是在 2002 年飞虎队员在圣安东尼奥团聚的时候，她在飞虎团聚的酒店参加医学会议。一天，她的小组给了飞虎们十分热烈的欢迎。我多么希望爸爸能在场，同时又感觉自己正站在他的位置上，代表他出席。

爸爸忍受了两年成千上万人经历的战俘遭遇，而且此前，他作为日本宪兵队关押的政治犯，忍受了近一年更为残酷的虐待。他能活下来，真是奇迹！我们无法知道，陷于同样或类似的困境中，我们会如何应对，会做什么。他的故事，是一个饱经磨难战胜厄运的人的故事，为他的许多狱友树立了榜样。但是本书中他写的部分，并没有写出他最惨的经历，或者他惠及别人的勇敢行为。因此，我在他的行文中添加了框中的内容，来补全他的故事。

心理学家乔纳森·沙伊，著有《英雄在越南：战争创伤和性格解体》一书，研究并描写了许多受过严重创伤的人在写出自身经历时面临的困难，他们的讲述从来不能真正反映出环境的严峻性。然而讲述是一种治疗方法，一些幸存者通过它开始康复，进而治愈了因所经痛苦而产生的长期孤独感。沙伊说，"创伤讲述"是把自己的遭遇告诉听众，与之分享。有些幸存者不相信语言，还会表演出他们的痛苦。（沙伊，第 172—144 页。）路易斯·毕晓普不仅写出了创伤给他造成的紧张和压力，有时也在言行上表现出来。

另外，沙伊写到了组织上要求的"战争汇报"，就像毕晓普做过的那些，这对于汇报人来讲，是灾难性的。将被埋碎片拼接起来的汇报会诱发某些病症，改变人的性格。重要的是，听者必须坚强。汇报和治疗的关键部分是老兵讲给他人听，这个人必须能够保持镇定。在沙伊聚焦的越战时期，早年所说的"弹震症"或"战争神经衰弱症"，以及越战阶段所说的"创伤后紧张

症"，还没有正式界定。现在，"越来越多的医学研究者发现'创伤后紧张症'患者在大脑化学构成、功能，甚至总体结构上，都出现异常。这是一个迅速发展的研究领域"。（沙伊，第172页。）

因此，在一个层面上，爸爸写出手稿这件事表明，他在恢复过程中迈出了一步。痊愈也许要花一生的时间。幸运的是，随着时间流逝，爸爸失态的大喊大叫变少了，他似乎接纳了发生在自己身上的一切，心境日趋平和。然而他的性格受到影响，窒息了他的事业之梦。的确，爸爸实现了成为战斗英雄的梦想，他在接受治疗访谈时曾经透露过这个梦想，记录在他的部队病历中。可是，他为此付出的代价太高了。我想，当他的战争利剑变成解甲归田的犁头时，他有着怎样的挣扎。正如沙伊所说："治疗取决于幸存者，但无法强加。"（第187页。）

永恒的品质

尽管屡遭危险、折磨和痛苦，路易·毕晓普仍是一位善良慈爱的丈夫、父亲和外公，也是一位英勇果敢的飞行员，一位富有爱国主义精神的公民。他凭着阳光般的个性、乐观和归家的决心，熬过凶险，但余生为之所累，为服务国家付出了巨大的牺牲。他和战友为战争胜利做出了真正的贡献。

在准备这本书时，在和志愿队老兵的交谈中，可以清楚地感受到中国人对飞虎仍然深怀感激，对飞虎的壮举由衷赞美。这一点，尤其体现在他们对返华飞虎老兵的盛情款待上。即便在六十年后，飞虎仍为许许多多感恩的中国人所景仰。

一天在闲谈中，我坦然问起爸爸的经历，他明显能够逆来顺受，走出完全的创伤了。他见我有兴趣，非常高兴。尽管如此，还是时不时会出现一个事件，或许是一种气味、一种情绪，触动了爸爸的记忆，他恐慌、过分警惕，或者干脆退入安静的自省中。

2001年7月，我们到弗吉尼亚州阿灵顿探望了提摩西·约翰逊和他的妻子米亚，让我的情感之旅回到了原点。约翰逊中校是C-47飞行员。在

飞虎女儿希拉·毕晓普和援华美军飞行员提摩西·约翰逊中校
(2002 年)

1945 年 6 月,提摩西·约翰逊中校驾机把逃出日本战俘火车的路易斯·毕晓普和四名海军陆战队员,从敌占区的美国情报局(今中央情报局前身)基地,送至昆明的安全地带。

爸爸等人胜利逃出日军的战俘火车后,他驾机把他们从敌占区送到了安全的地方——昆明。

2002 年 6 月,我又进行了一次圆满的旅程。我们到阿拉巴马州伯明翰市,看望当年和爸爸一起出逃的詹姆斯·麦克布莱叶,他已经 92 岁高龄了,以及他的妻子丝基普。我和他们分享了爸爸的故事,关于多年前的那次出逃及其后来的影响。

通过写这本书,我更加理解了爸爸和他留给我的财富,并为之无比自豪。我希望,他的故事能帮助他人了解许多老兵在重返家庭和社区后面临的种种战后问题。

就我而言,这是一趟真正令人惊异的美好旅程,既给我上了堂鲜活精彩的历史课,也让我体会到了为父亲而骄傲的满足感。而且,当这本书渐渐有了自己的生命,我必须"穿着爸爸的鞋行走"时,我感到了前进的力量。我经常觉得爸爸就在身边,赞许我。我见到了他的战友,代表他延续了友谊。

在寻找父亲的旅程中,我也发现了自己和所属的传统。我的旅程带我向外,穿越千山万水,又带我向内,直抵我心。这多少也是我的故事,讲出来对我也有疗效。既然我找到了爸爸的手稿,我也开始修补 1945 年他送我的一个布娃娃,一个曾经穿着漂亮衣服的吉卜赛布娃娃。它吸引过我,像一个有时受委屈,有时又被人疼爱的孩子。它也看出破旧了。在我眼里,它还是一个替人受过者和坏女巫,承担着我的焦虑和恐惧。然而它也凝聚着我对父亲的爱,这么多年,我还保存着它。过去,它帮助过我;现在,我来把它修补好。

杜立特轰炸东京中队奇斯·尼尔森中校的思索

2002 年 11 月,我和奇斯·尼尔森中校取得了联系,他是 1942 年杜立特轰炸东京中队的飞机领航员,也是八名在空袭后被日军俘虏并判死刑的美兵之一。但是他被当作日本宪兵队的"特别囚犯",减刑为终生单

和毕晓普一起逃出战俘火车的海军陆战队员詹姆斯·麦克布莱叶

和其妻丝基普(2002年)

独监禁。二战结束前，他已被单独监禁了四十个月，是四名熬过监禁的杜立特队员之一。后来，他重返部队和地方，积极工作着。

尼尔森中校在给我的信中，优美地表现了这样一种心态，相信爸爸也会同意。

亲爱的希拉，

谢谢你在2002年11月21日写给我的温馨来信，并问起令尊的情况。你订购了《四人回家了》这本书，一定会发现它很有意思。

你父亲回忆了我们在上海提篮桥监狱的相见，还有其他旧事，的确唤起了我生动的回忆。当时，我们（杜立特轰炸中队队员）已被关在提篮桥数周了，不仅受到严密的监视，还遭受了残酷的虐待和审问，但是我确实可以回忆起一些事。到1943年4月我们从上海转押到南京前，除了你父亲外，我不记得还见过其他什么美国人。你读了《四人回家了》，就会更了解我们的处境为什么那么严酷，为什么我们一直不能与任何人交谈，甚至我们之间也不能讲话。

我认为，打仗的人不是为了追求荣华，除了保护我们享有的自由，保护这个给我们如此之多的伟大美丽的国家，他们别无他意。

我不太清楚现在都发生了什么，然而我希望我们年轻的后代，如果有必要，能够捍卫这种自由，保全这种伟大的民主，直到它们战胜弥漫当今的所有仇恨、贪婪和恐怖主义。

我自豪，在战争时期与和平时期，我都为这个伟大的国家服务过。上帝保佑你，保佑我们可爱的美国。

你真诚的奇斯·杰·尼尔森

2002年11月25日

SECRETARY OF THE AIR FORCE
WASHINGTON

The President of the United States takes pleasure in presenting the

PRESIDENTIAL UNIT CITATION
to
THE AMERICAN VOLUNTEER GROUP
FLYING TIGERS

for service as set forth in the following citation:

The American Volunteer Group Flying Tigers distinguished itself by extraordinary heroism in connection with military operations against opposing armed forces in South China and Southeast Asia from 7 December 1941 to 18 July 1942. During this period, members of the American Volunteer Group displayed exceptional valor in compiling an unparalleled combat record. Although never manned with more than 70 trained pilots nor equipped with more than 49 combat ready P-40 fighter aircraft, this volunteer unit conducted aggressive counter-air, air defense and close air support operations against numerically superior enemy forces occasionally 20 times larger, members of the American Volunteer Group destroyed some 650 enemy aircraft while suffering minimal losses. Their extraordinary performance in the face of seemingly overwhelming odds was a major factor in defeating the enemy invasion of South China. The professionalism, dedication to duty, and extraordinary heroism demonstrated by the members of the American Volunteer Group Flying Tigers are in keeping with the finest traditions of the military service and reflect the highest credit upon themselves and the Armed Forces of the United States.

FOR THE PRESIDENT

Donald B. Rice

Donald B. Rice

美国总统给"飞虎队"的嘉奖令(1992年)

美国总统欣然为美国援华志愿队("飞虎队")颁发"总统嘉奖令"：

美国援华志愿队(即"飞虎队")，在1941年12月7日到1942年7月18日，于中国南部和东南亚抗击敌人武装，骁勇善战，表现突出，荣膺了卓越的声名。在此期间，美国援华志愿队成员展现出不同寻常的勇气，取得了无与伦比的辉煌战绩。尽管受训飞行员

仅有 70 多人,可作战 P−40 战斗机不超过 49 架,但该志愿队进行了多次激烈的对敌空战、空中防御和空中支援,抗击了具有优势兵力、数量有时甚至 20 倍于己的敌军。在自身蒙受较小损失的情况下,志愿队员总共摧毁了约 650 架敌机。他们在巨大逆境中的非凡表现,是其在中国南部克敌侵略的主要原因。美国援华志愿队("飞虎队")的成员技艺娴熟,尽忠职守,英勇顽强,继承了军人服役的最优秀传统,为美国军队赢得了最高荣誉。

后　记

我用父亲的话开始了本书的开头，不妨再用他的话结束吧。

2004年8月19日，就在签订全部书稿出版合同的前几周，我接到了一个激动人心的电话，是我童年的朋友安·加吉打来的。她爸爸叫鲍勃·维瑟阿普，我和丈夫乔治在加州波特拉谷见过他的数月后，他在2003年12月去世。

安和丈夫斯坦清理她爸爸的小屋，就在他们房子的后面。在检查成箱的信件和备忘录时，一张泛黄的复写纸鬼使神差地飘到她手里，那是一张地图。她马上意识到，自己正拿着上海西北边江湾战俘营的地图——是我爸爸画的，他还在地图背面手写了生动的简介。和这张地图一起的，是安的妈妈凯写给纽约北部维瑟阿普家人的圣诞信，这封信的日期是1946年12月。

凯在1946年12月24日的圣诞平安夜写道：

维瑟阿普家……到路易斯·毕晓普家做客。自1940年分别后，这是他俩第一次重逢。路易斯和毕晓普在上中学时就是铁哥们，久别重逢，两人欣喜万分。路易斯参加过"飞虎队"，被日本人抓去关了三年牢，受了很多折磨。可是，令人惊异的是，经历过这么多事情，他似乎没怎么见老。他有一个五岁的女儿和非常迷人的太太……

　　我们在12月26日回到新泽西州的家，在这以前，爸爸和我的继母在圣诞节，即12月25日晚上，回访了维瑟阿普一家，然后前往安那波利斯。当时约零下二十度，暴雪，他们无法回到爸爸的父母家里。就是在和童年朋友重逢的时候，爸爸给他们讲了自己的故事，画了这幅详尽的战俘营地图，甚至标出了营房里他的囚室所在处。在老友们回顾战争往事的那个夜晚，这幅地图和注解肯定花了不少时间才完成。本书中爸爸的最后手迹和带有注解的战俘营图，可参见下图。

　　如我在本书第十章所写，我对提摩西·约翰逊中校和詹姆斯·麦克布莱叶将军的拜访，给我个人的发现之旅划上了圆满的句号。安·加吉的发现，则为爸爸的旅程和他为本书作的努力划上了圆满的句号。他和鲍勃·维瑟阿普都有一个女儿，现在，他们仿佛就在蓝色苍穹的某处，注视着，和两个女儿一起开怀大笑。

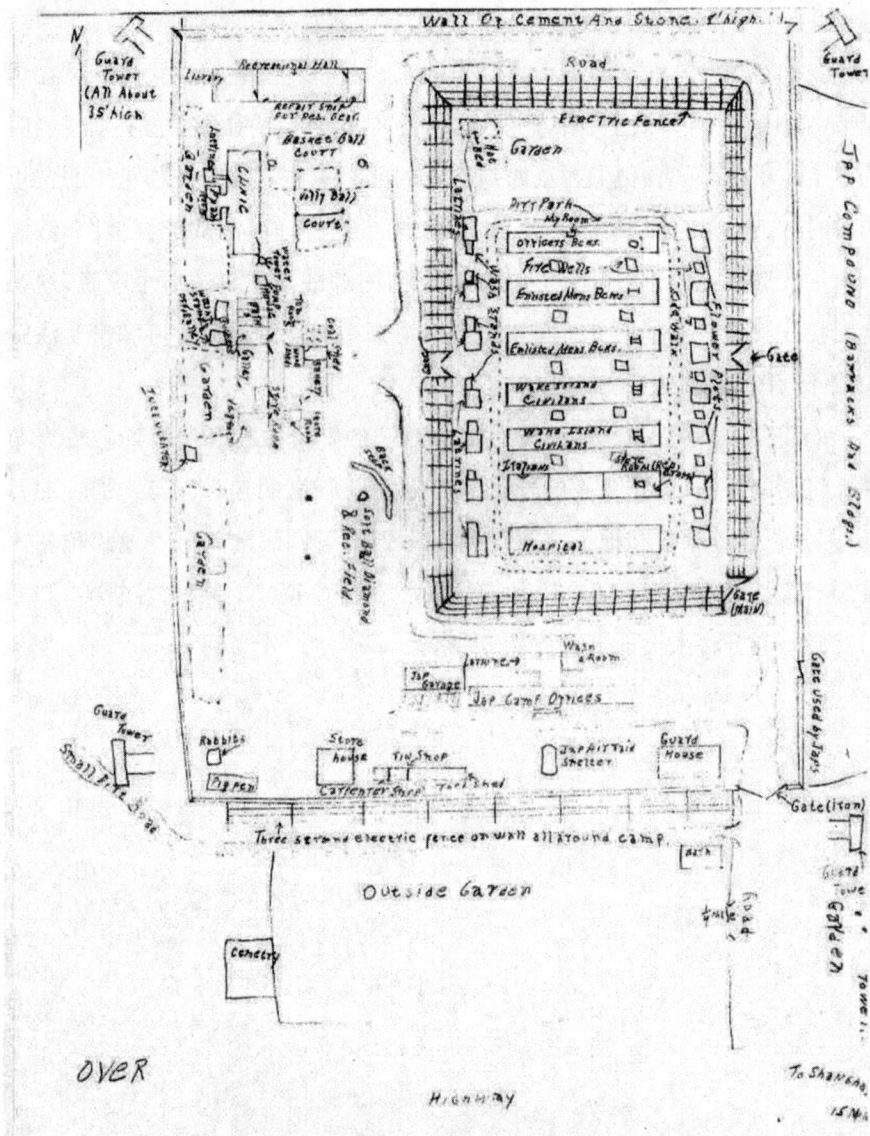

毕晓普手绘的江湾战俘营图（1946 年 12 月）

该图片由毕晓普好友、著名飞行员鲍勃·维瑟阿普的女儿安·加吉提供

Prisoner of war camp at Chang Wan, Shanghai, China.
Kept here from March 27, 1943 until May 9, 1945.

Believe this to be the best prisoner of war camp administered by the Japs. It was used for propaganda purposes & visited by Jap Generals, & dignitaries. Also inspected, not too frequently, by Swiss Consul

Located approximately 15 miles north west of Shanghai. Camp was enclosed by wall about 300 yards on longest sides and 250 yards on each end

Camp housed prisoners from marine garrison captured on Wake Island. Also aviation defense workers taken at the same time. Also the North China Marines attached to the US. Embassy, some Chinese & guardsmen, town of Wake. American & British merchant marine officers & part of their crews. Army pilots & crews shot down in occupied China. Italian naval & military personnel who sided with Badoglio, a gov't. Approximately 1600 strong at its largest

This is not drawn to scale, but merely from memory. Any errors, misplaced bldgs or bldgs left out, are subject to change from higher and more authentic source. This camp was abandoned 9 May 1945 and prisoners transported by rail, to new site near Pupeng, China. I escaped from the prison train with four marine officers, on the night of May 10, 1945: approximately 90 miles north west of Nanking. All five were joined together within five days and thence journeyed on, in and out three Jap lines until we reached american forces in western china on June 1945. Certified to be true to the best of my memory

Lewis Sherman Bishop
Formerly Vice-Squadron Leader
American Volunteer Group,
(Flying Tigers)
Capture in French Indo China
on 17 May 1942, after bailing
out of damaged fighter plane!

毕晓普写在江湾战俘营手绘图背面的说明(1946 年 12 月,中译文见下一页)

该图片由毕晓普好友、著名飞行员鲍勃·维瑟阿普的女儿安·加吉提供

路易斯·毕晓普写在江湾战俘营手绘图背面的说明

中国上海江湾战俘营。

1943年3月27日到1945年5月9日被囚禁。

大概是日本人控管的最好的战俘营，用以满足舆论宣传的需要，有日本将军和要人参观，瑞士领事有时前来视察。

坐落在上海西北15英里处。战俘营四周有围墙，两边长约300码，宽约250码。

战俘营关着在威克岛战役被俘的海军将士、同时被俘的建造防御工事的平民工程师，还有属于美国大使馆的美国驻华北海军，以及在威克岛被抓的中国人、关岛人、英美商船海军军官和船员、在中国沦陷区被击落的美国飞行员和机组成员、支持巴多格利奥政府（即佩特罗·巴多格利奥元帅）的意大利海军将士和军事人员。战俘营关押人数最多时，约有一千六百人。

这幅地图并没有按比例绘制，仅仅是根据记忆画出。其中的错误、位置不准确的建筑或没有画出的建筑，都可以根据更高级别的权威数据进行调整。这座战俘营在1945年5月9日停止使用，战俘通过铁路转移到中国北平附近的新营址。1945年5月10日夜里，我和四名海军陆战队军官在南京西北约九十英里的地方，从运送战俘的火车上逃脱。五天后，五人会合，跋涉辗转，有时在日本人占领区里，有时是穿过日占区，有时是绕道，在1945年6月26日抵达中国西部的美国军队所在地。以上均根据我的回忆忠实记录。

路易斯·谢尔曼·毕晓普

曾任美国援华志愿队（飞虎队）副中队长

1942年5月17日从被毁战斗机上跳伞后在法属印度支那被俘

译者的话

第一次见到"飞虎"女儿希拉，是在 2014 年 9 月，在美国第九大城市——德克萨斯州的达拉斯市，她和丈夫乔治参加美国援华飞虎队 73 周年的团聚盛典。在停放着 P－40 战斗机的卡瓦诺航空博物馆，她接受了访谈。

希拉中等身材，面容和善，语音柔美，就像达拉斯天空上的白云。棕色卷发，鬓角露出些许银丝。她的蓝色衬衫左前胸绣着父亲的名字 Lewis Bishop，下面是"飞虎"的汉语拼音 Fei Hu。

她说，父亲路易斯·毕晓普就是美国志愿航空队(American Volunteer Group)的飞行员、飞行队长，来华抗战时曾被日军俘虏三年，后逃出战俘火车……我一惊，欲详其实。以前多听说"飞虎队"怎样叱咤长空，战绩辉煌，或是怎样壮烈牺牲，或是受伤后如何得到中国军民的舍身救护……关于飞虎飞行员被俘和越狱，可闻之甚少。

我问她："您听过父亲讲在中国空战的情况吗？"

"爸爸从没给我们讲，我们怕他痛苦，也不会问他。"

这样的回答让我多少有点意外。

但希拉说，晚上回旅馆后，她会让我看父亲的回忆录《地狱逃亡》。这让我兴奋不已，隐隐觉得，这本书中一定会有国人对飞虎英雄所不太了解的内容。可是晚上，她先要和爸爸的飞虎战友和家人聚会，我则要到旅馆的迎宾厅去访谈更多的飞虎人士。于是就相约晚上 11 点再见。

迎宾厅真是热闹，来自美国各地的飞行员、飞虎家人和后代、飞虎的粉丝……有站有坐，说笑着。大厅迎面，放着几幅飞虎在华空战的画作，酷似照片逼真，作者即为美国著名的航空题材画家、美国王牌飞行员协会特聘画家罗伊·格林内尔。他根据当年真人实事，创作了五十多幅飞虎援华抗战的画作，还参与设计了中国云南的飞虎纪念章。这是一位以画笔保存二战历史的高人。

大厅一角，是一个酒吧柜台，飞虎二号王牌飞行员、空军少将德克斯·希尔（出版了精彩的回忆录《空中牛仔战歌》）的朋友卢克斯夫妇，为大家倒酒和倒饮料。边上是各类西点。卢克斯是一位二战空战研究者，最大的希望是为二战中在瑞典遇难的美机 Hot Stuff，筹资建立纪念碑。瑞典政府倒是同意了，但十几万美金需美方提供，卢克斯就忙乎这事，而且已经筹到大半了。他方脸，健谈，爱大笑，让我想起飞虎战机上漆着的鲨鱼大嘴——不过，这条"鲨鱼"是友好亲切的。

我还见到了这次飞虎团聚组委会的主席杰克·邦德中校，他是已故"飞虎队"王牌飞行员、美国空军少将的查尔斯·邦德的弟弟。老人家 80 多岁了，满头华发，腰背佝偻着，这阵子每天只睡几个小时来组办团聚盛典。他比他哥哥小 14 岁，也是飞行员，只不过当时在他哥哥赴华前，他才十几岁，在家门口和哥哥合影留念后，只得羡慕地看哥哥出征。他藏有大量的"飞虎队"照片、资料和实物。他听说我读过他哥哥的《飞虎日记》（美国首本飞虎飞行员日记，畅销至今），一口带着浓重德克萨斯州拖音的英语，充满了不相信的喜悦。

迎宾厅内，还有"飞虎队"机工长，高龄 94 岁而精神矍铄的弗兰克·洛桑斯基、已故飞虎协会会长、"驼峰航线"王牌飞行员迪克·罗西的妻子莉迪亚、已故"飞虎队"飞行队长埃里克·西林的妻子艾尔丝、已故飞虎飞行员威廉·里德的侄子瑞德·里德、揭示实情的《飞虎》纪录片的制作人弗兰克·鲍林教授……

但我一直惦念着再见希拉，听听她父亲、那位援华被俘飞虎的传奇故事。

"飞虎队"两位王牌飞行员，空军少将、毕晓普的战友查尔斯·邦德（左一），德克斯·希尔（右一）和毕晓普的女儿希拉（2002 年）

终于等到约好的夜里 11 点，希拉拿出了她和父亲合出的回忆录《地狱逃亡》给我。书的封面上，有一张她父亲的照片，年轻、帅气、镇定，身穿飞行夹克，脖颈间扎着雪白的围巾。

我浏览了一下这本稀罕书，告诉她我有意将全书译出。她很感动，可惜，她当时没有多余的书……

数月后，我受中、加政府资助，赴加拿大做自己的专业研究，一册崭新的《地狱逃亡》不期而至，是希拉寄来的！我一边做课题，一边赶译起来，在深夜，在凌晨，在因翻译而把鸡汤烧糊的午后……上小学三年级的小女飞飞是我译稿的第一读者。每天放学后，她就蹭过来，看看我新翻的内容，尤其喜欢希拉爸爸在监狱中智斗日本看守的章节。

2015 年 7 月初，我译完了全书的初稿。"七七事变"周年纪念的第二天，我应希拉的邀请，赴美讨论译稿。

希拉的家，坐落在美国特拉华州宁静的米德尔小镇——晚上有流萤飞舞，离美国立国的圣地、大城市费城仅一个多小时的车程。他们夫妇退休前都在首都华盛顿工作，希拉是农业部的官员，先生是经济学家。他们开一辆墨绿色的福特面包车，乍看这车并无特殊之处，只是前后车牌上除了号码外，还印着 FLYING TIGERS（意即"飞虎"），下沿写着 THE MEMORY LIVES（记忆活着）。他们就是开着这样既普通又独一无二的车子到费城接机，参加一年一度的飞虎老兵聚会，四处寻访父亲的战友和飞虎遗踪。

我们前往华盛顿的阿灵顿国家公墓，祭拜飞虎将军陈纳德。在几十万块墓碑中，唯有他的墓碑镌刻中文铭文。10 年前，希拉和陈纳德的遗孀陈香梅女士，曾经到此参加反法西斯战争胜利 60 周年的纪念活动。陈纳德也十分赏识自己的爱将，在回忆录《斗士之道》中称赞路易斯·毕晓普是"作战技术最精湛的飞行员之一"。在他跳伞不幸被日军俘虏后，陈纳德立刻致电国民政府，筹集到上万元的解救赎金，后来因毕晓普越狱，这笔赎金才没被派上用场。和中国式祭拜敬献素色菊花不一样的是，希拉建议我们献上红玫瑰或其他鲜艳的花束。在绿茵和雪白墓碑的衬托下，鲜花热烈奔放，分外醒

目,颇似陈纳德及其部下栩栩如生的面庞、矫健的身影和旺盛的斗志。他们的英魂仿佛还在呼吸……小飞飞第一个看到陈纳德的墓碑,飞奔过去,在大人叙旧时,静静地拔出墓碑前的杂草。

后来,我们又参观了华盛顿国家航空博物馆。在"飞虎队"展区,陈列着若干珍贵的实物和史料:有著名的"飞虎队"标志,一只飞虎从象征胜利的字母 V 中腾空而出;有陈纳德的军服和钢盔;有印着"来华助战洋人,军民一体救护"的血符,飞虎队员把这块救命布幅缝在飞行夹克的后背上……希拉父亲的英姿也赫然在目,那是他和"飞虎队"第三中队战友的合影——在昆明的巫家坝机场,这些美国小伙子们一溜排站在有鲨鱼利齿涂装的战斗机前。就是他们把日机打得闻风丧胆,空中开花,从 1941 年 10 月首战到 1945 年 8 月日本投降,共击毁了日机 2600 架,击沉日舰 44 艘,击毁军用商船 223 万吨位,击毙日军 6.67 万人,为中国抗战和二战的胜利做出了彪炳史册的贡献。

希拉父亲驾驶着 69 编号的 P－40 战斗机冲锋陷阵,参加过 1941 年圣诞节的仰光大捷、1942 年 4 月的雷允保卫战、罗列姆轰炸、河内空袭和腊戌空战,以及 1942 年 5 月的怒江河谷狙击战等多次大战,摧毁了 5.2 架日机,炸毁了多辆日军卡车和火车,荣膺云麾勋章、优秀飞行十字勋章、铜星勋章等殊荣。若不是被俘,可能还会创下更佳的战绩……他退役后,和女儿女婿、外孙参观航空博物馆,无意看到这幅飞虎合影,不禁长叹。他已罹患被俘后遗症多年,步履迟缓,身姿也不再挺拔,但昔日英雄归来,游客们纷纷与之合影。而今,在他病逝三十年后,他的戎装英照依然高悬,其回忆录《地狱逃亡》也已成为畅销书。倘若他在天国有知,不知会生出怎样的沧桑感慨?

2015 年 9 月,希拉夫妇随同飞虎访华团,应邀参加中国抗战胜利 70 周年庆典。在人民大会堂,习近平主席向 20 名抗战老兵和亲属、10 位外籍人士颁发"中国人民抗日战争胜利 70 周年纪念章",其中,3 位美国获章者都和"飞虎队"有关,一位是年届九旬的陈香梅,一位是 92 岁的驼峰航线飞行员杰·温雅德,还有一位是"飞虎队"的亲属。他们都是希拉父女的老相识。希拉虽未获此嘉奖,但她在云南受到了隆重的接待,在父亲战斗过的云南怒江河谷发表演讲,她和父亲合著的《地狱逃亡》也被滇缅公路纪念馆珍藏。

希拉亲为译书做序，并且欣告今年 92 岁高龄的陈香梅特地通过女儿陈美丽（Cynthia Chennault）教授，送来美好的祝愿：祝愿您和翻译家能将此书圆满翻译成中文，取得最大的成功！在此，谨向希拉父女、陈香梅女士和陈美丽教授致以崇高的敬意和谢意！也感谢希拉的三个儿子布鲁斯·欧文、基思·欧文和斯科特·欧文在中译本即将付梓之际寄来感言和祝福。

在为翻译和保存抗日飞虎史料当志愿者的数年内，我有幸结识了许多飞虎将士及其家人、后代和朋友，有的还做了访谈。如希拉一家、陈纳德将军的外孙女、美国陈纳德航空军事博物馆馆长奈尔·卡罗维；飞虎王牌飞行员查尔斯·邦德少将的家人和儿女；援华航空志愿队仅存的两名健在者之一、机工长洛桑斯基（97 岁）；驼峰航线飞行员杰·温雅德（92 岁）、陈纳德的译电员、斯坦福大学胡佛研究所图书馆负责人马大任（95 岁）、在西南联大读书时担任"飞虎队"翻译、荣膺国际最高翻译奖北极星奖的北京大学教授许渊冲（96 岁）、参加"两航起义"的飞虎英雄林雨水之女林慰慈、"驼峰天使"黄欢笑护士之子高德敏……

我尤其记得张彦叔叔。他今年 95 岁了，毕业于西南联大，一代名记，报道过日本投降、重庆谈判、开国大典，还跟随周总理，躲过了"克什米尔公主号"飞机爆炸的劫难，报道过著名的万隆会议。他曾担任《人民日报》首任驻美记者，英文《人民中国》《今日中国》杂志的编辑室主任和副总编。在西南联大读书期间，张彦叔叔就和学长马识途（后成为著名作家、书法家，103 岁）、李储文（后成为上海市外事办公室主任，99 岁）等，一起与美国飞虎大兵们结下了深情厚谊，宣传真实的抗日形势。他们的飞虎情缘长达七十多年，一直到现在，飞虎的后代和朋友还从中美各地前来看望。张彦叔叔住院时，在病床上拉着我的手说，"《地狱逃亡》译好后，请给我一本看"。我无法忘记老人家期待又有点忧郁的眼神，在赠书上颤巍巍而认真的题字……

我也深深感念香港华人华侨研究中心主任、首套《铭记历史，鉴往知来：东南亚华侨抗日史料丛书》（共 16 册）的总召集人许丕新先生，以及推进香港青少年抗战史教育的精忠慈善基金会主席蔡建祥先生。他们开诚布公的

谈话,让我笃信尊重中国抗日历史,不仅要永志不忘国人的巨大付出,也要公正评价华人华侨和外籍人士所做的贡献。

我还要向中国青年出版社的编审、作家庄志霞老师,献上一瓣纯净的心香!"人生自是有情痴,此恨不关风和月。"在我们为传承抗战精神而同做志愿者的日日夜夜,她劳心劳力,四处斡旋,参与制作飞虎纪录片。我们搜集资料,在北京、上海、南京、昆明、芷江、深圳、香港、达拉斯、休斯敦、纽约、华盛顿等地奔走,有时每天只能睡几个小时,但她总是带着和悦的笑容和年轻人一般的激情。我忘不了她在飞机上赐读拙译,用她屡获编辑最高奖的健笔,圈圈点点,忘不了志愿者同道对她敬佩信赖,忘不了抗战老兵和家人对她吐露肺腑之言,忘不了她谱写下《毕业之歌》《邹韬奋》《袁隆平》《国医大师唐由之》等百万字力作,更忘不了她和家人待我如亲,视同己出……她在百忙中饱含勖勉之意的优美赐序,为本书增色不少!

感谢中国远征军 200 师师长戴安澜将军的子女戴澄东、戴藩篱及其家人,动情地忆述将军 38 岁在缅甸的对日激战中为国捐躯,以及将军生前爱兵、教子、读书的点点滴滴;

感谢中国远征军后代、对越自卫反击战老兵、摄影师彭建清引领寻访"飞虎队"在云南的遗址,精心摄制《重走中国远征军之路》《铸就血脉》《怒江记忆》等优秀纪录片;

感谢江苏教育电视台编导、诗人巩孺萍,南京市委宣传部处长刘妙雄、《南京日报》理论评论部主任卢咏梅,多年来不吝支持和鼓励,总在第一时间回应我的请求;

感谢南京抗日航空烈士纪念馆张鹏斗馆长、罗朝均副馆长、程薇薇等馆员,南京民间抗日战争博物馆吴先斌馆长、中国国家图书馆"中国记忆"项目的田苗主任、杨秋濛、陈泰歌、张宇、韩尉等热忱接待,提供珍贵的图文资料;

感谢湖南省纪委领导周常明、中国传记文学学会会长王丽、上海人民对外友好协会常务理事谈会明、云南省飞虎队研究会会长孙官生、北京航空协会秘书长郭晓坤等拨冗关心;

感谢《香港文学》总编陶然、《传记文学》的副总编斯日、中国教育新闻网

记者张春铭、《中国文化报》记者袁艳、《现代快报》记者白雁等，欣然采纳抗日飞虎人物和史料的新发现；

感谢吴青教授以母亲冰心赠她的林则徐诗"苟利国家生死以，岂因祸福避趋之"，谆谆赐教，并惠传与抗战、"飞虎队"相关的图文资料；

感谢联合国经济发展项目首席顾问、全球和平及环保基金会中国项目总协调人赖尚龙博士，加拿大华人作家、飞虎英烈的家人刘慧琴，加拿大华人作家汪文勤和笑言等，分享了宝贵的第一手资料；

感谢上海电视台编导周雯华老师、北京影视编导和作家章江红、加拿大驻华使馆学术交流处官员王荔等许多爱心朋友的给力襄助；

对于美国飞虎协会（the AVG Flying Tigers Association）热情支持并接纳我加入有近八十年历史的"飞虎大家庭"，我在此再次表示真挚的感谢！但愿能以寸心寸力，为中美人民携手续写友谊新篇略尽绵薄。

在寻求出版时，天津人民出版社的编辑郑玥——曾经修读我英语课的南京大学高才生，立刻伸出了援手。她敬业、高效，具有青年俊杰可贵的历史责任感，使得这本记载被俘飞虎厄运而国内少见的回忆录顺利付梓。在此，谨向郑玥女史、特约编辑韩贵骐、封面设计师汤磊等小伙伴们，以及天津人民出版社，表示由衷的谢意：桃李芳菲开不尽，常待书卷驻春秋！

最后，要特别感谢一直支持我的父母、家人，还有配画写文的飞虎小粉丝飞飞，你们耐心地默默守望，为我留着的灯、饭菜和带画的叮嘱，让我在晚归后不禁暗自洒泪……

还有许多师长、朋友、同学、学生……也在给予我热情无私的帮助，加入了抗日历史的传承活动。虽然因篇幅所限，不能尽列大名，但我永远感念你们，并为你们自豪！

1945 年 5 月 10 日，路易斯·毕晓普和数百名战俘，被日寇押上防守严密的战俘火车，从上海的江湾战俘营，运往华北。在南京等待轮渡过长江时，曾经被押下火车，踏在南京这块土地上，吃午饭。深夜，他和四名美国海军陆战队员，上演惊险的"跳车逃跑大戏"，逃出地点就在南京以北的广袤田

野……

而南京,在中国抗战历史上,是怎样一座写满鲜血和悲壮的城市啊!三十余万人殒命的南京屠城,血泊中就倒下了我的前辈亲人。每年12月13日回响全城的警报,也撕破了我执教的校园的宁静。青山怀抱中的南京抗日航空烈士纪念馆,是世界上首座国际航空抗日烈士纪念馆,里面矗立的30块英烈碑,镌刻着4296名中外航空烈士的英名,其中,中国1468名,苏联236名,美国2590名,韩国2名。而有些中外烈士的生平故事就出现在我阅读、翻译的书籍里、图片上、访谈中……

因此,在翻译毕晓普《地狱逃亡》的紧张日子里,在为策划"永远的飞虎"丛书的奔走觅求中,我感到了一种冥冥中的契合,以及跨越国界的感恩、信任和凝重。也许,还有一份自觉的历史使命吧。

最后,谨以这本凝聚着中美人民心血的小书,向2017年"七七事变"全面抗战爆发80周年献礼,并向所有为捍卫世界和平而奋斗的中外军民致敬!

译者谨识

2017年7月7日

"七七事变"80周年纪念日

参考书目

Baisden, Charles N. 1999. *Flying Tiger to Air Commando*. Atglen, PA: Schiffer Publishing, Ltd.

Baldwin, R. E. and Thomas Wm. McGarry. 1997. *Last Hope: The Blood Chit Story*. Atglen, PA: Schiffer Publishing Ltd.

Beard, Richard and Reva Beard (edited by Elaine Pinkerton). 2002. *From Calcutta with Love*. Lubbock, TX: Texas Tech University Press.

Bishop, Lewis S. 1945. Escape and Evaluation Report. St. Louis, MO: Personnel Record. U.S. Navy Archives.

Bond, Charles R., Jr. and Terry A. Anderson. 1984. *A Flying Tiger's Diary*. College Station, TX: Texas A & M University Press.

Bond, W. Langhorne. 2001. *Wings for Embattled China*. Bethlehem, PA: Lehigh University Press and London: Associated University Presses.

Burgard, George. 2000. *Personal Log of AVG Flying Tiger Experience*. Available on CD-ROM from Lee Burgard.

Chennault, Claire Lee (edited by Robert Hotz). 1949. *The Way of a Fighter*. New York: G. Putnam's Sons.

Clements, Terrill J. 2001. *American Volunteer Group Colours and Markings*. Oxford, England: Osprey Publishing.

Collins, Julia. 2002. *My Father's War*. New York/London: Four Walls Eight Windows.

Daws, Gavin. 1994. *Prisoners of the Japanese: POWs of World War II in the Pacific*. New York: William Morrow.

Drendel, Lou. 1996. *Walk Around P-40 Warhawk*. Carrollton, TX: Squadron-Signal Publications.

Ford, Daniel. 1991. *Flying Tigers*. Washington, D.C.: Smithsonian Institution Press.

Frillmann, Paul and Graham Peck. 1968. *China: The Remembered Life*. Boston: Houghton Mifflin.

Glines, Carroll V. 1981. *Four Came Home: Survivors of Jimmy Doolittle's Two Lost Crews*. Missoula, MT: Pictorial Histories Publishing Company, Inc.

Greenlaw, Olga. 1943. *The Lady and the Tiger*. New York: E. P. Dutton.

Greenlaw, Olga (secretary). 2/13/1947. *AVG Official Diary of Operations: December 8, 1941 to July 1942*. Sent to U.S. War Department Historical Division on February 13, 1947.

Hanks, Fletcher. 2004. *Saga of CNAC #53*. Bloomington, IN: AuthorHouse.

Hill, David L. "Tex" with Reagan Schaupp. 2003. *Flying Tiger*. Spartanburg, SC: Altman Printing Co. Inc.

Hotz, Robert B.with George Paxton, Robert H. Neale, and Parker S. Dupuoy. 1943. *With General Chennault: The Story of the Flying Tigers*. New York: Coward-McCann, Inc.

Howard, James H. 1991. *Roar of the Tiger*. New York: Orion Books.

Kinney, Brig. Gen. John F., with James M. McCaffrey. 1995. *Wake Island Pilot*. Dulles, VA: Brassey's.

Klinkowitz, Jerome. 1999. *With the Tigers over China 1941–1942*. Lexington, KY: The University Press of Kentucky.

Lopez, Donald S. 1997. *Into the Teeth of the Tiger*. Washington D.C.: Smithsonian Institution Press. Revision, with additions, of book published in 1986 by Bantam Press.

Losonsky, Frank S. and Terry M. Losonsky. 1996. *Flying Tiger: A Crew Chief's Story*. Atglen, PA: Schiffer Publishing, Ltd.

Magnino, L. A. 2001. *Jim's Journey: A Wake Island Civilian POW's Story*. Central Point, OR: Hellgate Press.

McBrayer, James D. Jr. 1995. *Escape! Memoirs of a World War II Marine Who Broke out of a Japanese POW Camp and Linked Up with Chinese Communist Guerrillas*. Jefferson, NC and London: McFarland & Co.

McDowell, Ernest R. 1976. *Curtis P-40 in Action*. Carrollton, TX: Squadron-Signal Publications.

Mickelsen, Martin L. 2002. *Before Vietnam: French Indochina During the Second World War*. Unpublished manuscript in progress.

Nalty, Bernard. 1978. *Tigers over Asia*. New York: Elsevier Dutton.

O'Donnell, Patrick K. 2002. *Into the Rising Sun: In Their Own Words, World War II's Pacific Veterans Reveal the Heart of Combat.* New York: The Free Press–Simon and Schuster.

Paris, Erna. 2001. *Long Shadows: Truth, Lies, and History.* New York: Bloomsbury. See especially Chapter 3, "Erasing History: Pretense and Oblivion in Japan."

Persico, Joseph. 2001. *Roosevelt's Secret War.* New York: Random House.

Pinkerton, Elaine, ed. 2002. *From Calcutta With Love: The World War II Letters of Richard and Reva Beard.* Lubbock, TX: Texas Tech University Press.

Pistole, Larry N. 1981. *A Pictorial History of the Flying Tigers.* Orange, VA: Moss Publications.

Powell, John B. 1945. *My Twenty-Five Years in China.* New York: The MacMillan Company.

Rosbert, C. Joseph. 1985. *Flying Tiger Joe's Adventure Story Cookbook.* Franklin, NC: Giant Poplar Press.

Schultz, Duane. 1987. *The Maverick War: Chennault and the Flying Tigers.* New York: St. Martin's Press.

Scott, Robert L. 1943. *God is My Co-Pilot.* New York: Scribners.

Shay, Jonathan. 1994. *Achilles in Vietnam: Combat Trauma and the Undoing of Character.* New York: A Touchstone Book—Simon and Schuster.

Shilling, Erik. 1993. *Destiny: A Flying Tiger's Rendezvous with Fate.* Alta Loma, CA: Privately printed.

Smith, Robert Moody. 1997. *With Chennault in China: A Flying Tiger's Diary.* Atglen, PA: Schiffer Publishing, Ltd.

Smith, R. T. 1986. *Tale of a Tiger.* Van Nuys, CA: Tiger Originals.

Szuscikiewicz, Paul. 1990. *Flying Tigers.* New York: Gallery Books, a Div. of W. H. Smith Publishers, Inc.

Toland, John. 1963. *The Flying Tigers.* New York: Random House.

Waterford, Van. 1994. *Prisoners of the Japanese in World War II.* Jefferson, NC and London: McFarland & Co.

White, Gerald A. Jr. 2000. *The Great Snafu Fleet.* Philadelphia: Xlibris Corp. www.xlibris.com.

Yu, Maochun. 1996. *OSS in China: Prelude to the Cold War.* New Haven, CT: Yale University Press.

附:英文书目中译名

查尔斯·贝斯登,《从飞虎到空中突击队》(*Flying Tiger to Air Commondo*),宾州阿特格伦:希弗出版公司,1999年。

拉·伊·鲍德温、托马斯·麦克加里,《最后的希望:血符》(*Last Hope: The Blood Chit Story*),宾州阿特格伦:希弗出版公司,1997年。

理查德·皮尔德、瑞娃·皮尔德,《来自加尔各答的爱》(*From Calcutta with Love*),德州拉伯克:德州技术大学出版社,2002年。

路易斯·毕晓普,《逃跑和评价报告》(*Escape and Evaluation Report*),密苏里州圣路易斯:私人记录,美国海军档案馆,1945年。

查尔斯·邦德、特里·安德森,《飞虎日记》(*A Flying Tiger's Diary*),德州大学城:德州 A&M 大学出版社,1984年。

威·朗霍尼·邦德,《硝烟中国的战鹰》(*Wings for Embattled China*),宾州伯利恒:理海大学出版社、伦敦:大学联合出版社,2001年。

乔治·布加德,《飞虎的私人日志》(*Personal Log of AVG Flying Tiger Experience*),见李·布加德的碟片,2000年。

克莱尔·陈纳德,《斗士之道》(*The Way of a Fighter*),纽约:吉·普特南之子出版社,1949年。

特里尔·克莱门斯,《美国航空志愿队的旗帜和标识》(*American Volunteer Group Colours and Markings*),英国牛津:鱼鹰出版社,2001年。

朱利亚·科林斯,《我父亲的战争》(*My Father's War*),纽约/伦敦:四墙八窗出版社,2002年。

加文·道斯,《日本人的阶下囚:二战太平洋地区的战俘》(*Prisoners of the Japanese: POWs of World War II in the Pacific*),纽约:威廉·莫尔出版社,1994年。

娄·德莱恩代尔,《绕 P-40 战斧飞机而行》(*Walk Around P-40 Warhawk*),德州卡洛尔顿:中队和标识出版社,1996年。

丹尼尔·福特,《飞虎》(*Flying Tigers*),华盛顿:史密斯索尼亚机构出版

社,1991 年。

保罗·费里曼、格拉汉姆·佩克,《中国回忆》(*China：The Remembered Life*),波士顿:休顿·米夫林出版社,1968 年。

卡罗尔·格林斯,《四人回家了:吉米·杜立特两个失踪机组的幸存者》(*Four Came Home：Survivors of Jimmy Doolittle's Two Lost Crews*),蒙大拿州密苏拉:图史出版公司,1981 年。

奥尔嘉·格林劳,《淑女和飞虎》(*The Lady and the Tiger*),纽约:E·P·都顿,1943 年。

奥尔嘉·格林劳(秘书),《美国志愿队工作日志(1941 年 12 月 8 日—1942 年 7 月)》(*AVG Official Diary of Operation：December 8, 1941 to July 1942*),1947 年 2 月 13 日送交美国战争部历史处。

弗莱切·汉克斯,《中航 53 号飞机传奇》(*Saga of CNAC #53*),印第安那州伯明顿:作家屋出版社,2004 年。

大卫·希尔、里根·夏普,《飞虎》(*Flying Tiger*),南卡罗来纳州斯巴坦堡:阿尔特曼印刷公司,2003 年。

罗伯特·郝兹、乔治·帕克斯顿、罗伯特·里尔、帕克·杜波伊,《和陈纳德将军在一起:飞虎故事》(*With General Chennault：The Story of the Flying Tigers*),纽约:考伍德－麦克坎公司,1943 年。

詹姆斯·霍华德,《猛虎的咆哮》(*Roars of the Tiger*),纽约:奥里翁书局,1991 年。

约翰·金尼准将、詹姆斯·麦克加弗里,《威克岛飞行员》(*Wake Island Pilot*),弗吉尼亚州杜勒斯:布拉塞出版社,1995 年。

杰罗姆·克林考威兹,《中国上空的飞虎(1941—1942)》(*With the Tigers over China, 1941－1942*),肯塔基州莱克星顿:肯塔基大学出版社,1999 年。

唐纳德·洛佩兹,《深入虎牙》(*Into the Teeth of the Tiger*),华盛顿:史密斯索尼亚机构出版社,1997 年。

弗兰克·洛桑斯基、特里·洛桑斯基,《飞虎:一名机工长的故事》(*Flying Tiger：A Crew Chief's Story*),宾州阿特格伦:希弗出版公司,1996 年。

勒·艾·马格尼诺,《吉姆的旅程:威克岛平民战俘的故事》(*Jim's Journey: A Wake Island Civilian POW's Story*),俄勒冈州中点城:地狱之门出版社,2001 年。

詹姆斯·麦克布莱叶,《逃跑！二战时逃出日本战俘营、找到中共民兵的海军陆战队员回忆录》(*Escape! Memoirs of a World War II Marine Who Broke out of a Japanese POW Camp and Linked Up with Chinese Communist Guerrillas*),北卡罗来纳州杰斐逊、伦敦:麦克法兰公司,1995 年。

厄内斯特·麦克道威尔,《柯蒂斯 P-40 战机在行动》(*Curtis P-40 in Action*),德州卡洛尔顿:中队和标识出版社,1976 年。

马丁·密凯尔森,《越南的前身:二战期间的法属印度支那》(*Before Vietnam: French Indochina During the Second World War*),未出版手稿,2002 年。

伯纳德·纳尔第,《亚洲上空的猛虎》(*Tigers over Asia*),纽约:艾尔塞维尔都顿出版社,1978 年。

帕特里克·奥东耐尔,《走进旭日:二战太平洋战区老兵揭秘战争》(*Into the Rising Sun: In their Own Words, World War II's Pacific Veterans Reveal the Heart of Combat*),纽约:自由出版社,2002 年。

厄娜·帕里斯,《漫长的阴影:真相、谎言和历史》(*Long Shadows: Truth, Lies, and History*),纽约:布鲁姆斯布里,2001 年。参见该书第三章"抹去历史:日本的伪装和遗忘"。

约瑟夫·佩斯科,《罗斯福的秘密战争》(*Roosevelt's Secret War*),纽约:兰登书屋,2001 年。

依莲·平克顿编,《来自加尔各答的爱:理查德和瑞娃·彼尔德夫妇的通信集》(*From Calcutta with Love: The World War II Letters of Richard and Reva Beard*),德州拉伯克克:德州技术大学出版社,2002 年。

拉里·皮斯透,《飞虎队图史》(*A Pictorial History of the Flying Tigers*),弗吉尼亚州奥兰基:莫斯出版社,1981 年。

约翰·鲍威尔,《我在中国二十五年》(*My Twenty-Five Years in China*),纽约:麦克米兰公司,1945 年。

斯·约瑟夫·罗斯伯特，《飞虎队员乔的历险记》(*Flying Tiger Joe's Adventure Story Cookbook*)，北卡罗来纳州富兰克林：大白杨出版社，1985 年。

杜安尼·舒尔茨，《特立独行的战争：陈纳德和飞虎队》(*The Maverick War: Chennault and the Flying Tigers*)，纽约：圣马丁出版社，1987 年。

罗伯特·司各特，《上帝是我的副驾驶》(*God is My Co-Pilot*)，纽约：斯克里布纳斯出版社，1943 年。

乔纳森·沙伊，《英雄在越南：战争创伤和性格解体》(*Achilles in Vietnam: Combat Trauma and the Undoing of Character*)，纽约：点金石书屋，1994 年。

埃里克·西林，《一个飞虎队员和命运的约会》(*Destiny: A Flying Tiger's Rendezvous with Fate*)，加州阿尔塔罗玛：私人印刷，1993 年。

罗伯特·默迪·史密斯，《和陈纳德在中国：飞虎日记》(*With Chennault in China: A Flying Tiger's Diary*)，宾州阿特格伦：希弗出版公司，1997 年。

罗·特·史密斯，《虎的传说》(*Tale of a Tiger*)，加州凡纽伊斯：老虎原作出版社，1986 年。

保罗·斯祖西基威兹，《飞虎》(*Flying Tigers*)，纽约：W·H·史密斯出版公司博物馆书籍分部，1990 年。

约翰·托兰，《飞虎》(*Flying Tigers*)，纽约：兰登书屋，1963 年。

凡·沃特福德，《二战中日本的战俘》(*Prisoners of the Japanese in World War II*)，北卡罗来纳州杰斐逊、伦敦：麦克法兰公司，1994 年。

杰拉德·怀特，《伟大的一团糟舰队》(*The Great Snafu Fleet*)，费城：Xlibris 公司，2000 年。

茂春·余，《美国情报局在中国：冷战的序曲》(*OSS in China: Prelude to the Cold War*)，康涅狄格州纽黑文：耶鲁大学出版社，1996 年。

附录和证据

A 飞虎队员和中央飞机制造公司的合同

CAMCO

The following agreement is retyped following the original exactly (except for signatures), and as my Dad said in his photo journal: "How it all started!"

AGREEMENT

THIS AGREEMENT made at Tampa, Florida this 27th day of August, 1941, by and between CENTRAL AIRCRAFT MANUFACTURING COMPANY, FEDERAL INC., U.S.A., 30 Rockefeller Plaza, New York, N.Y., a corporation organized under the Provisions of an Act of Congress known as "China Trade Act 1922", hereinafter called the Employer, and George T. Burgard residing at 529 Chestnut Street, Sunbury, Pennsylvania hereinafter called Employee

WITNESSETH that:

WHEREAS, the Employer among other things operates an aircraft manufacturing, operating and repair business in China, and

WHEREAS, the Employer desires to employ the Employee in connection with its business and said Employee desires to enter into such employment,

NOW THEREFORE, in consideration of the premises and the mutual covenants and agreements herein contained, it is agreed between the parties as follows:

ARTICLE 1. The Employer agrees to employ the Employee to render such services and perform such duties as the Employer may direct and the Employee agrees to enter the service of the Employer who, in consideration of the Employee's faithfully and diligently performing said duties and rendering said services, will pay to the Employee a salary of Six Hundred dollars United States currency (U. S. $600.00) per month payable monthly on the last business day of each calendar month.

ARTICLE 2. The said employment shall become effective and salary payments to the Employee therefore shall begin as from the date of the Employee's reporting in person to the Employer's representative at the port of departure from the United States (which port shall be designated to the Employee by Employer), such date to be not later than September 12, 1941, and shall continue for one year after the date on which the Employee shall arrive at the point of entry to China (which port shall be designated by the Employer to the Employee prior to the latter's departure from the United States) unless sooner terminated as hereinafter provided. The Employee undertakes to report to the Employer's representative at the said port of entry immediately upon arrival there. After the expiration of the said term of one year this contract shall continue in effect on the same terms and conditions unless and until terminated by either party on 30 days written notice.

ARTICLE 3. The Employer agrees to pay all reasonable travel costs to the Employee from Tampa, Florida to the place in China to which the Employee may be directed to proceed, including:

(a) First class railroad fare and berth, if necessary, by the most direct rout to point of departure from the United States plus U. S. $3.00 per day for meals en route.
(b) Actual cost of passport and visas.
(c) Reasonable cost of hotel and meals while awaiting ocean transportation in accordance with travel instructions of the Employer.
(d) Transportation to port of entry to China.
(e) The sum of U. S. $100.00 for contingent expenses en route to port of entry.
(f) Actual expenses from the port of entry to the designated destination in China to be accounted for

附录 A1　飞虎队员和中央飞机制造公司的合同第 1 页（原书第 204 页）

by the Employee to the Employer.

ARTICLE 4. At the expiration of this contract the Employer agrees to pay to the Employee in addition to the sums elsewhere stipulated in this contract the sum of U. S. $500.00 in lieu of Employee's return transportation cost from China to the United States.

ARTICLE 5. The Employer reserves the right to terminate this contract summarily by written notice to the Employee in the event of misconduct of the employee in any one of the following categories:

(a) Insubordination;
(b) Revealing confidential information;
(c) Habitual use of drugs;
(d) Excessive use of alcoholic liquors;
(e) Illness or other disability incurred not in the line of duty and as a result of Employee's own misconduct; or
(f) Malingering.

In the event of termination of this contract for any of the causes above mentioned under (a) to (f) inclusive of this ARTICLE 5, the Employer shall not be obligated to pay the return travel allowance provided for in Article above nor have any further obligations to the Employee under this contract except that the Employee shall be entitled to the earned portion of his salary computed to the date on which written notice of termination is given by the Employer under the provisions of this ARTICLE 5.

Article 6. In the event of the total disability or death of the Employee suffered in line of duty the Employer upon receipt of proof of such total disability or death shall immediately pay to the Employee or to Employee's designated beneficiary as the case may be a sum equal to six months' salary at the monthly rate provided in ARTICLE 1 hereof. In the event of total disability the Employer shall defray the expenses of transportation of the Employee to the United States. In the event of death the Employer shall defray the expenses of a decent burial of the remains. The Employee agrees that he has in good standing a policy of U. S. Government Insurance in the amount of $10,000.00, Policy No............, plus disability benefits and hereby authorizes the Employer to pay the premiums on said insurance during the period of this employment and to deduct the amount of said premiums from the pay of said Employee.

ARTICLE 7. In addition to the payments provided for elsewhere in this contract, the Employer shall provide or cause to be provided to the Employee free of charge:

(a) Suitable living quarters or an allowance of U. S. $30.00 per month in lieu thereof.
(b) Necessary motor transportation.
(c) Suitable medical and dental service.

ARTICLE 8. The Employee shall be entitled to leave with pay as follows:

(a) One month's leave during the first year of employment at such time or times as his services can best be spared.
(b) Similarly in the event of additional service beyond the first year, leave for a period equal to 1/12 of the duration of such additional service.
(c) Sick leave with pay if and as necessary, not to exceed one month in any period of one year.

IN WITNESS WHEREOF the Employer and Employee have executed this agreement in quadruplicate, of which two copies are retained by each party.

http://www.flyingtigerdiary.com/id39_m.htm   5/26/2002

附录 A2   飞虎队员和中央飞机制造公司的合同第 2 页(原书第 205 页)

CENTRAL AIRCRAFT MANUFACTURING COMPANY
FEDERAL INC., U. S. A.

Witness: F. L. Brown

Witness: W. H. Sprugeon Jr. (?)

By: McLaid N. Clworth (?)

GEORGE T. BURGARD

附录 A3　飞虎队员和中央飞机制造公司的合同第 3 页(原书第 206 页)

B. 剪报

Former Pensacola Flier Battles Japs Over Burma

Ens. and Mrs. Lewis S. Bishop in happier days

By JOHN W. COLE

Over the rugged Burma Road and the jungles and rice paddies east of Rangoon and Kunming, China, one of Pensacola's naval sons-in-law is showing the Japanese what an American fighting man is made of, and here in Warrington, his three-months-old daughter cries in her crib while he risks his life that her cries will never be more serious than the ordinary cries of infancy.

* * *

Lewis S. Bishop, formerly an instructor at the Naval Air station here, is one of the American Volunteer Group which went out originally to defend the Burma Road and since has helped delay the Japanese advance toward Rangoon and has endeared itself in the heart of the United States as only MacArthur has done so far in this war.

* * *

He has never seen his daughter, Shiela, who lives at Corry Place in Warrington with her mother, Mrs. Alice Marie Bishop, and her maternal grandmother, but a letter finally received from Kunming is devoted largely to her. However, that part of his letter is none of our business.

* * *

What is very interesting is, first, his account of the group's first two scraps with the Japs, and, second, the route by which the letter, posted January 6, from Kunming, Yunan province, China, reached America. That route, evidently something the Japs would like to know if they don't already, will not be disclosed here.

As to the group's first two encounters, we quote from Bishop's letter:

"For most of the month of December I was in Rangoon, Burma.

附录 B1　美国潘沙可拉的飞行员在缅甸抗日（原书第 208 页）

227

North Man in Burma Road's Aerial Patrol

Lieut. Lewis Bishop, Formerly of Dekalb Junction, With Volunteer U. S. Aviators.

(Special to The Times.)

Dekalb Junction, Feb. 14.— Lieutenant Lewis Bishop, U. S. navy aviator, likes his job of patrolling the Burma road "fine," he wrote his parents, Mr. and Mrs. George Bishop of this village, from Rangoon.

The 26-year-old Dekalb Junction native and graduate of Gouverneur High school, arrived in Rangoon last Nov. 12 as one of the 500 volunteers from U. S. forces aiding the United Nations in maintaining communications with China.

His letter, written Dec. 6 and received here on Feb. 9, expressed little concern for the future, though Japanese aircraft-carriers were already steaming toward Hawaii for their sneak attack.

Lieutenant Bishop chose duty in Burma in preference to service in Iceland or on the Atlantic. So far he liked the country and was looking forward to moving up to Kunming in Yunnan province, about two-thirds of the way to the Chinese capitol of Chunking.

"I suppose by now you are all wondering how everything is with me out in this section of the world," Lieutenant Bishop wrote. "So far everything is fine, and I like my new job fine.

"I have been here since the 12th of November, that is, in Burma, and have enjoyed it O. K. It is a lot better than I really expected, except that we pay $40 a month for our food, which could be less.

"As I said before in my last letter, I chose this in preference to going out into China or up into Iceland. We expect to go to the above address in China (Kunming), but don't know when.

"The climate here is not too hot during the day. I've seen it hotter in the States around home during the summer than it has been out here."

Most days, he said, the men were able to knock off duty about 11:30 a. m., having the rest of the day for themselves. However, the nearest town was not much to speak of, he reported, and being typically Burmese, was not too clean.

He was hoping to continue on around the world, returning to the United States by way of Capetown and South America. But that was before Pearl Harbor and the Japanese onslaught which now threatens the Chinese life-line to Rangoon.

"It took us 50 days to reach Rangoon, Burma, from the time we left California. However, we spent quite a bit of time in the Dutch East Indies and Singapore. It was an interesting voyage, and I enjoyed it all the way. But I don't think I'd care to live out here for any length of time.

"Write when you can, and although it will be a little late, I wish you all a very merry Christmas and a very prosperous and happy New Year. Please don't worry about me out here."

Lieutenant Bishop also expressed his desire for news of his wife, the former Miss Marie Pierce of Pensacola, Fla., and their newly-born daughter, Sheila Marie.

First word of his daughter's birth reached him on Dec. 2 at Rangoon by way of a cablegram which was then eight days late. At the time of writing he was looking forward to a picture of mother and daughter.

Lewis Bishop was born at Dekalb Junction on Aug. 21, 1915, one of a family of ten children. He attended Dekalb Junction High school until his senior year. He then transferred to Gouverneur High school and was graduated in 1934.

After three years of study in Oklahoma, he entered the naval training school at Pensacola for a year of training. He then was transferred to San Diego, Calif., for active duty with aircraft

Watertown Times
February 14, 1942

Bishop arrived in Burma on November 12, 1941. The letter described in this article was written December 6, two days before the Japanese attack on Pearl Harbor (Dec. 8 on that side of the international date line). He describes the trip from San Francisco, local conditions, and reasons for joining the AVG.

Most days, he said, the men were able to knock off duty about 11:30 a. m., having the rest of the day for themselves. However, the nearest town was not much to speak of, he reported, and being typically Burmese, was not too clean.

He was hoping to continue on around the world, returning to the United States by way of Capetown and South America. But that was before Pearl Harbor and the Japanese onslaught which now threatens the Chinese life-line to Rangoon.

"It took us 50 days to reach Rangoon, Burma, from the time we left California. However, we spent quite a bit of time in the Dutch East Indies and Singapore. It was an interesting voyage, and I enjoyed it all the way. But I don't think I'd care to live out here for any length of time.

"Write when you can, and although it will be a little late, I wish you all a very merry Christmas and a very prosperous and happy New Year. Please don't worry about me out here."

Lieutenant Bishop also expressed his desire for news of his wife, the former Miss Marie Pierce of Pensacola, Fla., and their newly-born daughter, Sheila Marie.

First word of his daughter's birth reached him on Dec. 2 at Rangoon by way of a cablegram which was then eight days late. At the time of writing he was looking forward to a picture of mother and daughter.

Lewis Bishop was born at Dekalb Junction on Dec. 2, one of a family of ten children. He attended Dekalb Junction High school until his senior year. He then transferred to Gouverneur High school and was graduated in 1934.

After three years of study in Oklahoma, he entered the naval training school at Pensacola for a year of training. He then was transferred to San Diego, Calif., for active duty with aircraft squadrons of the Pacific fleet.

Eighteen months later he was returned to Pensacola as an instructor. He then completed another aviation course at that school in 1938.

He is an officer, lieutenant, junior grade, in the naval reserve. He was married on May 20, 1941, at Pensacola.

附录 B2　美国北方飞行员保护滇缅公路 (原书第 209 页)

DEKALB

Mr. and Mrs. George Bishop received a letter from their daughter-in-law, Mrs. Lewis Bishop of Warrington, Florida telling them that she had received her first direct letter from Mr. Bishop who has been a prisoner of the Japs since May 17, 1941, when he was forced to bail out of his plane over Indo-China. Major Lewis Bishop, one of the famous Flying Tigers, as squadron leader had been bombing Japanese Troop Trains with five other planes. It was supposed that he was in the custody of French officials until December 24, 1942. Mr. and Mrs. Bishop were informed that he had been a prisoner of the Japs all the time. The letter is as follows: "Dearest Mother and All: Dec. 10 1943: By now you have received my wire about Lewis. It was in his own hand writing or that is, was typed and signed by him, and it was as follows: Letter Nov. 5th., 1942: My darling wife and daughter: Not much to say except that I am well and everything is O. K. with me here. Weather is quite warm now with a considerable amount of rain. Nights cool, but mosquitoes bad and thick. Expect mail from the States tomorrow. Hope news for me. No mail so far. Officers' garden producing, much help to us. Hope you and Sheila are well, also rest of family. Miss you very much and have dreamed of home much recently. Anxious to return and see what my little daughter looks like, also if you have changed much. I am about the same as before, except not as large, weighing 145 pounds now. Hope we do not have to stay here very long as everyone is anxious to get home. Anyway in the meantime be cheerful until we meet again. Give my love to all and I hope this finds you all well and cheerful. Love to all, (signed) Lewis S. Bishop.

This is the first letter Lew Bishop wrote home after becoming a Prisoner of War on May 17, 1942.

He wrote the letter on November 5, 1942. Marie Bishop did not receive the letter until 13 months later,, and immediately wired a copy and forwarded to his parents on December 10, 1943.

Watertown Times
about Dec. 20, 1943

The newspaper article incorrectly says Bishop became a prisoner on May 17, 1941 rather than 1942.. But it correctly states that officials believed Bishop was a captive of the French up to December 1942, while he was actually a prisoner of the Japanese. In fact, the attempt to offer ransom, cited in Figures 5 and 6 of the text, was based on this incorrect i nformation.

附录 B3　《沃特敦时报》登出毕晓普被俘后的第一封家信（原书第 210 页）

我亲爱的太太和女儿：

　　不能写很多话，只是想告诉你们我还好，这儿一切也还不错。天热，雨多，夜里凉快些。蚊子则泛滥成灾。

　　明天会有从美国来的邮件，但愿也有寄给我的。我好久没收到信了。

　　军官们耕种的菜园有收成了，给我们带来了很多便利。

　　希望你和希拉、家里其他人都好。非常想念你们，最近经常梦到家里。渴望回家，看看宝贝小女儿长得什么样，看看你变化大不大。我和以前差不多，只是小了一号，体重下降到145磅。

　　但愿不用多久，我们就能离开战俘营，每个人都是那么想回家。不管发生什么，开心点，我们会重逢的。请告诉大家，我爱他们。希望你收到这封信时，一切顺遂，快快乐乐。

爱你们的路易斯·S·毕晓普

1943 年 12 月 10 日

DEKALB MAN FIGHTS JAPS IN FAR EAST

DeKalb Junction—Mr. and Mrs George Bishop this week received the following letter from their son, Lewis S. Bishop, who is in active service in China and which will be welcome news to his many friends in this vicinity. Mr. Bishop, who was an instructor at the U. S. Naval Air Station at Pensacola, Florida, since November, 1940, left during the summer for China service. He was on the USS West Virginia in active duty in the United States fleet for two years previous to going to Florida.

Kunming, Yunnan China
Dec. 6, 1941

Dearest folks at home:

I suppose by now you are all wondering how everything is with me out in this section of the world. So far everything is fine and I like my new job fine. I have been here since the 15th of November, that is, in Burma and have enjoyed it O.K. It is a lot better than I really expected, except the we pay $40 a month for our food which could be less.

I've received some letters from Marie (his wife) since my arrival and on the 2nd of December I received the cablegram announcing Sheila Marie's arrival (his little daughter). It took the cablegram eight days to reach me. I am very happy as both are fine. I am looking forward to receiving a letter shortly now with a picture of Marie and baby.

I received one letter from Alice mailed sometime in September and it pleased me immensely to know that you were not all too much worried about my coming out here. As I said before in my last letter to you before I left, I chose this in preference to going out into the Atlantic or up to Iceland. We expect to go to the above address in China but don't know when. Probably by the time you receive this letter I will be there, so address my letters to that address.

The climate here is not too hot during the day. I've seen it hotter in the States around home during the summer than it has been out here. We secure about 11:30 each morning for the day and the rest of the day is for what ever we wish to do. There is a nearby town but not much to speak of. It's a typical Burmese town and not too clean.

I'm mighty glad to hear in Marie's last letter dated Nov. 12, that you were feeling better then and I'm sure you are considerably better now. Please don't worry about me out here or worry too much about what you read in the papers. (This was written before Pearl Harbor).

What seems to be the local news around home and DeKalb these days? I suppose the Army has got a lot of the local young fellows in the draft. Do Orrin and Ethel hear from Lloyd and Lyle often and how are they getting along? I'd like to send you and everyone something for Christmas from here but it costs so much and I'm afraid it might not reach there. However, I hope to buy and bring some articles back with me when I come. I'm also hoping to continue on around the world and return by way of Capetown, South Africa, and across to South America and up that way. It will be just as cheap and a lot sooner. Hope every one of the family is well and say "hello" for me whenever you see them again.

It took us 56 days to reach Rangoon, Burma (where this was really written) from the time we left California. However we spent quite a lot of that time in the Dutch East Indies and Singapore. It was an interesting voyage and I enjoyed it all the way. However, I don't think I'd care to live out here for any length of time. It's quite educational to get around to other parts of the world and see just how other races of people live.

Well it is getting near lunch time and I also want to mail this letter before the mail closes. Write when you can and although it will be a little late, I wish you all a very Merry Christmas and a very prosperous and happy New Year. Give my love to all and tell them everything is fine with me out here. Write when you can and above all please don't worry about me out here.

Your loving son,
LEWIS.

P. S. Mail my letters to Box 104, Kunming, Yunnan, China, as I expect to be gone from here in Burma by the time you receive this letter.

Cablegram messages to his wife at Pensacola, Fla, have been sent on to his parents since the war broke in the Pacific and he has been in the thick of the fighting.

DEKALB AVIATOR BAGS JAP PLANE

LIEUT. LEWIS T. BISHOP WITH THE A. V. G.

GENERALISSIMO PRAISES FLIERS

Former North Resident Writes Parents Telling of Attack on Rangoon—Tells Them Not to Worry About War—Jap Supplies Low, He Says.

DeKalb Junction, March 9.—Lieut. Lewis T. Bishop, son of Mr. and Mrs. George Bishop of this village and a naval aviator, is one of the American Volunteer Group fliers praised by Generalissimo Chiang Kai-Shek of China.

Lieut. Bishop, who in a recent letter told his parents of downing a Jap plane during a raid on Rangoon, Burma, is now in north Burma with the group. The Chinese leader told the American fliers he hoped to celebrate victory with them in Tokyo after the war.

The north country native cautioned his parents against discouragement at the course of the war, asserting that "the Japs will run low on supplies one of these days and then start losing."

He served in Rangoon about a month during the first raids and "unfortunately" was in town when the first Jap air attack was made.

"It didn't take me long to get out to the airdrome, but my transportation broke down when I was just outside of town," he wrote. "By the time I got to the airdrome, the enemy bombers had left. Very little damage was done to the airport and our squadron shot down ten of the Japs that day.

"I got in on the fight the 25th and claim a probable, but could not stay around to find out, as one of their fighters got on my tail. Fortunately our planes are faster, and by diving we can get away. Their bombers fly very good formation and very close. However, their fighters are too slow and cannot keep up with the bombers."

最亲爱的爸妈和兄弟姐妹们：

　　我想，此时此刻，你们一定都急于知道我在世界这一端的情况吧。到目前为止，一切均好，我也喜欢自己的新工作。自从 11 月 12 日到达缅甸后，我一直驻扎在这里，心情愉快。诸事都大大好于我的预料，只有一点不太如意，就是我们每月要交 40 美元的伙食费，但吃的不值这么多钱。

　　我到缅甸后，收到妻子玛丽的一些信，12 月 2 日收到一封电报，说女儿希拉出生了。电报走了八天才到我手上，母女平安，让我特别高兴。我巴望不久就能收到玛丽和小宝宝的合影。

　　大概在 9 月份，我收到爱丽丝的一封信，得知你们不为我远在异国他乡而忧心忡忡，我心里万分欣慰。在离开美国前，我给你们写过一封信，说自己更愿意到这里作战，而不太想到大西洋或冰岛。再过些日子，我们将会移师到中国云南省的昆明，但还不知道具体时间。你们收到这封信时，我很可能就在那儿了。所以，下次写信来，就请寄往昆明吧。

　　缅甸的气候，白天不太热。今年夏天，我美国自己家在的地区反而更热。我们每天早上训练，大概到十一点半结束，下午就由我们自己安排。附近有一个小镇，没什么好说的，就是一个普通的缅甸小镇，不太干净。

　　我尤其高兴，玛丽在 11 月 12 日的信中告诉我，你们的身体已有所好转。相信现在你们的健康又更好了些。千万不要担心我，或过于担心你们在报纸上读到的东西。

　　家里和家乡德卡尔，这些日子都有什么新闻？估计军队在我们那里招了很多年轻人入伍。奥林和伊瑟尔能经常收到劳伊德和丽乐的信吗？他们怎么样？我想给你们和大家寄圣诞礼物，但邮费太贵了，而且担心你们不一定收得到。等我回国，我会买些工艺

品带着。我打算绕地球一圈回国，经过南非开普敦、南美洲，再北上到美国。旅费不贵，还能快点到家。希望亲戚们都好，你们再见到他们时，请代为问好。

从我们离开加州，抵达缅甸仰光，用了 50 天时间。绝大多数时间都在荷兰东印度公司和新加坡的海轮上度过，挺有意思的，整个航程都让我欢喜。我不在乎在异域他乡生活一段时间，到世界各地转转，看看其他种族怎么生活，这是一种非常好的教育。

快到吃午饭时间了，我想在邮局关门前发出这封信。你们便时请给我写信，尽管我要迟一点才能收到。遥祝圣诞快乐，新年大吉！请把我的爱给大家，告诉他们我在这里一切安好。盼来信，最重要的是，请不要为我担心！

爱你们的儿子路易斯

1941 年 12 月 9 日

又及：给我的信请寄到中国云南省昆明市 104 号信箱。你们收到该信时，我已离开缅甸，被派遣到昆明了。

Three Pensacola Men Are Dead Or Captured in Far Pacific War

By JOHN W. COLE

Three Pensacola families last week received grim news from Pacific war fronts.

The casualties:

Louis Sherman Bishop, captain in the Chinese Army, former ensign in the U. S. Navy, with the American Volunteer Group of Flying Tigers in China, captured.

Tom Hayes Carden, chief aviation pilot, U. S. Navy, listed as missing since the fall of Corregidor.

Lt. (jg) Robert Conrad, U. S. Navy, killed, presumably in an action involving convoy duty.

Bishop's wife and six-months-old daughter, Sheila, live in Curry Place, Warrington. Carden's wife and children live at 1021 North Q street, in Brownsville. Conrad's wife is in California, but she is the daughter of Mr. and Mrs. E. G. Latham, 1808 East Jordan street.

Mrs. Bishop received a wire from Gen. C. L. Chennault, famed commander of the AVG fliers, saying Bishop had been forced to abandon his ship over Laokay, Indo-China, and was seen to land safely in enemy territory. It was believed, the telegram said, that Bishop had been captured.

Mrs. Carden was advised by the navy department that her husband was listed as missing. Details as to whether he was killed, or captured when Corregidor fell, were not available. He had been on active duty at Olongopo, a naval air base near Manila. He escaped to Bataan to fight with McArthur and Wainwright until Bataan was abandoned and many Americans, including the naval units, took refuge in Corregidor fortress until the surrender.

The Latham family received word from their daughter, Harriet, that Conrad, her husband, had been killed and was interred in Hawaii. No details were available here. Herbert Latham, her brother, said he believed Mrs. Conrad would return here shortly to live.

Conrad had been detached from the local air station only since March 2, 1942. Aged 26, he came to the station after elimination training at Seattle on December 28, 1936, and was commissioned December 10, 1937. He then went to the fleet, later returning here as an instructor.

On Dec. 3, 1938, he was married to Miss Harriet Latham, and she took up residence in California.

Carden was perhaps the most widely known. For several years he was "leading chief" of Squadron Four at the Naval Air station. Mrs. Carden is active in fraternal groups and her husband, when stationed

LOUIS S. BISHOP

here was also active in civilian activities.

Besides Mrs. Carden, the family includes a daughter, Patsy, and two sons, Jimmy and Stokes.

Bishop was stationed here as an instructor in Squadron 1-A and Squadron 5, prior to his departure last fall with a group of American fliers who went out to Burma to fight off Japanese raiding the Burma Road, over which war supplies were being sent to China.

First stationed at Rangoon, in Burma, the Flying Tigers fell back to Kunming, in China, as the Japs began their occupation of Burma. But they took a terrific toll of Jap warplanes both in the defense and later when they were based in Kunming.

In letters to his wife, Bishop described several dogfights between American and Jap planes. His descriptions were confirmed by official reports showing the Americans to be far superior, both with men and machines, as fighters. Jap planes had one advantage over American P-40 pursuits; they were more maneuverable. But they were slower, and gunnery was inferior, and the Americans estimated the ratio in their favor, after counting all factors, was about 10 to 1. As a matter of fact, one of Bishop's letters related how four American fighter pilots engaged a swarm of about 100 Jap bombers and fighters. They didn't know how many Jap planes they blasted from the sky, but all four Americans flew safely back to base when the melee was over.

Only conjecture is possible as to Bishop's present status. The AV

fliers, when one of their number had to bail out, circled his parachute down to keep Jap pilots from machine-gunning the descending man. Chennault's telegram was positive that Bishop had landed safely "in enemy-occupied territory, and believed to be a prisoner of war."

But one AVG flier who bailed out under similar circumstances in Burma several weeks ago, and who was thought captured, got back to base about two weeks later after a journey through enemy lines that is one of the classic sagas of this war.

And persons who knew Bishop here, both Navy and civilian, will lay odds that if he landed uninjured and got a short start on the Japs, he might have escaped. Laokay is in northeastern Indo-China right on the border of China proper. Available maps indicate it is about 250 miles south-by-east from Kunming.

Factors in Bishop's favor: The terrain is jungle - covered; Laokay is on a river and a roadway that extend northward into China proper, and Bishop could be expected to have spotted these from the air; the natives have been under Japanese domination long enough so that, if the Japs have followed their usual custom in occupied countries, they very likely do not feel friendly toward the Japs.

附录 B5　三名潘沙可拉军人在太平洋战场牺牲或被俘（原书第 212 页）

Capt. Lewis S. Bishop's Plane Forced Down in French Indo-China

Captain Lewis S. Bishop, son of Mr. and Mrs. George Bishop, DeKalb Junction, will probably be out of action as a member of the "Flying Tigers" in the Burma war zone for some time, if not for the duration of the war.

Anti-ircraft sharpnel disabled the plane piloted by Captain Bishop over French Indo China as the American Eagle squadron was on one of its raids against Japanese operations; and the veteran flier who has been stationed at Kunming, China, was forced to "hit the silk". Upon landing he was interned by the French forces.

Word of Capt. Bishop's internment arrived at the home of his parents from their daughter-in-law in Florida. A clipping sent to Mr. and Mrs. Bishop from a Pensacola paper reads as follows:

"Lewis S. Bishop, member of the American Volunteer Group of fighter pilots in China, who was forced down near Laokay in French Indo China on May 17th, is safe. Mrs. Bishop was so advised by officials today. Bishop parachuted safely down after his plane was disabled by anti-aircraft sharpnel, and was interned by French officials of Indo-China, according to word from the American consular service. They advised that Bishop was not only safe but in good health.

"Gen. W. L. Chennault, commanding the 'Flying Tigers' had wired Mrs. Bishop that her husband had landed behind enemy lines and was presumed to be a prisoner of war. Meanwhile, a description of the action in which Bishop's plane was disabled has been obtained from a source that can not be revealed but is reliable.

"Bishop, flight leader of his squadron was involved with other American pilots in an attack on a Japanese troop supply train near Laokay. The fliers with light bombs tied onto the wings of their fighter planes set the train afire with the bombs and strafing tactics. Bishop's plane was disabled at about 1,000 feet and he bailed out over the city of Laokay, which is on the Chinese border, but a 40-mile wind blew his chute back into Indo-China. His companions saw that he landed safely and naturally assumed that, landing in enemy-occupied territory he was a prisoner of war. Evidently French officials got him first."

FLIER INTERNED IN INDO-CHINA

A. V. G. MAN SHOT DOWN BY ANTI-AIRCRAFT FIRE

LEWIS BISHOP, DEKALB JUNCTION

Bishop, Squadron Leader With American Volunteer Group, Was Attacking Japanese Troop Train When His Plane Was Struck by Shrapnel—Parachuted to Safety.

Dekalb Junction, June 4. — Capt. Lewis Sherman Bishop, a flight leader with the American Volunteer Group—the "Flying Tigers"—has been interned by French officials in Indo-China after having parachuted to safety behind enemy lines following action in which his plane was shot down.

Word of Bishop's safety was received this week by his parents, Mr. and Mrs. George Bishop of this village, in a letter from the aviator's wife, who resides at Corry Place, Warrington, Fla. Mrs. Bishop's information came from officials of the New York firm employing the "Flying Tigers" after she had been notified by Brig.-Gen. W. L. Chennault, group commander, that Bishop was presumably a prisoner of war.

Bishop, according to word received by his parents, was shot down by anti-aircraft fire near Loakay, French Indo-China, on May 17. His plane became disabled at about 1,000 feet and he bailed out, trusting to luck to land on the Chinese side of the border near Loakay. A 40-mile wind, however, carried the parachute into Indo-China.

After French officials had interned him, they notified American consular officials, who in turn contacted the New York concern. Occupation of Indo-China, a Vichy state, was a preliminary step to the Japanese attack on Pearl Harbor and Singapore.

A description of the action in which Bishop was participating when his plane was struck by anti-aircraft shrapnel has been received by his parents. A. V. G. pilots were attacking a Japanese troop and supply train at the time.

The operation was successful, the fliers having set the train afire by bombing and stafing tactics. Bishop's companions watched him as he bailed out and when it was noted he had landed safely, they reported to headquarters he was probably a prisoner of war.

Lewis Bishop Honored By Kai Shek Two Days Before Being Captured

Lewis Bishop, member of the American Volunteers group of fliers who was forced down behind the Japanese lines in Indo-China on May 15, had just been signally honored by Generalissimo Chiang Kai-Shek of China for outstanding success in action, according to a letter received by his wife Mrs. Alice Marie Bishop of Aero Vista:

Bishop "bailed out" of his plane near Laokay, on the Chinese border in Indo-China, when anti-aircraft fire damaged his plane as his squadron wrecked a Japanese troop train entering the city.

Fellow pilots saw him land safely and Gen. C. L. Chennault, commanding the AVG, said Bishop was presumed to be a prisoner of war. Later, Mrs. Bishop was advised through American consular connections that Bishop, had in fact been interned by the French in Indo-China. But she has had no direct word from her husband.

General Chennault sent her a cable from Kunming about Bishop's presumed capture, and this week she received a letter from the general which read, in part, as follows:

"Only two days before his misfortune he received the highest honor ever bestowed upon an American pilot by his excellency the Generalissimo Chiang Kai-Shek in the form of a promotion to vice squadron leader with all of the responsibilities and honors accruing to this office. Such personal recognition for bravery and courage from the leader of a people, who have been fighting for almost five years for a just cause in which they believe, is an honor bestowed only rarely. It was prompted by the successful operation of a daring mission completed by Lewis Bishop and five other AVG pilots over Hanoi May 12.

"Three days later, Lewis Bishop went out on a mission of similar importance and effectiveness. The mission was almost complete when fragments of anti-aircraft fire struck his ship and he was forced to use his parachute. He was last seen landing safely in enemy territory just across the lines from our Chinese defenses. Reports from the front indicate that he is being detained as a prisoner of war.

"Under circumstances such as these, words are inadequate and weak to express our sincere sympathy to you. Our own thoughts are heavy with the loss of the man we had all learned to respect and to love. We can only hope that he is safe and bearing bravely the misfortune of a confinement that cannot last forever.

"Our intelligence service has orders to search out definite information on his condition and whereabouts, and I assure you that this information, once established, shall be sent on to you immediately."

附录 B7　毕晓普被俘前两天获蒋介石表彰（原书第 214 页）

Bishops Get First Word from Son, Flying Tiger Held Prisoner by Japs

OGDENSBURG.—In the first direct word from Maj. Lewis S. Bishop, formerly a member of the famous "Flying Tigers," since he was taken prisoner by the Japanese in 1942, Mr. and Mrs. George Bishop of DeKalb Junction have received a letter from their son stating that he is in good health altho a prisoner of war.

Wife Receives Letter

The letter addressed to Maj. Bishop's wife, Mrs. Marie Bishop of Pensacola, Fla., was forwarded to the Bishops and arrived Christmas week. It was dated June 23, 1943, and arrived in Florida Dec. 17.

Maj. Bishop, a native of DeKalb Junction and a graduate of Dean high school of Gouverneur, attended Oklahoma university before entering Pensacola naval air station for flight training. Upon completion of the course, he was commissioned a lieutenant and for a time was stationed with the Pacific fleet. He joined the American volunteer group in China, the "Flying Tigers", when it was organized and when it became a part of the U. S. army, he remained with it.

While bombing Jap rail communications in Burma on May 17, 1942, Maj. Bishop's plane was shot down and he was forced to bail out. A high wind carried him across the Indo-China border and he was taken into custody by French authorities and turned over to the Japanese. He was interned in Shanghai.

附录 B8　毕晓普父母收到儿子首封来信，飞虎被日本鬼子囚禁（原书第 215 页）

Maj. L. S. Bishop, 27, Interned at Shanghai

Former Dekalb Junction Resident Was Captured Last Year While Serving With Flying Tigers.

(Special To The Times)

Dekalb Junction, May 19.—Official notification has been received from the war department that Maj. Lewis S. Bishop of the former Flying Tigers is a prisoner of war of the Japanese and has been interned at Shanghai, China, his parents, Mr. and Mrs. George Bishop, Dekalb Junction, revealed today.

The information, relayed to Mr. and Mrs. Bishop by Major Bishop's wife, Mrs. Marie Bishop, Warrington, Fla., was the first authoritative report on Major Bishop in a year. Previously, it had been learned unofficially that, while bombing Jap rail communications May 17, 1942, his plane was shot down and he was forced to bail out. A high wind carried his parachute across the Indo-China border, and he was picked up by French authorities and interned, it was said. A later message, still unofficial, said that he was being held by the Japs.

Following disclosure last month that American fliers captured by Japs after the raid on Tokyo had been murdered, the the fears of Mr. and Mrs. Bishop for the safety of their son increased. The war department's announcement, however, reassured them that he was in good health.

Major Bishop, 27 years old, a native of this village and a graduate of Gouverneur High school, served with the American Volunteer group—dubbed the Flying Tigers because of the singular insignia on the noses of their planes—had served in Asia since the beginning of the war.

In early stages of the Jap drive he flew a patrol plane over the Burma road and later engaged with his famous unit in the destructive attacks on Japanese targets in Burma. When he left this country he was a lieutenant (j. g.) in the navy, subsequent transfer to the army and advancements making him a captain and then a major.

A flight leader with the A. V. G., he was one of a group which received special commendation from Generalissimo Chiang Kai-Shek, Chinese Nationalist leader.

After his graduation from high school he matriculated at Oklahoma university and upon completing his junior year entered the Pensacola Naval Air station to study aviation. He was later commissioned a lieutenant junior grade in the navy and for a time was attached to the Pacific fleet. He joined the American Volunteer group when it was organized. Last summer the A. V. G., which was headed by Lieut. Gen. Claire Chennault, became a part of the U. S. army.

附录 B9　毕晓普少校,27 岁,被囚上海(原书第 216 页)

'Flying Tiger', Former DeKalb Junction Boy, Is Prisoner Of Japs In Shanghai Parents Learn

DeKalb Junction — Official notification has been received from the war department that Maj. Lewis S. Bishop of the former Flying Tigers is a prisoner of war of the Japanese and has been interned at Shanghai, China, his parents, Mr. and Mrs. George Bishop, DeKalb Junction, announced here.

The information, relayed to Mr. and Mrs. Bishop by Major Bishop's wife, Mrs. Marie Bishop, Warrington, Fla., was the first authoritative report on Major Bishop in a year. Previously, it had been learned unofficially that, while bombing Jap rail communications May 17, 1943, his plane was shot down and he was forced to bail out. A high wind carried his parachute across the Indo-China border, and he was picked up by French authorities and interned, it was said. A later message, still unofficial, said that he was being held by the Japs.

Following disclosure last month that American fliers captured by Japs after the raid on Tokyo had been murdered, the fears of Mr. and Mrs. Bishop for the safety of their son increased. The war department's announcement, however, reassured them that he was in good health.

Major Bishop, 27 years old, a native of this village and a graduate of Gouverneur High school, served with the American Volunteer group — dubbed the Flying Tigers because of the singular insignia on the noses of their planes — had served in Asia since the beginning of the war.

In early stages of the Jap drive he flew a patrol plane over the Burma road and later engaged with his famous unit in the destructive attacks on Japanese targets in Burma. When he left this country he was a lieutenant (j. g.) in the navy, subsequent transfer to the army and advancements making him a captain and then a major.

A flight leader with the A. V. G., he was one of a group which received special commendation from Generalissimo Chiang Kai-Shek, Chinese Nationalist leader.

After his graduation from high school he matriculated at Oklahoma university and upon completing his junior year entered the Pensacola Naval Air station to study aviation. He was later commissioned a lieutenant junior grade in the navy and for a time was attached to the Pacific fleet. He joined the American Volunteer group when it was organized. Last summer the A. V. G., which was headed by Lieut. Gen. Claire Chennault, became a part of the U. S. army.

HEAR BAD NEWS. Mr. and Mrs. George Bishop, above, have heard that their son, Major Lewis Bishop, one of the famed Flying Tigers, is at present a captive of the Japanese. The last they had heard from him was when he asked for the exact date of their 50th wedding anniversary, which took place last November. Mrs. Bishop is at present seriously ill with a heart attack and pneumonia. The captured flyer, shown at right, had also been held by officials in China when he dropped behind the lines in a parachute last year.

附录 B10　德克尔家乡的父母得知飞虎儿子被囚上海的日军牢窟(原书第 217 页)

Maj. Lewis, Bishop, Prisoner Of Japs Since 1942, Writes Optimistic Letter

DeKalb Junction—"Things are much brighter here now," Maj. Lewis S. Bishop, son of Mr. and Mrs. George Lewis of DeKalb Junction, a prisoner of war at a Japanese camp, states in a letter to his wife, who is a resident of Pensacola, Fla. Two cards and this communication have been the only messages received from him since his capture more than two years ago.

The letter follows:

February 9, 1944.

My darling wife and daughter:

With permission to write another letter, I wish to inform you and all back home that I am still well and getting along fine. The monotony of being a prisoner of war has still not got me down, nor have my spirits dropped in the least. I am in good health which I strive to watch carefully, and getting along fine here. The winter here this year has been quite mild and easily endured. We have had but a few cold and rainy days.

As I told you in previous letters, our time is occupied by working, not only in our Officer's garden, but also on the large farm which is just outside our camp. During the winter we can grow only cabbage, which grows more like celery than anything else.

We HAD VERY GOOD food for Christmas; dinner consisting of beef, apple pie, one apple, two oranges, extra ration of bread, nuts, candy, crackers, split pea soup, sweet potatoes, Irish potatoes and as usual, rice. It certainly was tastely and well enjoyed by all. How was Christmas back home last year? I am sure you all fared well, except Christmas is not complete unless all your loved ones are there to enjoy it together.

I am so anxious to get home, darling, to see how you and daughter Sheila are getting along must be quite a lady now. Does she talk much and ask about her daddy? Tell her that daddy is thinking of her and her mommie all the time and prays that they are well and as happy as circumstances permit.

How are my folks up home these days? Hope they are well and you hear from them often. Give them my love and tell them not to worry about me. Hope mother, Dad and Dub are all well.

HOW ARE YOU MANAGING financially and what sort of an income do you get? I knew before my capture that my contract would be paid out, as informed by the commanding officer, and that was sufficient to carry you for three or four years. Outside of that I can think of no other means by which you receive pay for my being here. I can only hope for the best and will be glad to get back and return to my original service for a life time career, if possible. I only hope this time here will count for service time when I return for re-entering the Navy. You might investigate and inform me how I am being carried on the Navy list. There are rumors of letters in camp and I think I have one from you, dated about April 1943. I heard that a movie was made of the old A.V.G. group, and if so was I mentioned or portrayed in the film? Are you saving copies of "Life" and other magazines now? It will be interesting to read up on past events and see what happened during my sojourn as a war prisoner. The spirit and morale of the camp is very high, and every one is looking forward with optimism to returning home soon. So until we are together again, dear, keep your chin up and be cheerful.

Give my love to all,
Your loving husband,
Lewis.

The message on the card to his mother was:

Oct. 31, 1943

Dear Mother:

It has been a year and a half now since being captured, which doesn't seem so very long, as the time seems to have passed quite rapidly. I have been in good health and weight about 150 lbs. now, so please don't worry about me too much. Hope you and all are in good health. Give my love to all and to my dear wife and little daughter.

Shiela must be quite a good size girl by now, and I am very anxious to see her, as well as every one else. The weather is beautiful here now and I had a good sun bath yesterday. Things are much brighter here now, and we are all hoping the war to end soon. Just tell all the gang back there to put on the spurs and ride high, wide and handsome and keep your chins up. I have received no letters yet from home. Keep well and be cheerful. My love to all.

Your son Lewis.

录 B11　毕晓普少校，在 1942 年被日本人俘虏后，写信表示乐观（原书第 218 页）

亲爱的妈妈：

我被俘已有一年半了。光阴似箭，一年半好像也不特别长。

我身体状况良好，体重约150磅。所以，请不要过于为我担心。希望您和家里所有人身体健康！请告诉他们，还有我的爱妻和宝贝小女儿，我爱他们。小希拉个头长得高吧？我特别渴望见到她，还有其他所有人。

这里的气候宜人，我昨天还晒了好一会儿太阳。

未来越来越光明了，我们所有人都期盼战争尽快结束。请告诉美国同胞振作精神，跃马扬鞭，抬起头，勇敢向前进。

我一直收不到家里的来信。

请多保重，开心点！我爱你们大家！

您的儿子路易斯
1943 年 10 月 31 日

我亲爱的太太和女儿：

我得到了允许，可以再写一封信。我想告诉你们和家里所有人，我一切尚好，身体恢复得也不错。当战俘是很乏味单调，但一点都没有把我压垮。我现在身体好了，也很注意保持下去。我适应了这里的生活。冬天温和好过，只有几天比较冷，因为下雨。

就像给你们的上封信里所写，我们整天都在干活。被俘的军官除了在菜园干活，还要在战俘营外的一个大农场劳动。冬天，我们只能种大白菜，和种芹菜的方法差不多。

圣诞节我们吃了一顿美味佳肴，有牛肉、苹果派、一个苹果、两个橘子、超过定额的面包、坚果、糖果、饼干、豆子汤、红薯和爱尔兰

土豆,再加上平时吃的米饭。这些当然可口极了,所有战俘都视之为无上的享受。去年你们怎么过圣诞节的? 一定很开心吧。其实,只有当全家人团圆,相亲相爱,圣诞节才算圆满。

亲爱的,我多么盼望回家,多么想看看你和宝贝女儿希拉! 她一定长成小姑娘了吧? 她讲话多吗? 有没有问起她爸爸? 告诉她,爸爸日夜思念她和她妈妈,祈祷你们随遇而安,幸福快乐。

我爸妈远在北方,情况怎么样? 但愿他们都好,你能经常得到他们的音讯。告诉他们我爱他们,让他们不要为我担心。祝爸妈身体健康,心情愉快!

你经济上是怎么维持的? 收入如何? 我在被停前,从指挥官那里得知,我的薪水都已按照合同支付,足够你维持三四年了。除此,我想不出你还会收到我在中国的其他什么报酬。我只能从最好处希望,满心期待着回国,返回我原先的部队,并以此为终身的职业。如有可能,希望我回到海军服役时,我在战俘营的时间也能算在服役期内。也许你可以打听一下,我是否还在美国海军的名单上。战俘营里有人说,看到你写给我的信,大概是在 1943 年 4 月,不知是真是假? 另外,我听说拍了一部关于援华航空志愿队的影片,里面有没有拍到我或提到我? 你现在还保留《生活》①和其他杂志吗? 读读以前发生的事,看看在我被停期间都发生了什么,一定很有意思。战俘营里的人个个情绪高昂,十分乐观,期待不久就能回家。因此,亲爱的,抬起头来,快乐点,我们一定会再相见的。

请向所有人转告我爱他们。

爱你的丈夫路易斯

1944 年 2 月 9 日

---

① 《生活》(*Life*),美国著名的图画杂志。1936 年由卢斯(Henry Robinson Luce,1898—1967) 创办于纽约。原为周刊,1978 年 9 月改为月刊。二战期间,刊载美国援华航空志愿队(即"飞虎队")的报道,并在 1942 年 10 月的那期,以"飞虎队"指挥官陈纳德为封面人物。——译注

DekalbJunction Man Flees Japs, Jumping From PrisonerTrain

Vice Squadron Leader Lewis S. Bishop Home — Held Captive Three Years.

(Special To The Times)

DeKalb Junction, Sept. 7.—After three years in Japanese prison camps, Vice Squadron Leader Lewis S. Bishop, 30, one of Gen. Claire Chennault's famous "Flying Tigers," made good a dramatic escape by jumping from a Jap prison train and has arrived in this village with his four-year-old daughter, Sheila, to visit his parents, Mr. and Mrs. George W. Bishop.

In an interview at his home here, Mr. Bishop related the horrors and hardships of life in Jap-confinement and intimated that everything ever said or written about Japanese cruelty and torture of Allied prisoners is authentic. He was captured May 17, 1942.

Confined to a camp in Shanghai, China, Mr. Bishop made his escape on May 10 of this year about 11:30 p. m. by jumping from a window of a train that was moving prisoners to northern China, near Peiping. There were four other officers who escaped the same way; each leaving separately while the train was in motion. All five were together five days later and were smuggled through the Jap lines several times by Chinese guerillas, finally reaching American forces in western China about 40 days later.

Discussing his experiences, Mr. Bishop said:

"We traveled by foot, boat, donkeys and horses. We were treated like kings by the Chinese. Always there was more food than we could possibly eat and it was because of this excellent treatment over the 40-day period that each of us regained good, solid weight and good physical condition.

"We finally reached American forces and were flown out from a secret air field by the army air transport command.

"That was the most joyous moment of my life, when we took off from that field and winged our way over 200 miles of Japanese-held territory to a base near Chungking, and later to Kunming, the headquarters of the 14th Air Force, where General Chennault, commander of 'The Flying Tigers,' was anxiously awaiting my return. He was as overjoyed as a father over the return of one of his boys.

"I left Kunming by air, traveling westward, on July 1, and arrived in Washington, D. C., on July 9, where I saw my daughter for the first time. It is not difficult for one to imagine the feeling of happiness of such an occasion."

Before joining the American volunteer group in China, in November, 1941, Mr. Bishop had previously served four years as a naval aviator in the U. S. navy. He graduated from the Oklahoma military academy in 1937, and entered the naval air station, Pensacola, Fla., as an aviation cadet in the fall of that year. He was graduated and designated a naval aviator in September, 1938, and ordered to active duty in the U. S. fleet aboard the U. S. S. West Virginia, where he served two years. He was detached and ordered to Pensacola, Fla., as an instructor in flying. He resigned from the navy in August, 1941, and reported to General Chennault, then a colonel, in Toungoo, Burma, the training base of "The Flying Tigers."

After Pearl Harbor, he fought as a volunteer pilot in Burma, Thailand and French Indo-China, until his capture, when he was forced to bail out at about 600 feet over enemy territory as a result of damage and fire from an exploding bomb, just after its release. He was captured by Vichy French troops and turned over to the Japanese the following day.

"Then started the long grueling period of being questioned by the Japs over a period of two and a half months," he continued. "On several occasions, I was beaten by them for information and the Japs went as far as going through all the preliminaries of beheading me. They stopped at the last moment, but I thought that was the end. Finally, I was taken to Shanghai, after having traveled all over French Indo-China, and placed in the Bridge House jail, July 3, 1942, where the Japs started a slow systematic torture by starvation. I weighed 170 pounds upon entrance and after nine months, when I was carried out, I weighed 110.

"My food for this period consisted of a tea cup of rice three times a day and fish heads; sometimes of a soup that looked like dishwater. I had beri-beri, pellagra, insect bites and all the filth that goes with that hell-hole. It was practically solitary confinement all the time. The cell was totally bare and dirty. No bed, nothing to read, no cigarettes, no talking and no heat.

"Here I met for about three minutes, the eight captured airmen of Doolittle's fliers, who had been in there from May to October, 1942. Their conditions and treatment were on a par with mine.

"Jap guards would beat up the prisoners for the slightest offense. I had two baths, one shave and one hair cut in the nine months; I was finally moved, when my condition was o deplorable, to the P. O. W. camp in Kiangwan, just north of Shanghai. Here the American doctors managed to pull me through by the use of four blood transfusions, four glucose injections and countless vitamins in the form of pills and injections. My red blood corpuscle count when I arrived at the P. O. W. camp was 800,000, against the normally required count of 4,500,000.

"All the medical supplies administered were through the Red Cross, the first shipment of which had arrived in camp in the late fall of 1942. When I arrived in March, 1943, there were still some food packages left and this food enabled me to slowly regain my health. I gradually and fully recovered over a period of two years and two months here, and at the time of my escape, my condition was much better.

"It was in this P. O. W. camp that the Japs held the Wake Island marines, commanded by Lieut. Col. J. P. S. Devereoux, who surrendered only when they were overwhelmed and had no ammunition left and to the save the lives of the civilian defense workers on the island.

"Two picti   .   .. in Watertown Times last week were of the same camp in which I spent two years and two months. One is a library scene and the other one is just before the start of a Field day held for our captives.

"It shows our senior war prisoner, Col. W. W. Ashurst, center, with Maj. L. A. Brown, left, talking to Camp Commandant Colonel Otora, with Lieutenant Hatsui in rear of the Jap colonel. Colonel Ashurst was the officer commanding the Pepin, Tientsen marine embassy guard, captured the first day of the war and brought to Shanghai as prisoners of war, whereas they were on diplomatic status and should have been repatriated. Major Brown was his executive officer.

"All recreational equipment of this camp was furnished by the Red Cross from Shanghai, plus all medical equipment and clothing. The bulk of the food that kept us prisoners alive in this camp was practically all from the Red Cross in Shanghai, plus Red Cross food packages from the states. The Japs furnished us with rice, salt, some vegetables and occasionally meat. We usually had boiled cereal, straight, for breakfast, rice and a watery stew for dinner, and rice and stew for supper. The best food was saved for the evening stew.

"The prisoners were worked hard and very often beaten by the guards and interpreters. It is 'Heaven on Earth' to all of the prisoners alive now, to be liberated. I know just how over-joyed they all are now."

Mr. Bishop has accepted a commission of lieutenant, junior grade, U. S. naval reserve, and will report to Pensacola, Fla., air station for a refresher course before reporting for further duty with the fleet. He hopes to have a regular commission and make the navy his life career.

During the six months of active combat, he is officially credited with five and one-fifth confirmed planes and four probables, along with numerous strafing missions on Japanese airfields and military installations.

Two days before his capture he was honored by Generalissimo Chiang Kai-Shek with the highest honor ever conferred by the Chinese government upon an American pilot, in the form of a promotion to vice squadron leader, prompted by the success of a daring mission completed by Mr. Bishop and five other A.V.G. pilots over Hanoi, French Indo-China, on May 12, 1942.

In the book by Col. Robert L. Scott, "God Is My Co-Pilot," Mr. Bishop is mentioned with the mission of the day he was captured.

A family reunion was held Sunday at the home of Mr. and Mrs. George W. Bishop in honor of their son.

附录 B12　德卡尔的飞行员逃离日本战俘火车（原书第 219 页）

副中队长路易斯·毕晓普被俘三年后回家

特别报道(德卡尔,1945 年 9 月 7 日)毕晓普,30 岁,是大名鼎鼎的陈纳德"飞虎队"的副中队长。他曾经被日本人囚禁三年,后来跳出战俘火车,神奇地逃离魔掌。现在,他带着四岁的女儿希拉,返回故乡小村,探望父母。

毕晓普在家中接受了采访,讲述了自己被囚的残酷遭遇,并保证他关于盟国战俘的谈话和文字,均为实情。他在 1942 年 5 月 17 日被俘。

毕晓普被关在上海的战俘营,在 1945 年 5 月 10 日夜里大概 11 点半,他从运战俘的火车窗口跳出。这列火车要把战俘转移到华北的北平附近。和毕晓普一起逃跑的还有四名美军军官,他们在火车开时,一个个跳车逃离。五天后,五人会合,中国游击队带领他们数次穿过日军封锁线,约在四十天后,到达中国西部的美军基地。

毕晓普这样描述自己的经历:

> 我们有时步行,有时乘船,有时骑马和驴子。中国人就像迎接君王一样,款待我们,总有吃不完的美食。因为四十来天都受到了盛情的款待,我们每个人的体重都增加了不少,身体健壮。
>
> 我们最终到达了美国部队。然后,在一个秘密的飞机场,搭乘军用飞机继续前行。
>
> 那是我一生最快乐的时刻:从机场起飞,越过 200 多英里的日占区,到达重庆附近的基地,再飞到第 14 航空大队在昆明的总部,在那里,"飞虎队"的指挥官陈纳德将军焦急地等着我回来,他就像看到孩子回来的父亲一样,特别高兴。
>
> 7 月 1 日,我从昆明乘飞机,向西飞,在 7 月 9 日到达华盛顿,第一次看到了我的女儿。不难想象,我们当时是多么开心!

毕晓普在 1941 年 11 月加入美国援华志愿队前在美国海军服役,当了四年海军飞行员。他 1937 年毕业于俄克拉荷马军事学院,同年秋季,成为佛罗

里达州潘沙可拉海军航空站的飞行新学员。结束学业后,他在 1938 年 9 月接受派遣,担任海军飞行员,在美舰"西弗吉尼亚号"上效力。两年后,他离开该舰,受命到佛罗里达州潘沙可拉担任飞行教官。1941 年 8 月,他从海军退役,到缅甸同谷的"飞虎队"训练基地,向陈纳德将军(时任上校)报到。

珍珠港事件后,毕晓普作为志愿队飞行员,参加了缅甸、泰国、印度支那的空战。在最后一次执行任务时,炸弹刚投射就起爆,导致他的座机失火被毁。他不得不在敌占区上空约六百英尺处跳伞逃生,后被维希法国政府的军队抓获,次日转交给日本人。

"日本对我进行了残酷的轮番审问,审问超过了两个半月。"毕晓普接着讲道:

他们几次拷打逼问,甚至就要砍我的头了,却在刀要落下来的最后一刻,没砍下去。我想,这下没救了。最后,我被押着在法属印度支那兜了一圈,送到上海,在 1942 年 7 月 3 日,被关进提篮桥监狱。入狱时,我体重 170 磅,九个月后,我转狱时,体重只有110 磅。

在提篮桥监狱,我一天三顿都是一茶杯米饭和鱼头,有时有像洗碗水一样的汤。我害了脚气病、糙皮症,身上都是虫子咬的伤,囚室里肮脏无比。我几乎一直都是单独囚禁,囚室里很脏,什么都没有,没有床,没有东西读,没有香烟,没有取暖的东西,不能讲话。

在这个监狱,我碰到了杜立特轰炸日本中队的八名飞行员,和他们谈了约三分钟。他们从 1942 年 5 月到 10 月被关在这里。他们的状况和待遇,和我的一样糟。

只要稍稍有点冒犯,日本看守就会毒打囚犯。在九个月里,我只洗过两次澡,刮过一次胡子,理过一次发。我的情况糟透了,最后被转到了上海北部的江湾战俘营。在战俘营,美国医生给我输了四次血,注射了葡萄糖和维生素,还服用了无数维生素片,终于把我给救了过来。我到战俘营时,红血球只有 80 万,而正常值为

450 万。

战俘营里所有的医疗补给，都来自红十字会，第一批补给是在 1942 年深秋到的。我 1943 年 3 月到战俘营时，还剩余一些食物包裹，靠这些食物，我慢慢恢复了健康。在战俘营的两年零两个月，我渐渐康复，最后全好了。到我出逃时，我的身体状况已经大有好转。

日本人就是把从威克岛上俘虏来的海军陆战队员，关押在这个战俘营里。当时，这些海军陆战队员已经打光了所有的弹药，而敌人的数量大大超过自己，为了保全岛上构筑防御工事的平民的性命，指挥官德弗罗中校选择了投降。

《沃特敦时报》上周登出两张照片，拍的就是我待了两年零两个月的战俘营，一张是战俘营里的图书馆，还有一张拍的是战俘运动会开始之前。

照片上有我们的军官战俘，中间是 W. W. 阿瑟斯特上校，左边是 L. A. 布朗少校，他们正和战俘营的日本总指挥官奥塔拉上校讲话。这名上校的身后是日本的言荣中尉。阿瑟斯特上校原是美国驻华领事馆天津区的卫队长，在开战第一天被俘。当时，美日的外交关系还未断裂，他原本应该被遣返回国的。布朗少校是他的执行官。

这个战俘营的所有娱乐设施，都是上海红十字会提供的，他们也提供了所有的医疗设备和衣服。让我们活下来的大部分食物也来自上海红十字会，还有的来自美国。日本鬼子给我们吃米、盐、蔬菜，偶尔还有肉。我们早饭通常吃煮麦片，中饭吃米饭和加了很多水的炖菜，晚饭吃米饭和炖菜。最好的食物都省下来做晚上的炖菜。

战俘被迫做强体力劳动，经常遭到卫兵和翻译的毒打。但对于现在所有还活着的战俘而言，那里就好比"地球上的天堂"。我知道，他们现在都感到庆幸。

　　毕晓普已经接受了美国海军后备役中尉的任命,将到佛罗里达州的潘沙可拉报到,参加进修,然后到舰队就职。他希望得到正规军的任命,在海军奋斗终生。

　　被俘两天前,毕晓普荣获了蒋介石总司令授予美国飞行员的最高表彰,被晋升为副中队长。表彰理由是:在 1942 年 5 月 12 日,他和另外五名援华志愿队员,空袭了法属印度支那(今越南)境内的河内,作战英勇,战果辉煌。

　　罗伯特·司各特上校曾出版《上帝是我的副驾驶》这一名著,书中描述了毕晓普被俘那天,他们一起执行战斗任务。

　　星期日,乔治·W·毕晓普夫妇在家举办团圆宴,欢迎九死一生归来的爱子。

LT. LEWIS BISHOP HAS BRONZE STAR

Dekalb Junction Man Was Member of Famous Flying Tigers.

(Special to The Times.)

New York, April 8.—Lieut. Lewis S. Bishop, U.S.N.R., of Dekalb Junction, member of General Claire Chennault's famous Flying Tigers, has been awarded the Bronze Star medal for meritorious service while interned by the Japanese as a prisoner of war, the Third Naval district disclosed today.

The presentation was made to Bishop on Monday at 90 Church street, headquarters of the Third Naval district. Rear Admiral Monroe Kelly, U.S.N., presented Lieutenant Bishop with the decoration. Subsequent to the ceremony, the Third Naval district revealed that Bishop had been accepted for service in the regular navy. He is 32 years old.

Signed by Secretary of the Navy James V. Forrestal, the citation accompanying the award follows:

"For meritorious achievement while interned as a prisoner of war in China from January 1943 to May, 1945. Effecting his escape from the Japanese while en route from the prisoner of war camp, Kiangwan, China, to another camp in North China, despite his debilitated physical condition from three years of confinement and undernourishment, Lieutenant (then ensign) Bishop made his way for many days through hostile territory, gathering valuable information about the enemy and the Chinese and guerilla forces in territory through which no previous United States or Kuomintang observers had passed, thereby contributing substantially to the successful prosecution of the war in China. His tireless energy and courage were in keeping with the highest traditions of the United States naval service."

Lieutenant Bishop, who, as a Flying Tiger had the rank of major and was a vice squadron leader, is a son of Mr. and Mrs. George Bishop of Dekalb Junction. He was born in Dekalb Junction, was graduated from Dean High school at Gouverneur and was a junior at the University of Oklahoma when he enlisted in naval aviation in 1937. After training at the Naval Air station, Pensacola, Fla., he became a member of the celebrated American Volunteer Group, which later was dubbed the Flying Tigers,

Flying patrol on the Burma Road, China's much publicized war-time lifeline, Bishop took part in umerous aerial engagements before he was shot down on May 17, 1942, while bombing Jap rail communications near the Burma border. He bailed out of his plane and was carried by a high wind across the frontier to Indo-China, where he was interned by the French. Later he was turned over to the Japanese and became a prisoner of war.

On May 10, 1945, Bishop escaped from the Japanese by jumping from a train while, in company with other prisoners, he was being moved from the camp near Shanghai to one in the northern section of China. Four others made good their getaway with Bishop, and after 40 days' travel, they reached the safety of American lines with the assistance of Chinese guerillas.

RECEIVES BRONZE STAR MEDAL.—Lieut. Lewis S. Bishop, Dekalb Junction, is shown above receiving the Bronze Star medal from Rear Admiral Monroe Kelly at Third Naval district headquarters, 90 Church street, New York. Bishop earned the award for meritorious service in Asia during the period from January, 1943, to May, 1945.

附录 B13　毕晓普荣获铜星勋章（原书第 220 页）

Lt. Lewis Bishop Wins Citation For Heroism

Lt. Lewis Sherman Bishop, USNR, of DeKalb Junction, father of Miss Sheila M. Bishop, has received a permanent citation for the Bronze Star Medal from Secretary of the Navy James Forrestal, for the President.

Lt. Bishop, who has been released to inactive duty, earned the award while interned as a prisoner of war in China.

During the war, citations were temporary, or incomplete, for security reasons.

Text of the full citation is as follows:

"For meritorious achievement while interned as a prisoner of war in China from January, 1943, to May, 1945. Effecting his escape from the Japanese while en route from the Prisoner of War Camp, Kinngwan, China, to another camp in North China, despite his debilitated physical condition from three years of confinement and undernourishment, Lt. (then Ensign) Bishop made his way for many days through hostile territory gathering valuable information about the enemy and the Chinese and guerrilla forces in territory through which no previous United States or Knomintang observers had passed, thereby contributing substantially to the successful prosecution of the war in China. His tireless energy and courage were in keeping with the highest traditions of the United States Naval Service."

附录 B14　毕晓普中尉获得总统表彰（原书第 221 页）

Cmdr. Bishop Aboard USS Leyte On Maneuvers

Cmdr. Lewis S. Bishop, USN, son of Mr. and Mrs. George W. Bishop, DeKalb Junction, is participating in a long Atlantic naval cruise according to word received here today by friends.

Cmdr. Bishop, who recently was promoted to that rank to serve as commanding officer of a VF Squadron, writes that he has been taking part in maneuvers since the early part of last month and will return to the states the latter part of March.

He writes: "Everything has progressed well, and the cruise is being enjoyed by all. The balmy climate in the southern waters is certainly a far cry from the North Country and Quonset Point, R. I.

"We expect to cover this area rather thoroughly before returning to base. The cruise affords an excellent opportunity for indoctrination of new officers and

Cmdr. Lewis S. Bishop

men. This is my first sea duty since Nov. 1940, so I'm relearning a lot of things I had forgotten in seven years.

"As much as I would rather be with my family (Cmdr. Bishop is married to the former Veronica Bryghton of East Orange, N. J.) I am enjoying the cruise immensely.. and.. becoming. acquainted with the changes that have taken place in the Navy in my absence.

"How is the northern winter treating my St. Lawrence County friends? Even though I was born and brought up in that climate, I still prefer to live in a less frigid clime and not have to worry about the hardships of winter life.

"Will close as I believe one of the supply ships is leaving for port. Hope this finds everyone well and not too uncomfortable because of the cold."

The Naval officer stated that he hoped to be able to visit with his DeKalb parents during the spring after returning from the cruise.

Cmdr. Bishop is a former member of the famed Flying Tigers and was at one time a prisoner of the Japanese. He is attached to the USS Leyte, one of America's newer carriers.

附录 B15　指挥官毕晓普登上美国航母"拉伊特"执行任务(原书第222页)

Pentagon Finally Acknowledges Flying Tigers

By Ralph Vartabedian
Los Angeles Times

They sailed across the Pacific on Dutch freighters, representing themselves as farmers, missionaries and mechanics. But this group of recently discharged military pilots had a special mission in 1941: go to China and fight the Japanese.

After landing in Rangoon, they set up an ostensibly volunteer aviation force in China. Shortly after the attack on Pearl Harbor, the fighting began. In six months, the 100 pilots amassed perhaps the greatest record in the history of air combat—296 enemy aircraft shot down to four of their pilots lost.

Historians have long asserted that this group, the famous Flying Tigers, was a covert operation, orchestrated by "wheeler dealers" in the White House of Franklin D. Roosevelt and supported by the War De-partment. But until this spring, the Penta-gon had denied that the Flying Tigers group was anything but voluntary, with its members ineligible for veteran status or benefits.

A special service review board has deter-mined that the pilots and 200 or so crew-men of the Flying Tigers, formally known as the American Volunteers Group, served on "active duty" during their battles in 1941. An announcement of the Defense Department finding, which was signed with-out ceremony May 3, was made this week-end in San Diego at the 50th reunion of the 26 surviving Flying Tigers.

The pilots, commanded by Clare Lee Chennault, served under Chinese leader Generalissimo Chiang Kai-Shek, the ardent anti-communist, and their aircraft bore the insignia of the Chinese Army—circum-stances that ordinarily would make them servants of a foreign power. But nothing was ordinary about the operation.

Secret documents obtained by Robert Schriebman, the group's attorney, leave little doubt about the origin of the unusual war effort. Creation of the Flying Tigers "has the approval of the president and the War Department," according to an August 1941 memorandum for the chief of the Army Air Force, Gen. Henry "Hap" Arnold.

The official U.S. involvement in the op-eration was clandestine, at least in part, because it violated the U.S. Neutrality Act, which forbade taking sides between "belli-gerent" nations such as China and Japan. No doubt there was concern that a U.S. mili-tary operation in China would act as a prov-ocation to the Japanese.

"To avoid a breach of international law, the entire project was organized as a com-mercial venture," according to a heretofore

SUNDAY, JULY 7, 1991 A15

as Veterans of World War II

secret report prepared by an Army intel-ligence officer in 1942 and recently ob-tained by Schriebman.

The operation was financed by the Chinese government, but with a $100 million loan from the U.S. government, arranged by Treasury Secretary Henry Morgenthau. The whole adventure was orchestrated by White House power broker Lauchlin Currie, an eco-nomic adviser to Roosevelt, according to Da-vid Ford, who has been researching the Fly-ing Tigers for the last five years and will pub-lish a book on them later this year.

To recruit the Flying Tigers, Chennault's agents visited military bases around the United States, sometimes plying pilots with offers of exotic adventure and offers of $600 per month and a bonus of $500 for every Japanese aircraft they could shoot down—big pay at a time when junior pilots were making just $125 per month.

In 1945, the Flying Tigers petitioned the government for veteran status, but were turned down, the result of petty jealousy to-ward Chennault among senior Pentagon of-ficials, according to their attorney, Schrieb-man. "Chennault put a fighting organization together that they couldn't duplicate with all their pomp and resources," Schriebman said.

The Flying Tigers organization tried again last year.

In his recommendation that the Flying Tigers be granted status as veterans, Air Force Brig. Gen. Ellwood P. Hinman III said that a military review board "determined that U.S. armed forces exerted control as if the group's members were military person-nel from the outset of the United States' entry into World War II, although this con-trol was transitioning from covert to overt until April 1942."

附录 B16　　五角大楼最终承认"飞虎队"为美国二战老兵（原书第 223 页）

C. 毕晓普的空战报告

APPENDIX"A"

COMBAT REPORT - ATTACK AGAINST ENEMY AIRCRAFT.

Date : December 25, 1941   Squadron :- 3rd Pur. AVG.

Crew -   Self - Lewis S. Bishop.

(a) Place - Mingaladon Aerodrome, Rangoon Burma.

(b) Type of enemy aircraft seen - Army 97 and Navy Model "O".
          75 Bombers

(c) Nos. (1) Enemy aircraft estimated :(2). Allied aircraft 23

(d) Type of formation

Enemy aircraft - V of V's in right Echelon.

Allied aircraft - Flights of two's mostly during combat.

(e) Markings and camouflage enemy aircraft - Mixed color of rusty brown
     and green.

(f) Haight of Enemy aircraft 18000   Allied Aircraft 19000

(g) Type of attacks   I made one attack on the port quarter from above
     and behind coming up underneath concentrating h one plane. I opened fire
     at about 500 yards and pressed attack home to about 150 yards. After
     concentrating on one plane. I then raked the entire formation with all six
     guns. Smoke was seen to be emitting from one plane.

(h) type of action taken by enemy aircraft when attacked - enemy formation did
     not break and all gunners were firing back. After pulling away to side and
     below, I looked around and noticed a Navy model "O" fighter close astern at
     which time I dove out and returned to Mingaladon Aerodrome as my gas was
     getting low.

(I) Result enemy aircraft destroyed certain   None
             probable   One   damaged   Several were seen hit.

(j) Damaged Allied aircraft   None

(k) Casualties Allied aircraft   None

                              upper turret double barrel machine gun just
(l) Armament of enemy aircraft   forward of tail. Dust bin gun just forward of
     tail below with small arc of fire, 15° right and left and not over 30 °
     from longitudinal axis of plain aiming downward.

(m) Type of ammunition used

Enemy aircraft   Believed to be 7.9 from all guns. did not detect any
larger caliber of gun.
Allied aircraft - 30 and 50 calibre.

(n) Speed and general performance of enemy aircraft achieved with attacking
     aircraft - Enemy formation was cruising at an estimated airspeed of
     220 MPH indicated. Very good and tight formation was flown with no
     stragglers. Air discipline of enemy bombers considered excellent.

(o) Duration of attack -

REMARKS   None.

                              LEWIS S. BISHOP.
                              Flight Leader, 3rd Pur. Sq.

附录 C1   毕晓普 1945 年 12 月 25 日缅甸仰光空战报告(原书第 226 页)

Bishop

RECONNAISSANCE ESCORT AND COMBAT REPORT

April 25, 1942
Loiwing

1. NAME: Bishop L. S.
2. DESIGNATION: Flt L.
3. ORGANIZATION: 3rd Sq.
4. MAP USED: Mandalay section
5. TYPE AIRCRAFT FLOWN: P40E
6. COURSE: Loiwing to Kehsi Mosan
7. ENEMY AIRCRAFT: Arm Reconnaissance:
8. ENEMY ENCOUNTERED: 15 Mi.s south & slightly east of Kehi Monsam.
9. ACTION OF ENEMY ON ATTACK: Enemy aircraft did steeply banked turns near the ground.
10. MARKING INSIGNIA CAMOUFLAGE OF ENEMY AIRCRAFT: Red sun on wing tips and side of fuselage. Plane painted battleship grey.
11. TYPE ATTACK MADE BY ALLIED SHIPS: Diving attack from rear.
12. ENEMY LOSSES: Reconnaissance: 2
13. DAMAGE ON PILOTS AIRCRAFT: No damage sustained by own aircraft.
14. ALLIED LOSSES OBSERVED: None.
15. SPEED PERFORMANCE TACTICS OF ENEMY AIRCRAFT IN COMPARISON TO ALLIED:
    Considerably maneuverable but slow.
16. ENEMY ARMAMENT: a. Caliber: c. Rear Cockpit location
    b. Estimated .30 cal.   d. .30 cal. amm.
17. PILOT AMMUNITION EXPENDED:
18. DURATION OF FLIGHT OF COMBAT:
19. CONSUMPTION OF SUPPLY OF :
20. REMARKS: While on escort patrol approximately 75 miles south Lashio our
    flight intercepted and completely destroyed 8 enemy reconnaissance type
    aircraft single engine, fixed landing gear with war gunner (rear). Made
    one pass from astern and above firing at close range. Smoke started coming
    out around engine. Rear gunner appeared to be dead as no signs of life
    on return fire. Pulled out and started back but before I could get in position
    to fire again, another P40 shot the plane down in flames.

LEWIS S. BISHOP
Flt Ldr. 3rd Sqd.

附录 C2　毕晓普 1942 年 4 月 25 日云南省雷允空战报告（原书第 227 页）

RECONNAISSNCE ... CORT AN° COMBAT R PORT

Date: April 26, 1942
Loiwing

FORCING MAP

1. NAME: Bishop, LLB.
2. DESIGNATION: Flt Ldr.
3. ORGANIATION: 2nd Sq.
4. MAPS USED: Mandalay
5. TYPE AIRCRAFT FLOWN: P40 E
6. CARGO.:
7. ENEMY AIRCRAFT: Fighters; 15, Med. Bombers: 27
8. ENEMY ENCOUNTERED: ...... miles south of Hsi aw
9. ACTION OF ENEMY ON ATTACK: 8-10 fighters turned and gave battle when attacked.
10. MARKING INSIGNIA CAMOUFLAGE OF ENEMY AIRCRAFT: Red suns on wing tips & side of fuselage. Planes painted olive drav. No signs of distinct camouflage.
11. TYPE ATTACK MADE BY ALLIED SHIPS: Four P40's (E) attacked in 2 elements of 2 ships each , for initial engagement. Then fight broke up into individual combats.
12. ENEMY LOSSES: Probable: 1 Confirmed: 2 (Fighters)
13. DAMAGE ON FAILED AIRCRAFT: None
14. ALLIED LOSSES OBSERVED: None
15. IF P40 PERFORMANCE TACTICS OF ENEMY AIRCRAFT IN COMPARISON TO ALLIED: slower but more manoeuvrable. Enemy pilots seem to be unobservant.
16. ENEMY ARMAMENT: a. .30 or .50 c. xixx 2 synchronized
                    b. Fixed   d. Tracer and rest unknown
17. PILOTS AMMUNITION EXPENDED: .50, all except few
18. LENGTH OF FLIGHT OR COMBAT: Flight: 2'15", Fight: 5mins.
19. CONSUMPTION OF FUELY OF FUEL AND OXYGEN:
    FUEL: (take-off) 148 gals   Return: 25 gals.
    OXYGEN:(take-off) 400 lbs.   Return: 250 lbs.
REMARKS: 14 fighters exported from Loiwing for mission in area south of Lashio to s out vicinity of Laihpa and return. About 70 miles and Lashio, a large formation of enemy fighters and bombers was sighted about fifteen miles off to our right, alt. 15,000. Our flight of 4, led by ...dr Hill, I mediately turned to intercept, climbing at same time. We had already been sighted by the enemy and about ten fighters, Model "O" type, turned to give battle, alt. then about 18,000 ft. Our initial attack was made in 2 elements of 2 ships each, myself leading the second element. Still in this formation, I attacked from a very steep angle upward, a fighter that had managed to get on Hill's tail. A long burst started his plane smoking and pilot immediately bailed out. I was then thrown into spin by loss of speed and recoil of guns. Recovered about 3000 ft. below fight, I started back up and noticed Model "O" heading out of fight. Gave chase and closed range to about 150 yds. Long burst cut off left wing and set plane on fire. Did not observe pilot bail out. Returning to fight, saw Model "O" burst into flames, shot down by T. Jones. Intercepted another fighter, opened fire at about four to five hundred yds. Plane fell off on wing and started spinning. Followed him down about 3000 feet firing short bursts, but no sign of plane being on fire. Last observed, Model ")" still spinning with no apparent signs of pilot to recover. Did not observe whether or not he crashed. Started back up but fight was over. Adkins and Jones joined on me and we proceeded for Loiwing. About 30 miles North of Lashio, received report that 6 enemy fighters were straffing Lashio. I immediately turned back and circled Lashio but saw no enemy planes. Arrived to Loiwing late that afternoon. During initial attack, and first of fight, observed smoke coming from first plane Hill was after. Plane last seen

附录 C3 毕晓普 1942 年 4 月 26 日云南省雷允空战报告（原书第 228 页）

RECONNAISSANCE ESCORT AND COMBAT REPORT

May 8, 1942
Kunming, China

1. NAME: Lewis S. Bishop
2. DESIGNATION: Flt Ldr.
3. ORGANIZATION: 2nd Pur. Sqd.
4. MAPS USED: Tali
5. TYPE OF AIRCRAFT FLOWN: P-40 E
6. COURSE: From: Kunming Course 270 Alt. 10,000 Time 0330
             To : Salween Bridge Course: 202 Alt. 12,000 Time 435
7. ENEMY AIRCRAFT: None
8. ENEMY ENCOUNTERED: Bombed and straffed approximately 100 trucks on road on
        south bank of Salween river in groups
9. ACTION OF ENEMY WHEN ATTACK: No ground fire on first two attacks. Drew
        fire on last two attacks and plane was hit by .50 cal. type in left wing
10. MARKING AND CAMOUFLAGE OF ENEMY AIRCRAFT:
11. TYPE OF ATTACK MADE BY ALLIED SHIPS: Low bombing and straffing attack on trucks
12. ENEMY LOSSES: Estimated total of 50 trucks destroyed by fire and bombs and
        approximately 200 casualties among personnel.
13. DAMAGE ON PILOTS AIRCRAFT: One bullet entered center of left wing from
        underneath, tearing large hole in upper surface coming out. Continued
        on and entered fuselage about 2 ft. aft of cockpit.
14. ALLIED LOSSES OBSERVED: None
15. SPEED PERFORMANCE TACTICS OF ENEMY AIRCRAFT IN COMPARISON TO ALLIED:
16. ENEMY ARMAMENT: a.Cal.: Believed similiar to .50 cal. c. Location: on ridge near rd
                    b.Type: Anti-aircraft guns   d. Type Am : Explosive
17. PILOTS AMMUNITION EXPENDED: 12.9% of total load
        Bombs dropped : 35 lbs. No: 6
        Result of Bombing : 4 bombs hit in string amid trucks other 2 slightly
            beyond. 1st trucks on fire.
18. DURATION OF FLIGHT OR COMBAT: Flight 2'45" straffing 10"
19. CONSUMPTION OF SUPPLY OF: FUEL: (Take-off) 202   Return: 32
                             OXYGEN: (TAke-off) 375   Return: 202
20. REMARKS: At 1530, 4 P40E's equipped with 6 35 Lb. fragmentation bombs each and escort
        7 P40-B's of the 3rd Sqd. took off from Kunming enroute Paoshan and then
        to road on south bank of Salween River to bomb and straff trucks
        bringing bridge building materials fro crossing the river. Flight
        arrived over objective at 1700 without interference from enemy
        aircraft. Circled low over objective and located trucks on open and
        straight stretch, lined up close together. Made first pass from W
        to E and, at an angle of about 50 degrees, speed 300 MPH. Dived
        to within 100 ft. of trucks releasing bombs in string. Continued
        on down gorge gaining altitude and turned back.. Noticed results
        of attack as 4 bombs burst amidst line of trucks other two slightly
        beyond but close enough to do destruction by fragmentation. Made
        three straffing passes from some direction and after first attack
        noticed small fire upon looking back. On third and fourth attacks
        drew fire from an antiaircraft gun stationed near road. By the time
        I completed my last straffing attack, I noticed one extremely large
        fire and two smaller fires amid trucks. Believed to have destroyed
        about 50 trucks during the course of attacks made by the four planes.
        Estimate 200 casualties among personnel on ground. There was not any
        interference by enemy aircraft. All planes returned safely to base
        together after raid.

                                        LEWIS S. BISHOP
                                        Flt. Ldr., 2nd Pur. Sq.

附录 C4　毕晓普 1942 年 5 月 8 日云南省昆明空战报告(原书第 229 页)

RECONNAISSANCE ESCORT AND COMBAT REPORT

DATE : 5/12/42.
PLACE: Kunming.

NAME: Lewis S. Bishop.
DESIGNATION: Flight Leader.
ORGANIZATION; 2nd Pursuit Squadron.
MAPS USED: Kunming and Hanoi Sections.
TYPE OF PLANE FLOWN: P-40E.
COURSE: Kunming to Mengtsz to Hanoi and return.

a. From: Kunming				Time:	1430
b. To : Mengtsz	Course: 155°		Altitude: 8,000'	Time:	1510
c. From: Mengtsz				Time:	1600
d. To : Hanoi	Course: 127°		Altitude: Varied.	Time:	1725
e. From: Hanoi				Time:	1740
f. To : Mengtsz	Course: 320°		Altitude: 2,500' Varied	Time:	1845

ENEMY AIRCRAFT: Noticed four Army '97's in the vicinity of the airdrome.

ENEMY ENCOUNTERED: Straffed and bombed planes on Hanoi airdrome. Estimated total of sixty planes on the field.

ACTION OF ENEMY WHEN ATTACK: Intense anti-aircraft fire encountered and about eight fighters Type Army "97" took-off from nearby field to engage us, only one engaged Flight Leader Schiel and was driven off by fire from Flight Leader Jones.

TYPE OF ATTACK MADE BY ALLIED SHIPS: Low altitude bombing and straffing attack , starting from 2,500' and diving to 300' before releasing bombs and straffing.

ENEMY LOSSES: Fighters: Probable-35. Confirmed 15. One Transport confirmed.

DAMAGE OF PILOTS AIRCRAFT: Received .30 cal. type bullets in left wing tip and piece of shrapnel in left horizontal stabalizer.

ALLIED LOSSES OBSERVED: None observed to crash but one missing on return flight.
PILOTS AMMUNITION EXPENDED: One long burst of .50 cal.
Bombs dropped: Wt. 30 lbs. No. 6.
Results: Dropped four out of six bombs amidst a line of parked fighters. Other two slightly over. Noticed three planes burning after recovered from run. Others observed hit but not on fire.
DURATION OF MISSION AND COMBAT: 3:30 Straffing: :05.

CONSUMPTION OF FUEL: Fuel on Take-off: 147 gals. On return: Empty.
Oxygen : was start 420 lbs. On return: 300.

REMARKS:
At 1430 six p-40'E, led by Flight Leader Jones departed from Kunming for Hanoi for bombing and straffing raid on airport. Arrived Mengtsz at 1510 and refueled. Departed Mengtsz 1600 proceed on course to Hanoi. About 30 minutes after departure from Mengtsz Vice Squadron Leader Howard turned back because of engine trouble. The remaining five of us proceeded on to objective. The weather was bad with low ceiling forcing us down to about 3,000' when about fifty miles from Hanoi. When about five minutes (Time 1720) this side of Hanoi we passed close aboard a Jap outlying field from which about eight fighters were taking off. As we had altitude and speed, we proceeded on to our objective. I was the last plane in the attack formation when Flight Leader Jones started his dive from the West. The anti-aircraft batteries were already firing and during my approach from the dive, counted about five in the vicinity of the city.

附录 C5a 毕晓普 1942 年 5 月 12 日昆明空战报告第 1 页（原书第 230 页）

and several others scattered around the field. I estimate the caliber to be .30, .50 .37mm and larger type caliber guns. Wing man Laughlin was already in his dive when I started down. As I neared the field I noticed about eight aircraft (fighters) lined up this side of Admin. building. Four, which were lined close together, were already afire. Then two were parked close aboard and on each side a DC 3 type Transport. Laughlin was concentrating his fire on the transport. I then noticed one large fire - beyond the Admin. building in the vicinity of a long line of fighters. I concentrated my fire on this group and dropped all bombs from about 300' and strafed whole line of planes. Upon recovery of dive, looked back and saw transport on fire. Four of my bombs burst amidst line of fighters, destroying three by fire, other two slightly beyond. During initial approach observed direct hits on Admin. building, believed to be Schiel's bombs as that was his initial objective. About two miles beyond the field I turned back parallell to runway and about two miles outboard, while passing back on course, counted two large fires on both sides of the Admin. building and six smaller ones amidst the parked fighters. Estimate fifteen to twenty severely damaged, fifteen totally destroyed and about ten to fifteen partially damaged. All thirty bombs dropped within target area and very very effective. All the time the anti-aircraft fire was very heavy and I noticed four army "97" type fighters in our midst. One was on Schiel's tail and I started after him when I noticed Jones roll over and go down on him. The Jap turned away then back at Jones, passing above him. Did not observe where he went after that. As the anti-aircraft fire was very intense we all started back, still drawing fire from batteries along the river Northwest of the city. Counted three planes when five minutes on our course back, rebold making the fourth. About fifty miles on course from Hanoi back we ran into a heavy thunder storm necessitating going on instruments for about fifteen minutes. I emerged from thunder storm and remained below the overcast the rest of the way to LaoKay. As I had about twenty gallons of gas left upon reaching this point, I followed the railroad up the gorge to Mengtsz. By this time the weather was getting worse and I didn't have the gas supply to go over the top. I finally entered the vally about ten miles North of the field at Mengtsz. Immediately turned towards the field and landed at 1045. Fuel warning light came on as I was taxiing up to the line. Checking over my plane, noticed one fifty caliber type hole in the left wing and one schrapnal hole in the right horizontal stabilizer. No other damage sustained.

I claim three Fighters for certain and two probables with several others damaged.

(Sgd) LEWIS S. BISHOP.

附录 C5b　毕晓普 1942 年 5 月 12 日昆明空战报告第 2 页(原书第 231 页)

D. 二战亚洲和飞虎队的历史背景

1931 年　日本侵占中国东北三省。美国政府抗议,但没有效果。(邦德,第 3—9 页。)

1937 年　日本全面侵华,蒋介石和毛泽东停止内战(自 1927 年开始),一致抗日。(邦德,第 3—9 页。)

1937 年 12 月　日本击沉停泊在长江上的美舰"班奈号",日本道歉并赔偿。(邦德,第 3—9 页。)

1937 年　陈纳德逗留日本,和比利·麦克唐纳德在日本观光,并对未来的攻击目标进行评估和拍照。在中国通奥西·W·H·唐纳德的协助下,陈纳德对中国的战争真相有所认识。二战一爆发,唐纳德便在菲律宾被俘,受囚三年,但日本人并不了解他的真实身份。

培训中国空军的意大利人实际上破坏了中国空军,他们训练马虎,不管学员合格与否都让其毕业。他们提供过时的飞机,并充当日本的秘密间谍。1937 年意大利人离开中国后,苏联向中国提供空战援助。在日本袭击上海后,苏联是唯一接受中国求救的国家,苏联飞行员在中国作战了 18 个月。(陈纳德,第 3—5 章。)

1937 年　陈纳德从美国陆军航空队"退役",军衔为上尉。同年 6 月,他受聘来华,成为蒋介石的主要空军顾问。他曾经竭力向美国上层宣传他的空战理论,强调战斗机和轰炸机协同作战的重要性,结果无人响应,令他十分沮丧。然而在中国,陈纳德获得了实践其理论的新机遇,迅速为由美国飞行员和飞机组成的志愿航空队,制定出了遏制日本进攻的良策,并且取得了美国的承认。1941—1942 年期间,陈纳德的空战理论在中国的西南地区极其成功地抵御了来犯的日机。

起初,陈纳德是宋美龄和宋子文先后延请的航空委员会平民顾问。美国援华志愿队组建后,陈纳德还担任中国中央银行的顾问。美国正式参战

后不久,志愿队解散重组,陈纳德依然担任中国空战的指挥官,直到被美国军方招回。陈纳德和美国军方上层,如毕塞尔将军、史迪威将军之间,存有芥蒂,到二战结束也未能消解。1945 年,在美舰"密苏里号"上举行的日军投降仪式,也未让陈纳德参加。(克林考威兹,第 4—5 页。)

1938 年　宋美龄派遣陈纳德前往云南昆明,去培训一支美式空军队伍。云南位于高原,大湖众多,并有古老的玉石之路和其他商道。宋美龄建议陈纳德不要上天参战,而要集中精力培训飞行员。陈纳德回忆道:"1938 年 10 月,我最后一次驾驶战斗机执行任务。"(陈纳德,第 85 页。)美国飞行精英受募担任教官,按照严格经典的美式教法训练中国飞行员,却引发了诸多问题,因为他们对中国人的"要面子"、从长计议和受贿,深恶痛绝并作了抗争。陈纳德同时致力建造飞机场,设立防空预警系统,赢得了中国人民的信赖和尊重。(陈纳德,第 6 章。)

1939—1940 年　受到地形限制,日军地面进攻受阻,于是对中国人口稠密的各大城市,实施连续的空中轰炸。昆明几乎每天都受到轰炸。(陈纳德,第 7 章。)

1940 年　日本和德国、意大利签订合约,"轴心国"形成。美国停运对日的战略物资,如废钢铁。(邦德,第 3—9 页。)

1940 年秋　蒋介石希望购买美国生产的战斗机,雇佣美国飞行员。他派陈纳德到华盛顿,和毛邦初将军、宋子文会合。他们三人的游说处处遭到怀疑。一个原因是美国当时盛行中立主义,另一原因是美国更关注欧洲战场。蒋介石提出了美国秘密援华抗日的三年计划,希望美国提供飞机和 350 名或更多的美国飞行员,分三批抵华。最后,美国援华志愿队得到了 100 架 P-40 飞机。这些飞机原本为英国人所订购。(陈纳德,第 7 章。)

1941 年春　作为美国秘密援华的举措之一,在美国中央航空制造公司

的协助下，美国援华志愿队成立。队员来自美国17个航空基地，共有300名志愿者，其中飞行员110名。"陈纳德一生做了很多离奇事，1941年将航空志愿队运到远东并非第一件，也绝非最后一件。他以其一生的奋斗诠释了坚韧不拔，特立独行，有时还不乏张扬，对当时所谓的传统智慧予以了激烈的还击。"（克林考威兹，第20页。）

1941年4月15日　罗斯福总统秘密授命，批准后备役军官和军人先退役，然后加入美国援华志愿队。这一密令同意这些军人和美国中央航空制造公司签约一年，一年后，重新加入美军，而资历不受任何影响。美国国务院给志愿队队员发放假护照。美国军方则拒绝提供参谋人员，也拒绝接受陈纳德为美军收集的日本目标情报。（舒尔茨，第10页。）

1941年6—7月　美国破译了日本密码，知悉日本将进攻东南亚，而不会加盟德国袭击苏联。根据破译的日本密码，日本计划先攻占法属印度支那（今越南），然后夺取英国和荷兰在东南亚的殖民地。1941年7月21日，日本占领法属印度支那。泰国秘密同意日本在泰国境内建立航空基地。7月26日，美国冻结日本在美的全部资产，停止对日石油出口，使得日本加快掠夺印度尼西亚的石油。（弗里曼，第63页。）美国高层对如何应对日本的侵略行径众说纷纭。（舒尔茨，第12页。）

1941年7月23日　罗斯福总统密令，暂时取消先发制人、轰炸东京和日本其他城市的计划。同意提供100架飞机，成立援华志愿队。"罗斯福批准了联合提案（a Joint Board Paper），准备向中国提供美式装备和人员，保证中国空军拥有500架飞机，由在华美国飞行员驾驶……最终，将在1941年11月轰炸日本本土。"（弗里曼，第63—64页。）

陈纳德到达缅甸仰光。援华航空志愿队的飞机运达仰光码头，等待组装。（舒尔茨，第14页。）

1941年7月　法国向德国投降后,日本接管了法属印度支那。美国对日全面禁运,并根据《租借法案》向中国运送军事物资。美日两国都在备战。(邦德,第3—9页。)

1941年11月　陈纳德认为,援华航空志愿队在11月底已作好作战准备,只是飞机配件长期匮乏。他派出多达12人的幕僚队伍,分别飞往亚洲各地,搜寻配件和轮胎。其中一位,约瑟夫·阿索普,后来成为著名的政治经济学家。他在香港被日本人俘获,不久以记者身份,被引渡回美国。(弗里曼,第85页。)

1941年12月7日　日本偷袭珍珠港,援华志愿队处于警戒状态。陈纳德改变计划,派遣第三中队飞往仰光,支援英国皇家空军。12月10日,日机来袭,但志愿队没遭遇日机。(罗·特·史密斯,第116页。)

1941年12月7日　计划中的第二批援华志愿队为轰炸机组,12月7日,他们仍在加利福尼亚待命。(舒尔茨,第14—15页。)珍珠港事件后,他们作为美军部队,被调往澳大利亚。所有轰炸机,连同正在维修的增援第一批援华志愿队的战斗机,尽被美国空军取走。(陈纳德,第123—126页。)

1941年12月8日　泛美航空公司的"飞剪号"从威克岛起飞,机上装载提供给陈纳德"飞虎队"的200个飞机轮胎。得知珍珠港遭袭后,"飞剪号"返回威克岛。日本轰炸机偷袭威克岛,摧毁了地面所有飞机。"飞剪号"遭炸,但仍可飞行。机载的飞机轮胎被卸载后,该飞机用于运送平民撤离。(金尼,第54页。)

陈纳德最大的恐惧出现了:他在缅甸同谷的飞行基地,遭到了日本空军的轰炸,被其视作军事上的奇耻大辱。他计划保卫滇缅公路的两端,但较难和驻仰光的英国皇家空军在指挥问题上达成共识。中国和英国的战略也是保护滇缅公路。它南起缅甸腊戌,北至昆明,全长约七百多英里,是当时中国陆上唯一的补给线。12月12日,陈纳德最终让第三中队进驻仰光。(陈

纳德，第 123—126 页。）

1941 年 12 月 10 日　援华志愿队首次独立执行任务。三名飞行员西林、瑞克特和克里斯曼，飞行 850 英里到曼谷上空，对日军进行照相侦察。中途在皇家空军的缅甸土瓦基地加油。（西林，第 102—103 页。）

泰国向日本投降。陈纳德实行权宜之计：志愿队的三个中队，一个留守仰光，支援皇家空军，另外两个按计划北上驻扎昆明。（邦德，第 56 页。）

1941 年 12 月 12 日　陈纳德派遣战斗力最强的第三中队 18 架战斗机，援助皇家空军，保卫仰光。（西林，第 104 页。）志愿队招募的 110 名飞行员中，只有 12 名具备陈纳德要求的飞行经验。（舒尔茨，第 79 页。）仰光和昆明空中距离 650 英里，志愿队负责保卫这两座城市。12 架 P-40 战斗机和 25 名飞行员仍在昆明接受训练。共有 34 架 P-40 机作好了参战准备。（舒尔茨，第 133 页。）

1941 年 12 月 18 日　日机轰炸昆明。当天下午，第一中队和第二中队从缅甸移师昆明，飞机携带最紧要的设备，人员等乘卡车沿滇缅公路北上。在未来四年中，志愿队高效的机动力是作战法宝。（陈纳德，第 127 页。）

1941 年 12 月 20 日　昆明首战。第一中队拦截了 10 架日本轰炸机，有 4 架肯定被击落，2-3 架有可能被击落。罗·特·史密斯遗憾第三中队未能参加首战。第一中队队长桑德尔率队在昆明西南 75 英里的上空重创日机。从那以后，直至志愿队解散，日机没有再犯昆明。（西林，第 106—107 页。）昆明气候温和，中国人民给志愿队官兵提供了良好的膳宿。（舒尔茨，第 137—138 页。）

10 架日本轰炸机进犯昆明时，预警系统发挥了效果。日机一看到志愿队的战斗机，立刻扔下炸弹返回。（陈纳德，第 127 页、第 130 页。）这是日机首次在昆明铩羽而归。（邦德，第 60—63 页。）

[关于 12·20 昆明空战的战果]"昆明首战五个月后，路易斯·毕晓普遭日军击落，被俘，受押在上海的华德路监狱①……他曾经和一名日本飞行员聊天，该飞行员说他是 12 月 20 日轰炸昆明唯一幸存的日机飞行员。"（陈纳德，第 130 页。）

1941 年 12 月 21 日　首次在缅甸仰光上空目睹日机。（舒尔茨，第 147 页。）27 架日本轰炸机，不带战斗机护航，就飞近仰光，遭到了 14 架志愿队战机和 23 架皇家空军战机的拦截。日机不战而逃。（弗里曼，第 91—92 页。）

1941 年 12 月 22 日　飞行员埃里克·西林、肯·梅里特和莱斯·曼格勒伯格受令，要将三架柯蒂斯·怀特 CS – 21 战斗机，从缅甸同谷驾驶到昆明。三架飞机均坠毁山中，曼格勒伯格牺牲。（西林，第 109 页）

1941 年 12 月 23 日、12 月 25 日　日军大举空袭仰光。"乖乖，今天日机都出动了……很多轰炸机，在仰光东 15 英里上空拦截。"格林被击中，跳伞生还。两名志愿队飞行员牺牲。（罗·特·史密斯，第 159 页。）

1941 年 12 月 23 日　日机首次空袭仰光，第一次进攻有 74 架日机，第二次有 90 架日机。志愿队击落 21 架日机，自己损失 4 架。战后，驻扎仰光的志愿队第三中队仅有 11 架飞机能作战。次年 1 月初，第二中队进驻仰光，将第三中队换回昆明休整。（陈纳德，第 134 页。）日军的轰炸机和战斗机攻击明格拉顿飞机场和仰光，共有 32 架日机被确认摧毁。有关文章提到，有 9 名志愿队飞行员参战：奥尔森、麦克米兰、杜波伊、罗·特·史密斯、欧德、格林、内尔·马丁、亨利·吉尔伯特和海德曼。（舒尔茨，第 147 页。）志愿队的 15 架飞机和皇家空军的 16 架飞机升空迎敌。志愿队的两名飞行员马丁和吉尔伯特牺牲，四名飞行员受到嘉奖。

金尼做了攻占威克岛的日军的俘虏，于 1942 年 1 月 12 日被押往中国的战俘营。威克岛在火奴鲁鲁西 2300 英里，东京西南 2000 英里，战略位置十

---

①　又称提篮桥监狱，有"东方魔窟"之称，位于上海市虹口区。——译注

分重要。金尼在 1941 年 12 月 4 日抵达威克岛，日军于 12 月 7 日向该岛发起攻击。"……日本人违背《日内瓦公约》，日本兵惨无人道。日子非常苦。食物低劣，供应不足，老鼠、蚊虫猖獗，卫生糟透了。囚犯动不动就受到虐待和毒打……"（金尼，第 ix - x 页。）

1941 年 12 月 25 日　日军 27 架轰炸机和 42 架战斗机分三波攻击，遭遇志愿队 12 架飞机和皇家空军 16 架飞机。两名飞行员在无线电中听到日机的"平降"指令，随后伏击日机。28 架日机坠毁地面，8 架坠落水中。皇家空军损失 9 架飞机。（弗里曼，第 96—98 页。）

飞行员西林和瑞克特在圣诞节，对曼谷的机场和码头进行了照相侦察，发现两地堆满货物。可惜，志愿队缺少轰炸机将其炸毁。（陈纳德，第 126 页。）

"我们痛失马丁和吉尔伯特后，队员构成有所调整，他俩的位置为弗雷德·霍吉和拉尔夫·冈沃达补充。路易斯·毕晓普则替代了柯蒂斯·史密斯（请求退役）。"（罗·特·史密斯，第 164 页。）

1941 年 12 月 30 日　第二中队飞往仰光替换第三中队，后者仅有 11 架能飞的飞机，飞行员疲惫不堪。（舒尔茨，第 160 页。）

1941 年 12 月　陈纳德及其麾下的志愿队让日军初尝败果。自从珍珠港遭袭和威克岛被夺后，美国一直处在失败的阴影里。陈纳德给美国人带来了唯一的捷报，开启了飞虎的传奇历史。在仰光，志愿队是在迥异的气候和文化环境中作战。自 20 世纪 30 年代以来，中国因幅员辽阔，交通工具匮乏，吸引着热衷冒险的飞行员。"难怪有那么多飞行高手，离开太平无事的空军、海军、海军陆战队，投身到远东这块冒险乐园。"（克林考威兹，第 12—13 页。）

一次次的失败，让看上去不可战胜的日本人，备感羞辱，也遏制了他们迅猛的扩张。日本飞行员和军官士气受挫。东京电台甚至将在华助战的美

国飞行员描绘成"毫无纪律的土匪""散兵游勇",威胁要把他们斩草除根。仅在短短时间内,"飞虎队"的赫赫战绩就被同盟国的报纸竞相报道。(舒尔茨,第158页。)

1942年1月1日　驻扎昆明的志愿队接到警报,虚惊一场:不是日机来袭,而是第三中队从仰光返回昆明,由第二中队从昆明飞往仰光替换他们。(邦德,第70页。)

1942年1月9日　"参加仰光空战的所有人,从奥尔森到陈纳德上校,都获得了嘉奖。"仰光的第二中队报告,他们扫射了泰国境内的日军飞机场,查利·莫特被击落。(罗·特·史密斯,第182页)

1942年1月12日　第一中队的八名飞行员飞往仰光增援。(邦德,第72页。)

1942年1月22日、1月24日　昆明数周太平无事。第一中队和第三中队护送苏联生产的中国空军轰炸机飞往越南河内地区,同时主动出击两次,均大败日军。(舒尔茨,第165页。)

1942年1月23日—28日　日机六次大规模空袭仰光。第二中队的可用飞机减至10架,第一中队驰援仰光。共有50架日机被击毁,志愿队两架飞机被击落。(陈纳德,第133—134页。)

1942年1月31日　"今天,中国授勋人员……给所有参战飞行员颁发中国空军的金色翅翼奖章。"(罗·特·史密斯,第204页。)

1942年2—3月　飞机、配件和飞行员陆续运往中国,缓解了补给的"瓶颈难题"。但志愿队必须自派飞行员到非洲西海岸,渡运新飞机到昆明。陈纳德派出了6名飞行员(麦克米兰、罗·特·史密斯、保罗·格林、林克·拉夫林、查克·欧德和本·福西),不久又派出6名飞行员远赴非洲,渡运飞机。前后调用半个中队,花了近一个月的时间。(福特,第247—248页。)

1942年2月3日　第二中队受令从仰光返回昆明，第一中队从昆明飞往仰光换防。（邦德，第92页。）

1942年2月15日　"真够呛！……我们6个人要到埃及的开罗，把第一批6架新飞机开回昆明……以后还会安排其他小伙子去。我们2月16日起飞，在西非加纳的阿克拉，接手新飞机。"由于机械问题和天气，我们花了五周时间，拖到3月22日，才把新飞机开回昆明。（罗·特·史密斯，第139—141页。）

1942年2月22日　又有6架新飞机在开罗等待渡运。西林率领第二批飞行员，搭乘中航班机，经印度、巴基斯坦，抵达开罗。到达开罗后，却得知飞机仍在西非加纳的阿克拉，两周后才由泛美航空公司的飞行员将飞机开到开罗。大约在这段时间，麦克米兰带领的第一个渡运小组也滞留在开罗，许多机械故障延误了他们的渡运。最后，为了安全起见，他们在渡运新飞机时，必须两机结伴同行。泛美航空公司的飞行员也出现问题，导致第二个渡运小组两机同行的返程推迟。西林和汤姆两人先驾机踏上返程后，毕晓普带领余下的四名飞行员，以信用证付清各种费用。他们四人的返程至少花了一周，途经以色列的吕大城、伊拉克的巴士拉港口、巴基斯坦的卡拉奇、印度的焦特普尔和加尔各答、缅甸的腊戌，最终抵达昆明。志愿队的第三中队现在移师云南省边陲的雷允，保卫那里的中央飞机制造厂和飞机场。（西林，第139—141页。）

1942年2月26日　志愿队受令在3月1日撤出仰光，进驻马圭，但马圭饱受日机轰炸，已成一座空城。2月，昆明城里出现大量美国军官。泛美航空"飞剪号"运送首批配件，抵达加尔各答，中航负责转运。（舒尔茨，第193—197页。）

1942年2月27日　英国皇家空军撤离仰光，那里志愿队的备用轮胎和氧气已全部告罄。有的队员飞往云南省的雷允，有的迁驻马圭。在仰光的

266

六周,志愿队战果辉煌:对日空战 31 次,击落日机 217 架,还有 43 架可能被击落,自己的飞行员牺牲 4 人,P-40 飞机损失 16 架。(邦德,第 110 页。)

1942 年 3 月 陈纳德相信,缅甸的多次空战"奠定了志愿队的标志性威名——飞虎队"。在仰光,志愿队能作战的 P-40 飞机仅有 20—25 架,而且深受缅甸落后的预警系统之累。(陈纳德,第 130—131 页。)

志愿队面临的最严峻问题,就是配件严重不足。在美国空军的命令下,柯蒂斯-怀特飞机制造公司的理念是以旧换新,而不是修理旧飞机。志愿队曾一度派出 12 名幕僚人员,到东南亚各地搜寻飞机配件。1942 年 3 月,志愿队终于得到了来自美国的首批配件补给。二战的一个老大难问题就是极其漫长的补给线……从美国海运 12000 英里到印度,在印度境内再铁路运输 1500 英里,然后翻越喜马拉雅山,经驼峰死亡航线,空运 500 英里,到达昆明。再从昆明,由公路或铁路,东运 400 至 700 英里。中国人民靠原始的人力,建造了约一百个飞机场。(陈纳德,第 229—238 页。)

在缅甸北部的战斗中,中美英三国的合作流于表面,损害了美国在中国的名声。史迪威将军是一位出色的战士,但对空军抱有成见。他也轻视中国人,缺少灵活的外交手腕。(陈纳德,第 10 章。)

1942 年 3 月 5 日 第三中队部分进驻缅甸马圭,第一中队的余部全部飞往昆明,激战不断。3 月 23 日,志愿队撤离到云南边境的雷允。对于第三中队而言,雷允的设施较好,位于预警网的覆盖范围,相对安全些。(舒尔茨,第 197、223 页。)

1942 年 3 月 6 日 仰光沦陷,中国的陆上补给线完全被切断。日军下一步是占领缅甸和印度全境。盟军的防线设在仰光西边和北边。日军有 450 架飞机,14 个空军团,企图绞杀驻缅甸马圭的志愿队 30 架飞机,皇家空军 12 架飞机。(邦德,第 117 页。)

1942 年 3 月 19 日 陈纳德调整战术,袭击日本飞机场,将日机摧毁在

地面,以便缩小敌我飞机数量上的巨大悬殊。在昆明南 250 英里的眉苗附近,里德和吉恩斯代特空袭了两个飞机场,摧毁 19 架日机。3 月 20 日,英国皇家空军炸毁了明格拉顿机场的 28 架日机。(邦德,第 117 页。)里德和吉恩斯代特在侦察飞行中,发现离眉苗 10 英里处有一新机场,地面炸毁日机 20 架。他们两人各自进行了六轮机枪扫射,造成了 15 处起火。接着,又在眉苗机场摧毁了 4 架日机。

1942 年 3 月 20 日　皇家空军在仰光的明格拉顿机场,摧毁了 28 架日机。(陈纳德,第 145 页。)

1942 年 3 月 21 日　为了报复,日军出动 266 架飞机,发动了 25 个小时的空袭,完全摧垮了皇家空军的轰炸力。陈纳德以牙还牙,轰炸了日军的东南亚总部所在地——泰国清迈。(邦德,第 130 页。)志愿队移师云南省边境的雷允。(陈纳德,第 145 页。)

1942 年 3 月 22 日　两架崭新的 P - 40E "小鹰"战斗机飞抵雷允,另外两架飞抵昆明。它们是从西非加纳的阿卡拉渡运而来,航程 2500 英里,参加渡运的队员有乔治·麦克米兰、汤姆·海沃德、罗·特·史密斯、查理·欧德、林克·拉夫林和保罗·格林。往返花了三周时间。(舒尔茨,第 223 页。)欧德和福西从非洲启程后,于 3 月 26 日飞抵昆明,随后和拉夫林、格林来到雷允,回归第三中队。(罗·特·史密斯,第 258 页。)"几天前,几架 P - 40E 新机运到了,两个机翼上共装有六挺机枪,在驾驶舱内可以液压调控。我和从非洲渡运六架 P - 40E 的乔治·麦克米兰等飞行员谈了谈,知道他们都很喜欢这款新机型,腹部还可挂副油箱……我坐进 P - 40E 新机里检测了一番,喜欢它的构造,以及六挺向前射击的 50 毫米机枪。"(邦德,第 146—167 页。)"渡运新飞机是很高的荣誉,渡运多少按照资历安排。"(洛佩兹,第 101 页。)

1942 年 3 月 26 日　志愿队飞行员和陈纳德讨论,志愿队是否要并入美

国空军。多数队员想退出志愿队回国,或留在志愿队到一年合同期满。(邦德,第143页。)昆明的志愿队员身心疲惫,倦于战争,担心志愿队在7月4日解散后被并入美国军队。这大大影响了士气和战绩。22名飞行员和43名地勤人员离队。到了5月,仅有52名飞行员留了下来。陈纳德晋升准将,受史迪威指挥。史迪威只希望志愿队低飞扫射,以此给地面部队打气,其他则无需作为。志愿队则认为这种低飞射击既没有实效,又十分危险,在天气不佳时尤其如此。这种无知的长官意志更加挫伤了志愿队的积极性。(邦德,第139页。)

1942年4月3日 "毕晓普和泛美航空公司的三名飞行员,又从加尔各答渡运来了4架P-40"小鹰"新战机。天气太糟糕了,无法飞往昆明。第二天再起飞。"(罗·特·史密斯,第266—267页。)

1942年4月11日 据河内的中国间谍透露,该地区有80架日机,夜晚则有8架战斗机巡逻。"我们空袭清迈得手后,是不是日军变谨慎了,夜巡以提防我们清晨攻袭?"麦克米兰说,鲍勃·尼尔任队长的第一中队将派出七名飞行员到卡拉奇,把七架P-40E飞机渡运回昆明。邦德担任渡运组长,组员有里特、凯肯达、迪恩、巴特林、罗斯伯特和巴克斯顿。他们搭乘DC-3运输机飞往卡拉奇,同机的还有做完采访的《生活》杂志记者克莱尔·露西。渡运小组驾驶七架P-40E在4月17日从卡拉奇起飞,与加尔各答的另外三架P-40机和一架P-43机一起飞往昆明,途中经停雷允。(邦德,第151—152页。)

卡拉奇的英国飞行基地指挥官说,这七名志愿队飞行员无视空中和地面的官方军队标准,是"七个狂野不羁份子"。"驻扎在这里的美国飞行员,对他们的自由洒脱,艳羡不已。"他们4月21日返回昆明。(舒尔茨,第244页。)

1942年4月13日 自4月中旬以来,史迪威将军命令志愿队为地面部

队护航，或做危险的低飞扫射，以振奋地面部队的士气。疲惫不堪的志愿队飞行员在雷允开会，对该命令表示了厌倦、不满和愤怒。"我们只有 12 架飞机，却要对抗他妈的全部日本空军，"罗·特·史密斯写道，"呸！呸！"（舒尔茨，第 238 页。）

1942 年 4 月 15 日　陈纳德重新入伍，被美军授予上校的临时军衔。4 月 24 日，晋升为准将。5 月 5 日，由吉米·杜立特①在昆明给他佩戴将星。（舒尔茨，第 236—237 页。）

1942 年 4 月 16 日　志愿队计划在 4 月 17 日空袭清迈机场，该机场防守严密，深入敌军腹地 160 英里，但响应者寥寥。最后，只有几位战绩最少的飞行员愿意出征。"我们估计，在八名志愿队飞行员和六名皇家空军飞行员中，可能只有两三名愿意参战。"（罗·特·史密斯，第 281 页。）

1942 年 4 月 17 日　皇家空军的数架"布伦海姆"飞机失事，造成延误，对清迈机场的空袭不得不取消。志愿队认为，如果美国不予以增援，空袭无论如何也不能奏效。（罗·特·史密斯，第 282 页；邦德，第 140—142 页。）

1942 年 4 月 18 日　志愿队飞行员面见陈纳德。之后，第二中队和第三中队的 34 名飞行员中，有 28 名在请愿书上签名，请求改善调节，否则他们将集体辞职。陈纳德召开第二次会议，要求飞行员执行命令，第二中队队长德克斯·希尔②拥护陈纳德的决定。除了宋美龄建议停止容易造成志愿队伤亡的"打气飞行"，飞行员的辞职威胁没有产生效果。（舒尔茨，第 238—242 页。）第二天，陈纳德在雷允召集飞行员，告知他现在必须执行军队命令，让

①　吉米·杜立特（Jimmy Doolittle），美国空军将领、杰出的特技飞行员和航空工程师。二战中率编队首次空袭日本本土，轰炸了东京等数座城市，史称"杜立特空袭""空袭东京"。杜立特因此成为美国人心目中的英雄。——译注

②　德克斯·希尔是最优秀的飞虎王牌飞行员之一，击落日机 18 架，位居美国援华飞行员击落日机数的榜首。他是陈纳德的爱将，能一言九鼎，稳定军心。先后出任援华志愿队第二中队队长、驻华航空特遣队第 75 中队少校队长、第 14 航空队第 23 战斗机大队的上校大队长，后晋升为空军准将。曾获杰出服役十字勋章、杰出飞行十字勋章等多项荣誉。著有回忆录《空中牛仔战歌》。——译注

第二和第三中队为轰炸机护航,空袭清迈机场。这几乎遭到整个志愿队的反对。(邦德,第140—142页。)

1942年4月19日　陈纳德告知飞行员,他不接受他们的辞职,任何人离队都将被视作逃兵。但史迪威要求低空飞行以支援地面行动的命令,将有望结束。(罗·特·史密斯,第285页。)

1942年4月18日　完成空袭东京的16架美国轰炸机,原本想降落在志愿队驻地,但在暴风雨之夜,只能降落在中国东部。飞机全部损毁,无法修理。如果陈纳德事先知道这些飞机行动的计划,他或许会启用他的安全预警网和东部基地。(弗里曼,第140页。)杜立特率队空袭东京。八名机组成员被日本人俘虏,受尽折磨,被判死刑。三名被处决,一名病死,另外四名幸存下来。(洛佩兹,第30页。)

1942年4月19日　志愿队人数下降到251名,作战飞机只有36架,还有39架在修。41架在战斗或运作中损毁。在连续六个月的激战中,志愿队只得到了20架P-40E战斗机的补充。而且,为了渡运这些飞机,志愿队必须从战斗中抽调出10名最好的飞行员,花上三周,飞行16000英里。(陈纳德,第152页。)

1942年4月28日　中缅印空中运输指挥官罗伯特·司各特①说服陈纳德,分配给他一架P-40飞机,保护从印度阿萨姆起飞的运输机。4月29日,三架P-40E经停阿萨姆,司各特自留一架。在5月,志愿队每天飞行,

---

① 司各特毕业于西点军校。1942年2月,带队将一批波音B—17轰炸机驾驶到中缅印战区,担任中缅印空中运输指挥官,并飞越具有死亡航线之称的"驼峰航线"。后加入陈纳德的"飞虎队",在1942年7月到1943年10月期间,飞行925个小时,完成388次战斗任务,击落日机13架,位居飞虎击落日机排行榜前列,而且是美国最早的王牌飞行员之一。他喜欢把自己战机的螺旋桨涂上不同颜色,造成不止一架飞机在战斗的假象。司各特担任过美国第14航空大队第23战斗机中队队长、第36战斗机和轰炸机集团指挥官和路克空军基地负责人。后晋升准将。他的《上帝是我的副驾驶》堪称最知名的飞虎自传,曾被好莱坞拍成同名电影。——译注

最多时一天要执行四次任务，飞行时间长达七个小时。除了为运输机护航外，他们空袭日军、机场和其他战略目标。（司各特，第 130 页。）

1942 年 4 月 28 日　为庆贺天皇生日，日军空袭云南省的雷允和缅甸的腊戍。但志愿队早有预料，第二和第三中队取得击落日机 22 架而自身无一损失的巨大胜利。可是，日本地面部队几天后攻占了这两个地区。（邦德，第 142 页。）第三中队撤离雷允，移驻蒙自。（舒尔茨，第 247 页。）

1942 年 4 月 29 日　罗伯特·司各特上校和克莱布上校来到志愿队，介绍美国最新状况。（邦德，第 160 页。）

1942 年 5 月　福特估计，在缅甸、泰国和云南省西部，日机被击毁 117 架，占其攻占缅甸日机总数的四分之一。"日军损失惨重，尽管盟军相信自己付出了更高的代价。日本新闻对日军的败绩隐瞒不报。"（福特，第 328 页。）

1942 年 5 月 3 日　汤姆·琼斯对河内机场进行空中照相侦察，发现了日军的 40 架零式战机。"第二中队四名飞行员驾驶 P－40E，准备明天对其轰炸和扫射。"（罗·特·史密斯，第 300 页。）

1942 年 5 月 4 日　日军沿滇缅公路北上，锋头直指驼峰航线补给的终点站昆明。倘若昆明失守，中国将可能输掉战争，日军将得寸进尺，占领印度和澳大利亚。唯一可以阻挡日军铁蹄的，只有怒江河谷和志愿队。当时，云南保山有 5 架志愿队飞机，其余都集结在昆明。日军在怒江上搭建浮桥，沿途轰炸志愿队飞机。曾在海军服役的数名志愿队飞行员具备俯冲轰炸经验，补充的 P－40E 新战机也配有挂弹架。（邦德，第 165—166 页。）于是，怒江河谷上演了缅甸沦陷悲剧的最后一幕。在史迪威溃败撤退后，志愿队临危受命，要力挡气势汹汹的敌师。蒋介石对史迪威有所保留，要求中国军队在执行其命令前，必须先向他汇报。（陈纳德，第 11 章。）"'飞虎队'成功阻

止了日军强渡怒江,解除了中国的燃眉之急……否则,整个战争可能会出现不同的结局。"(西林,第162页。)

1942年5月6日 日军前锋抵达怒江河谷岸边,此处有公路通向中国的大西南。怒江上原有的吊桥已被炸毁,日军赶建浮桥。陈纳德决定集中志愿队和中国空军特遣队的全部兵力,阻挡日军。增补的P-40E新战机刚好派上用场,这种新机型在机翼上配有挂弹架,较之P-40早期的粗糙配备更胜一筹。陈纳德了解到,志愿队里有开过海军俯冲轰炸机的飞行员,德克斯·希尔、艾德·瑞克特、汤姆·琼斯、弗兰克·劳勒、路易斯·毕晓普、林克·拉夫林、弗兰克·谢尔和鲍勃·里特主动请缨,执行轰炸任务。他们驾机俯冲怒江河谷,轰炸射击滇缅公路上的日军卡车队。"飞行员必须在河谷的陡壁间蜿蜒穿行,排成单列,一个接一个,不能出半点差池。和往常一样,罗斯福总统事先不得不介入,告知印度的美军指挥官,不要卸下P-40E的挂弹架留作己用。另外,怒江行动运用了苏联生产的大量540磅烈性炸弹。"(陈纳德,第164页;舒尔茨,第251—254页。)

1942年5月11日 危机解除。怒江边的日军残部,部分撤退。在季风季节,双方在怒江两岸对峙,僵持了两年。1944年,中国军队占据上风,挥师南下缅甸。(陈纳德,第165页。)"仅凭怒江狙击战的胜利,就足以证明'飞虎队'的存在价值……在怒江的四天空战,堪称他们的最佳战绩之一。"(舒尔茨,第254页。)志愿队开始整装,准备移师重庆。中国军队已将日军打退回滇缅公路。(罗·特·史密斯,第308页。)

1942年5月12日 在离开昆明前,陈纳德部署了最后一次攻击任务。由汤姆·琼斯率领第二中队的六名飞行员,空袭越南河内的嘉林飞机场。六名飞行员中,包括刚从第三中队调至第二中队的路易斯·毕晓普。这次任务非常危险,要长途飞行,深入日占区100英里,中途还要降落加油。嘉林方面防守严密,地形复杂,天气恶劣。空中射击顺序为汤姆·琼斯、约翰·

多诺凡、弗兰克·谢尔、林克·拉夫林和路易斯·毕晓普。他们首先投下宣传单，然后依次轮流射击。多诺凡被击落牺牲。其他飞行员多次进攻射击，摧毁日机 11 架，损坏 15 架。（福特援引日方和志愿队资料，认为摧毁日机 15 架，损坏 30 架。）（福特，第 334—335 页。）

1942 年 5 月 15 日　"因空袭河内战果卓著，蒋介石决定晋升数名飞行员，一旦志愿队出现空缺，晋升立即生效。"（洛桑斯基，第 94 页。）

"蒋介石对琼斯率领的河内空袭大捷，备加赞赏。琼斯和弗兰克·谢尔都升到'中队长'级别，报酬也随之提高。但他们还不是'中队长'，因为我们只有三个中队，队长已分别由鲍勃·尼尔、奥利·奥尔森和德克斯·希尔担任了。路易斯·毕晓普、林克·拉夫林也各升一级，担任副中队长。"（邦德，第 176 页。）

"参加河内射击的所有成员都晋升一级，我们其他人不免不服。陈纳德说，这是蒋介石的命令，但依然有人心存疑窦。"（罗·特·史密斯，第 312 页。）

1942 年 5 月 16 日　"汤姆·琼斯在昆明牺牲。他的 P-40 战机腹部油箱被卸除，装上炸弹。他在试飞练习时，炸弹提前爆炸。"（罗·特·史密斯，第 108 页。）

毕晓普在越南老街向敌军火车投弹，火车逃进隧道不出，毕晓普空等一场。（福特，第 336 页。）

1942 年 5 月 17 日　"在越南老街，毕晓普的战机被地对空炮火击中，飞机起火，毕晓普跳伞，落入城中。现在被那帮该死的日本佬关着，他结婚了，不久前才当上爸爸……在过去五天对河内的空袭中，他是我们失去的第三个飞行员。"（罗·特·史密斯，第 314 页。）

1942 年 5 月 21 日　比塞尔将军试图把志愿队飞行员并入美国空军，引起多数人不满。（邦德，第 178 页。）

1942 年 5 月 22 日　"飞行员里特在执行轰炸任务时牺牲。原因似乎是炸弹在其座机上提前爆炸。"（洛桑斯基，第 94 页。）

1942 年 5 月 23 日　乔治和吉姆帮助中国人从卡拉奇渡运 P – 43 战斗机，途中，中国人摔掉了 6 架飞机，中国飞行员遇难身亡。（邦德，第179 页。）

1942 年 5 月 25 日　志愿队的帕克斯顿和莱尔，以及两名皇家空军飞行员，渡运来 4 架新的"小鹰"战机。（罗·特·史密斯，第 322 页。）

1942 年 5—7 月　季风不断，空战较少。（邦德，第 192 页。）

1942 年 6 月 9 日　第一中队飞往桂林，第二中队飞往重庆。（邦德，第186 页。）

王叔铭少将授予志愿队 33 名飞行员和 3 名机械师中国的云麾奖章（4级、5 级、6 级和 7 级），以表彰他们"作战勇敢，表现突出"。他同时给王牌飞行员和双王牌飞行员分别颁发五星和十星飞翼奖章。路易斯·毕晓普因仍被日本人关押，未在颁奖现场。（福特，第 349 页。）

1942 年 7 月 9 日　彼得·怀特为志愿队击落最后一架日机。第 23 战斗机大队组建，五名志愿队飞行员加入。自从志愿队 7 月 4 日解散后，许多队员返回美国，还有一部分多留两周帮助过渡。（邦德，第 192 页。）

1943—1945 年　相较于日本人 1941—1942 年的凌厉进攻，盟军在失利后重整旗鼓，行动缓慢。当亚洲不是盟军进攻的重点时，战争的打法也就随之改变，需要不同的飞行员夺取胜利。（克林考威兹，第 149 页。）

1944 年 10 月 19 日　因为和蒋介石关系紧张，史迪威失去了统领中美军队的机会，被解除中国战区参谋长等职，由魏德迈继任。索尔登将军负责印度支那和缅甸的军务。

1945 年 7 月 16 日　陈纳德卸任。此前，魏德迈受令要在日本投降前解除陈纳德的指挥权。10 月，陈纳德收到了最后的文件。（陈纳德，第 348、356 页。）

1945 年 8 月　8 月 5 日和 9 日，美国分别向日本广岛和长崎投放原子弹，日本投降。日本对本土的防御计划包括杀死所有战俘、战斗到"最后一人"。

1945 年 9 月 2 日　日本正式投降，仪式在停泊在东京湾的美舰"密苏里号"上举行。

1949 年　陈纳德争论道，美国不能正确理解共产党在中国的作用，因此在二战后的太平洋地区渐渐失去影响。在他看来，美国的所作所为应该成为全球反苏称霸的一部分。他支持中国共产党，认为马歇尔将军调停中国内战，及和苏联合作的做法，是一个令人悲痛的错误。陈纳德还表示，在蒋介石几乎要消灭共产党时，美国迫使蒋介石作出了让步。